生活因阅读而精彩

生活因阅读而精彩

Andersen's Autobiography

安徒生自传
活出自己的童话

〔丹麦〕安徒生◎著　杨幼悠◎译

中国华侨出版社

图书在版编目 (CIP) 数据

安徒生自传:活出自己的童话 / (丹) 安徒生著;杨幼悠译.
—北京:中国华侨出版社,2014.4

ISBN 978-7-5113-4571-4

Ⅰ.①安… Ⅱ.①安… ②杨… Ⅲ.①安徒生,H.C.
(1805~1875)–自传 Ⅳ.①K835.345.6

中国版本图书馆 CIP 数据核字(2014)第079054 号

安徒生自传:活出自己的童话

著　　者 / [丹麦] 安徒生
译　　者 / 杨幼悠
责任编辑 / 文　筝
责任校对 / 孙　丽
经　　销 / 新华书店
开　　本 / 787 毫米×1092 毫米　1/16　印张/20　字数/250 千字
印　　刷 / 北京军迪印刷有限责任公司
版　　次 / 2014 年 6 月第 1 版　2020 年 5 月第 2 次印刷
书　　号 / ISBN 978-7-5113-4571-4
定　　价 / 60.00 元

中国华侨出版社　北京市朝阳区静安里 26 号通成达大厦 3 层　邮编:100028
法律顾问:陈鹰律师事务所
编辑部:(010)64443056　　64443979
发行部:(010)64443051　　传真:(010)64439708
网址:www.oveaschin.com
E-mail:oveaschin@sina.com

译者序

　　相信在大部分人的童年中都存在着一本来自安徒生的枕边读物。小时候，家里的书架上总是堆满了各种各样的书籍，《十万个为什么》《唐诗三百首》《床头灯》，等等。在这么多的读物中，《安徒生童话》就像是一扇透着光亮的大门，开启了一个属于我的崭新世界。在这个世界中，我不再是一个每天背着书包、抱着课本的小学生，而是一个仿佛闭着眼睛就能环游世界的小超人。

　　后来渐渐长大，也读了不少书，见识了外面的世界，可惜的是，再也没有出现过类似手捧《安徒生童话》那样的感觉。对那个年纪的我来说，安徒生仿佛就是一个世界的造物者，而且他所创造的是一个独一无二的、奇异而又美妙的世界。

　　对无数人来说，安徒生的童话故事不仅仅存在于童年时期，而是在生命成长的每一天中都具有同样重要的意义。这些脍炙人口的作品带给我们的不只是充满纯真童趣的回忆，更有对人生、对社会生活更深层次的思考。

童话之父安徒生出生于一个贫困的鞋匠家庭，童年生活十分清苦，早年当过学徒工，在慈善学校读过书，受其父影响，从小热爱文学。安徒生的作品曾得到皇家的高度赞扬：给全欧洲的一代孩子带来了欢乐。如今他的作品已经被译为150多种语言，在全球陆续发行和出版。

虽然安徒生的童话早已为众人熟悉，但是关于他的一生、他的诗歌、绘画以及剪纸作品，我想知道的人恐怕并不多。在出版这本自传时，他也曾说道："我希望这些自传能够成为我的作品的最佳注释。"

而这本自传介绍的并不仅仅是安徒生童话而已，这是集安徒生的人生经历、创作历程于一体的解读，是对他那些鲜为人知的作品的全面描述。这本书能在带领我们重温安徒生童话温馨美好梦幻世界的同时，引导我们深入了解安徒生的内心世界。

所以，对于每一个喜爱安徒生作品的人来说，这部自传都是值得一读的。它用安徒生最亲切的口吻向你阐述他最为真实的人生，叙述了他的泪水、欢笑和心路历程。

我相信读完这本书，你会更加深刻地体会到安徒生所带给我们的感动，和那些能直击我们内心的东西。这就是属于安徒生自己的、真实的童话人生。

目录

第一章 ·············
我的童年

003 我生命的开始

006 小时候的记忆

009 我的复杂家庭

013 我父亲的一生

015 诗人之路的开始

018 父亲去世后的生活

021 我要出名

024 扬帆起航

第二章 ·············
梦想之初

029 梦未开始已夭折

032 一线曙光

035 重回起点

039 初登舞台

042 改变的新目标

045 我的剧本

049 重返课堂

第三章　⋯⋯⋯⋯⋯⋯
求学之路

055　学校生活

060　渐入佳境

062　温暖时光

065　我的日记

067　埃尔西诺

073　重回哥本哈根

077　幽默诗的尴尬

080　小荷才露尖尖角

第四章　⋯⋯⋯⋯⋯⋯
饱受磨难

087　情感变迁

090　解脱

093　德国之行

097　备受非议

100　墙倒众人推

102　旅行奖学金

104　离开哥本哈根

第五章　⋯⋯⋯⋯⋯⋯
法国之旅

109　初到巴黎

112　见到海涅和雨果

117　告别巴黎

119　前往瑞士

122　在勒洛科尔改编《埃格纳特和人鱼》

125　告别瑞士

第六章 ·············
且行且思

131 来到意大利

134 在比萨和佛罗伦萨

137 看到拉斐尔眼中的景色

140 在罗马参加拉斐尔的第二次葬礼

143 令人羡慕的罗马艺术圈

145 来自哥本哈根的嘲弄

148 和朋友们前往那不勒斯

150 参观维苏威火山和庞贝古城

152 故国旧事

156 再见,意大利

158 在奥地利想起丹麦传说

161 "诗意的旅程"

164 简陋的图书馆

167 回到丹麦

第七章 ·············
朋友难得

171 才华的挫折——即兴诗人

174 好评如潮

178 我的朋友们

181 孤独的天才

184 瑞典之旅

188 难得是朋友

191 重开的希望之门

第八章 ……………
生活的模样

195　上帝打开的窗子

199　曲折的剧本

202　峰回路转的首演

205　赞誉与诋毁

208　献给无比珍贵的友情

212　再次踏上旅程

215　重回罗马

219　在希腊

222　危险的选择

226　危险之旅

229　感恩的心

231　不被认可的小人物

第九章 ……………
我的政治经历

239　坐上"宫廷前座"

242　欧伦施莱格

243　托瓦尔森

第十章 ‥‥‥‥‥‥
永不放弃

255　夏天的热情
258　"伯乐"去世
260　再游欧陆
274　大获成功
279　童话的支持者

第十一章 ‥‥‥‥‥
友情永存

283　来自瑞典的友情
289　再游德国
292　国王的座上宾

第一章／我的童年

我生命的开始

我的一生是一部美丽动人却又情节起伏，让人难以忘怀的童话。我小时候贫困无依，开始孤身闯荡世界。不过，幸运的是我遇到了一位纯洁善良的天使，她告诉我："你选择好了人生的方向和目标，遵照自己的想法和实际需求去奋斗，我会给你一些指点并保护你。"没想到命运还有如此厚遇，我将把我自己人生故事里的体悟告知全世界：厚爱的上帝是万物的主宰。

1805 年，在欧登塞城内的一座破旧不堪的小房子里，住着一对结婚不久的恩爱夫妻。丈夫只是一个还不到二十二岁的修鞋匠，却早已在诗词歌赋上展露出超出常人的天赋。妻子虽比修鞋匠大几岁，但却是一位举止优雅、充满爱心、不食人间烟火的女子。结婚前夕，丈夫就已经是一位略有成就却自由自在的修鞋匠，他修建了自己的小作坊，并为新房制作了美丽的婚床。虽然床架上依稀可见的黑布时刻告诉人们，不久之前特兰普伯爵的灵柩正躺在这木床上，但是在 4 月 2 日那天，木床上放着的并不是质地名贵的黑纱以及蜡烛包围的特兰普伯爵的尸体，而是一个崭新的生命，我汉斯·克里斯蒂安·安徒生出生了。

听别人说，刚出生的我非常爱哭并且总是哭得撕心裂肺，每次在我哭闹的时候，我的父母就会安静地坐在床头为我朗读霍尔堡的作品，并且会用开玩笑的口吻对我说："你不乖乖睡觉，就应该乖乖安静听故事。"可我并没有因为他们对我的"好言相劝"而停止哭闹。就算是在教堂接受洗礼的时候，我仍然哭得震天动地,以至于那位脾气暴躁的牧师总是大声地对妈妈说:"他的哭声和猫叫一样!"我的妈妈也因为牧师的这句话自始至终都无法原谅他。在这个时候多亏有我的教父戈马德在。他是一位贫穷的法国移民者,他总是安慰我的妈妈说,我这样的孩子是天生的歌唱家,年龄越大歌唱得越好听。

我的童年是在那间小屋里度过的,在我的记忆里,整间屋子都被作坊和我的床填满了。但最让我欣慰的是墙上还挂着美丽的画,漂亮的玻璃杯和装饰品安静地躺在抽屉里,书和歌本放在爸爸长凳上的那块搁板上。盘和碟子都堆放在厨房的搁物架上,虽然杂乱无章倒也显得宽敞、有趣。对我来说印象最深的就是门板上镶嵌的那幅风景画,对于那个时候的我来说,那简直就是一个画廊。

厨房的梯子直通屋顶,和邻居家相隔的排水沟里放着个土箱子,里面种满了香葱和西芹,那里是我妈妈的后花园。还记得我的童话《白雪皇后》吧,在那里面,妈妈的后花园依旧盛开着各种各样的鲜花,美丽至极。

因为我是爸爸妈妈唯一的孩子,可以说是万千宠爱于一身。妈妈经常告诉我,说我跟她小时候相比要幸福快乐得多,他们好似把我当作贵族家的孩子一样去抚养。妈妈小时候,外公和外婆总是把她赶出家门,让她上街乞讨。她不想这么做,她也不能这么做,这个时候她就会整天整天地坐在欧登塞的桥下哭。这幅景象深深地印在我幼小的心灵上,现在想起来还会不由自主地落泪。在我写的《即兴诗人》里的老多米尼加和《不过是个提琴手》里的克里斯蒂安母亲身上,分别表现出了妈妈的两种截然不同的性格。

汉斯·安徒生是我的父亲,可以说他的生命就是我,我就是他的一切,所以无论我做了什么、说了什么父亲都向着我。星期天是他唯一的休息日,尽管在休息日里他也把整天的时间都用在给我做玩具和画图上。晚上的时候,他经常大声朗读拉封丹、霍尔堡的作品或者是《天方夜谭》里的故事给我听。我所认识的父亲是一个手艺人，除了在这个时候我能看见他的笑容外，其他的时候他从未真正地快乐过。

我祖父家在乡下，家境也还算殷实，但各种各样的不幸也接踵而至：农场烧没了，牛也死了，祖父被刺激得也疯了。祖母和他来到了欧登塞，虽然父亲想去文法学校，可是没有办法，只好让父亲去学修鞋。镇上的富人曾经想要凑钱给父亲，让他有新的生活，可是最后还是什么都没发生。怀揣梦想的父亲始终没有实现他的愿望，但是他也从未忘记过他的过去。记得在我小时候，有一天，有一个学生来定做一双新鞋，看到他们的课本的时候才知道他是文法学校的学生，此时我看见父亲眼里噙着泪花，深情地看着我说："这应该是我的学校啊！"那天晚上，父亲再没说一句话。

父亲不太愿意和同行来往，而亲戚倒是经常来。就像我刚刚说的那样，寒冬的夜晚，他为我诵读，给我制作我爱的玩具；炎夏，林间散步是我们每周天必不可少的活动。父亲只是静静地沉思着，并不和我说话。我却到处奔跑着，用采集到的草莓编制草莓花环。只有在树木重新发芽的朝气蓬勃的5月，在林间才会看见我们三个人的身影，也只有在这个时候，才会在她身上看见只有在圣诞节和5月才会穿上的褐色印着花的花棉袄。那件花棉袄是那些年里她最好的也是唯一的一件衣服。散步回家后，一大包桦树枝是每次必不可少的物件，妈妈总会把它们放在被她擦得锃亮的炉子后面，把带有叶子的插在缝隙里，用它们的生命来诠释我们正在生长的生命。妈妈把房间收拾得一尘不染，亚麻布的床单和窗帘永远都是雪白的。而我和爸爸就用那些绿枝和画装饰着我们的小屋。

童年时有一件事深深地印在我的记忆里，它对我非比寻常，但并不重要。

我的父母认识欧登塞城监狱的狱卒，有一次监狱举办了一场家庭舞会，父母和我被邀请去吃晚餐。我那个时候还很小，需要妈妈抱着，我害怕地看着眼前所发生的一切。那个监狱对我来说，和生活在巴黎的小孩看巴士底监狱没什么区别。我经常站在安全的地方，听那些男女们坐在纺车边上歌唱。我认为，那个地方就是书中描写盗贼和强盗所藏身的地方。

毋庸置疑，我当然是和父母亲们一起去吃晚餐。听着钥匙和门闩相互碰撞的声音，一扇扇大铁门重复地打开关上。监狱里的楼梯像悬崖上的峭壁一样陡峭。狱卒们吃喝着，身边还有囚犯服侍着。我无法食用这美味丰盛的晚餐，无论谁说什么，我都无法下咽。妈妈把我自己放在床上，和周围的人说我生病了。可我清楚地听见犯人们愉快的歌声和纺车的工作声。我无法分辨它是真实存在的还是我的幻想。但我清楚地知道，我很紧张也很害怕。孤身躺在冰冷的床上，就像躺在被强盗霸占的城堡里，反倒让我有一丝丝兴奋。那晚狂风骤雨，我们回家的时候天已经很黑了，豆大的雨点打在我的脸上。

小时候的记忆

在我小时候的记忆里，欧登塞城和现在根本不是一个地方。那个时候的街灯和河水跟哥本哈根的根本比不了。我只觉得它就像一个和时代脱轨的古城。很多消失殆尽的传统和风俗在这里仍旧可以找到它们。当行会、协会"移动标记"的时候，列队会插上旗子，把绶带绑在剑上。队伍的前面走着的是一个拿着木剑和铃铛丑角扮相的人。我印象最深的是一个叫汉斯·斯特鲁斯的老人，说起他我总是有很多话要说。记得有一次，他一边脸被涂成了黑色，一边被涂成了红色，只有鼻子是正常的颜色。妈妈和他在一起很高兴，并且妈妈要我们相信他是我们的远房亲戚。可我很清楚地记得，我曾以一个贵族的全部的自尊拒绝和这位"丑角"有任何关系。

狂欢节的时候，我们会看一个穿着白色衬衣、后背带着翅膀的小男孩坐在一头戴着花冠被屠夫们牵着的肥牛上。海员们也成群结队地挥舞着旗子来参加狂欢节的游行，当然还少不了乐队。最后的节目就是在两艘小船之间放一条木板，由两名勇士在上面进行角力比赛。没有掉下水的就是获胜者。

西班牙人是在1808年驻扎弗恩岛的，人们的谈论内容经常会让我想起这一记忆，这也是我印象最深刻的。在跟向瑞典宣战的拿破仑签订盟约之前，丹麦不知道应该和谁缔结盟约，西班牙的援军（由旁特柯夫的王子、伯那多蒂元帅指挥）和一支法国的军队因为想要更快地穿过丹麦驶进瑞典，早已在弗恩岛的中部驻扎。我清晰地记着，那些士兵加农炮穿着深褐色的衣服若无其事地穿过街道，主教住所前面的集市被他们的加农炮袭击了。我眼睁睁地看着那些国外的士兵躺在人行道上或者被绑在已经被摧毁了一半的格雷菲斯教堂边成捆的稻草上。科尔丁城堡被摧毁了，旁特柯夫的妻子和儿子奥斯卡在欧登塞城，因此他来到了这儿。乡间的学校变成了营房，随处可见人们在大树下和路边举行着弥撒。听说，蛮横、骄傲是法国士兵的代名词，而西班牙士兵和他们比则友善得多，他们之间还有着说不清的仇恨。西班牙人让人感到同情。记得有一天，我被一个西班牙士兵抱了起来，他赤裸的胸前面的银像被我的嘴唇覆盖着。妈妈生气地说，那样的行为带有天主教的意味。但我喜爱那个银像，也喜欢被那个士兵围绕着跳舞。他哭了并亲了我。我想，他的孩子一定在他的家乡西班牙。他的一个战友因为杀害了一个法国人而被处决，这是我亲眼所见。那时候的我还不到三岁。多年后，我为这件事写了一首名为《士兵》的小诗。查密索把《士兵》翻译成德文后，它变得很流行，而且还作为原创德语歌被收入到了德国的《战士之歌》。

在我六岁时，也就是 1811 年，曾发生了大彗星事件，这件事对我留下的印象犹如我三岁那年发生的事一样深刻。妈妈不是用《西比拉预言》里所说的吓人的事吓我们，就是告诉我们地球将被彗星毁灭。那个时候的我把这些口口相传的迷信当成宗教信仰般奉若神明。在圣卡努特教堂前的广场上，我和妈妈还有邻居们看见了让我们终身后怕的一幕：一个巨大的火球拖着闪亮的尾巴。当人人都探讨这正是末日审判和不祥的预兆的时候，我的父亲也参与讨论了，可他否认了别人的意见，而是给了一个听起来至少正确的解释。这样的行为却让邻居们无法接受，妈妈也深深叹气。可父亲并没有在意而是大笑着离去。我被父亲所说的震住了，他竟然不相信我们。当晚，妈妈与祖母说到这件事情的时候，我根本就不知道她是怎么解释的。我坐在妈妈的腿上，看着她温和的双眸，等待着随时都会到来的末日审判和彗星的降落。

就算是待一会儿，我的祖母每天都会来看汉斯·克里斯蒂安她的小孙子，因为她的开心果就是我。我的祖母是个讨人喜欢却不怎么起眼的老太太，她有着一双蓝色的温柔的眼睛，并且体态依旧动人。她的心病就是生活，她原本是一个不愁生活的乡下媳妇，现在却是一个只能住在用有着不切实际梦想的丈夫的最后一点积蓄而买下的小房子里的极度贫穷的老太太。贫穷是他们注定的命运。可是我从来没有见过祖母掉泪，她倒是经常叹着气跟我说，她的外婆是如何逃出家，嫁给一个"喜剧演员"的。对了，她的外婆是一个住在德国的"卡塞尔"的大镇子上的贵族小姐。可是她的后代却因为她的所作所为受到了惩罚。诺姆森是她娘家姓，她外婆家的姓氏我却不知道。她在医院的花园工作，周六晚上，她会把允许带回来的鲜花装饰在妈妈的五斗柜上。同样，美丽的鲜花也是我的，我把它们放在了花瓶里。这份快乐无人能及！她把什么都带给我，我能明白她从心底散发出来的爱。

她要把积攒的枯叶放进医院的大火炉中烧掉，这样的事情一年要做两次。这些日子里，我有一半时间都是和她一起度过的。我和花在绿叶和豆梗植物堆成的小山丘上玩耍。在这里吃得比家好，这点也是最吸引我的地方。常来偷看我的是那些没有攻击行为、被允许在医院公园散步的精神病人。我听他们聊天、歌唱，时不时还和他们一起散步到花园。我想害怕和好奇应该就是我那个时候的心态吧。两边都是小单间的走廊，那是不让人进去的疯人区，很危险，可是我却敢和医护人员一起进去。这天，我正顺着门缝窥视，那是个坐在稻草上唱着美妙歌曲的赤裸女人。忽然间，她跳起来，边哭边向我站的门走来。这个时候只剩下我自己，医生和护士早已离开。她开始疯狂地撞门，把门上的小窗格子都撞开了，那格子是用来送饭的。在她看见我后，她就伸出胳膊来抓我。我害怕地叫喊着，趴在地上不敢动。就算是一个成年人，我想他也不会轻易忘记这一幕。就在我感觉她的指尖已经碰到我的衣服的时候，医护人员回来了，那时的我早已吓得魂不守舍。

我的复杂家庭

火炉旁的纺纱房是给贫穷的老太太准备的。她们常说"聪明的孩子命不长"，但又因为我能说会道很喜欢我，我也因此扬扬得意起来。我从大夫那儿听到的关于心、肺、肠子等一些的人体构造，都可以成为我向老太太们夸夸其谈的来源。我把肠子、心、肾所有的东西画在了门上，高谈阔论。大家都在聚精会神地听我的演说。她们用童话来犒赏我这个聪明的孩子。和《天方夜谭》一样丰富多彩的世界展现在我面前。老太婆的故事以及精神病人的影响，都深刻地印在了我的记忆里。每当太阳下山时，我就把花棉布窗帘拉紧，躺在了父母的床上，我非常迷信，从来不在晚上出门。我封闭在我孤独的世界里，就算屋里亮着灯并伴随着说话声，可我还是觉得世界都不在了。妈妈常说："我的儿子躺得多安逸，虽然他有些不一样，多亏没有什么不好的地方。"

祖父只和我说过一次话，便是叫我"先生"，这让我很不自在。头脑发木的他让我很害怕。祖父他经常会用篮子装一些兽头人、带翅膀的动物、怪鸟之类的东西带到乡下。这些木雕在我看来稀奇古怪，那些农妇却喜爱至极。她们送给他麦片和火腿作为感谢，因为他的作品给她们和孩子们带去了欢乐。这天，祖父回到欧登塞城，我躲在楼梯后面，惊恐看着一群孩子追喊着他，他毕竟是我的祖父。

我从来不和男生一起玩，就算是在学校，我也是在屋里坐着，不和他们一起游戏。在家时，拉绳子换页的图画、拧紧发条跳舞的磨坊主、透视图和其他好玩的东西，都是父亲给我做的玩具。给布娃娃做衣服也是我极愿意干的事情。我常用扫帚柄和墙做支撑，把妈妈的围裙拉起，这样就可以做一顶遮风挡雨的帐篷。我坐在里面，看着醋栗灌木丛每天的变化。闭着眼四处走动，这会让人觉得我弱视，可他们不知道我的观察力特别好。当然，我承认我是个生活在梦幻里的孩子。

教我认字母表，以及正确地拼写、阅读的老师，自己办了一所学校。在她座位的旁边有一个钟，每当正点时，会动的小人就会从里面跑出来。她总是拎着一根粗荆条在女生多的教室里走来走去。学校总是不厌其烦地让我们在拼字母时大声地读出来。我从来没有被荆条打过，因为妈妈和老师约定不能打我。所以，当那天我被打后，我没说话，直接跑回家，让妈妈给我转学。紧接着我被转到了卡斯登先生的男校，我和那个比我大点的女生成为了朋友。她妈妈告诉她，只要学好算术，以后就可以去大的庄园当牛奶场女工，所以她特别想学好算术。她还常和我说些打工、实用的话题。我告诉她："等我有了城堡了成了贵族，让她来找我。"她却嘲笑我是个穷小子。对她我使出了对医院老太太的招数。我画了城堡，并告诉她我出身高贵，连上帝的天使都来和我说话。可她却不解地看着我，对另一个男生说："原来他和他爷爷一样。"听她这么说，我不寒而栗。我只想让自己变得高贵，所以我才这么说的，可结果却是让她觉得我和祖父一样不正常。这时我才发现这招对她无用。从此，我再也没有和她像以前那样好了，也没有说过那样的话了。在别的学生玩的时候，卡斯登先生总是拉着我，因为我是学校里最小的，他总是怕我被撞倒。他会拿蛋糕、鲜花给我，偶尔还宠爱地拍拍我的脸颊，我知道他是喜欢我的。有一天，一个大个子学生因为没有复习功课，所以被要求手拿课本罚站在我们周围的那个桌子上，老师原谅了这个伤心的学生，这位可敬的老师后来成了索声电报局的经理。几年前，他还住在那儿。后来，有人告诉我，他总是笑容满面地对游客说："你们或许不相信，但你们知道吗，大诗人安徒生的第一任老师就是我这个穷老头，他在我的学校里上过学。"

秋天是丰收的季节，妈妈偶尔会带我一起到田里去捡麦穗。这时，我就感觉这和《圣经》里，路得在波阿斯的田里拾麦穗一样。在农场中有一位以性情暴躁而著称的管理者，这天，我们就碰见了他。他手里拿着鞭子朝我们走来，所有人看见他都快速地跑开了，因为我光脚穿着木屐，跑的时候鞋又掉了，麦秸扎在脚底，根本跑不快，被他抓住了。他举着鞭子想要打我，我不由自主地看着他的脸喊道："你敢打我，上帝在看着你！"谁都没想到，这个性情暴躁的管理者突然变得和蔼起来，拍着我的脸问了我的名字，并给了我一些钱。当我把钱拿给妈妈时，她和别人说道："我的汉斯·克里斯蒂安是个神奇的孩子，所有人都对他好，就连这个坏蛋都给他钱。"

　　我不知道穷困是什么，因为我在虔诚和幻想中长大。我的父母靠勤劳的双手养家，这对我来说却是过着富人们的生活。那个时候我穿得也很帅气：一位婆婆把父亲的衣服改给我穿；母亲在胸前缝了三四块丝绸，和马甲一样；她还用围巾在我脖子上系了个蝴蝶结；头发用肥皂洗过后，分别向两边梳去。这样一套看上去已经很像样了。第一次和父母一起去剧院看戏的就是这样穿的。特兰普伯爵或哈恩伯爵的公司在那个时候，就已经有了一家很好的剧院。我看的第一场戏是霍尔堡的《政治修补匠》，导演弗兰克善于以歌剧和喜剧著名。我虽然不知道作曲是谁，但这个本子却已改编成德语歌剧了。我在剧院所看到的一切让我无法相信，我的未来会成为一名诗人。后来，父母告诉我，在看到剧院里外有那么多人的时候，我的第一句感慨竟然是："如果有和这里的人一样多桶的黄油，我得吃多少啊！"即使我才偶然去过一次剧院，但剧院却已经成为了我最想去的地方。每当冬天来临时，负责在外张贴剧院广告的彼得·琼克，我都会和他成为朋友。他把海报作为回报送给我，我把海报贴在我家周围，就算不能去剧院，在家里我也可以看着剧名和人物的名字，想象出一场精彩的喜剧。就这样，我的第一部无意识文学作品诞生了。

我父亲的一生

父亲的爱好不单单是戏剧和故事，历史和《圣经》也是他的爱好。父亲经常掩卷沉思，但是他的意见却往往得不到妈妈的认同，因此父亲变得越来越不愿意说话。这天，他看完《圣经》说道："耶稣是像我们一样的人，但他是那么地不同寻常。"妈妈听完吓得哭了出来，而我马上祈求上帝原谅无理的父亲。

我和妈妈越来越担心父亲，直至有一天他说："世上根本就没有魔鬼，它只在我们的心里。"这让我和妈妈愈感焦虑。某天早上，我们在父亲的胳膊上发现了三道划痕，我、妈妈和邻居都认为那是魔鬼为了证明自己存在的证据，事实可能是床上的钉子划的。父亲没有朋友，他常自己一个人待着或者带着我去散步。弗恩岛上的庄园想找个鞋匠，可免费获得一间带花园的房子外加个养牛的牧场。加上农场的工作，可谓是衣食无忧。父亲很喜欢乡村生活，这个机会对他、对全家人来说都是特别好的事情。庄园的人送来丝绸，让父亲自己出皮子做一双舞鞋作为试工。这件事是我们那个时候每天的谈资。我是多么希望自己可以在开满鲜花的草地上晒着太阳，听着布谷鸟歌唱。我希望上帝可以实现我们的愿望，这也是他能给予我们最大的快乐了。

我们庄重地看着这决定我们命运的舞鞋，父亲拿着用手帕包好的鞋出门了。我们在家等着他带回来好消息。不久后，我们看见的是满脸怒气的父亲，他说，夫人看了一眼说丝绸坏了，都没有试，就说不能雇用父亲。"你浪费了丝绸，那我也浪费了皮子。"父亲边说边把鞋底剪了下来。我们都哭了，美梦破灭了。我们的愿望上帝还是会满足的，假设上帝满足了我们当时的愿望，我将来就不会成为诗人而是一名农夫，生活也是天翻地覆地变化。或许，上帝是为了我的命运而不降福给我的父母。

父亲在林中散步的次数越来越频繁。他现在脑子里只有德国战事这一件事情，拿破仑从一名小兵到指挥天下，他的所作所为是父亲的典范，更是父亲心目中的大英雄。丹麦与法国结盟以后，战争是人们唯一的话题。父亲自己要去当兵，想当上个中尉再回来。邻居们说这么做的都是疯子，想自己去挨枪子。妈妈天天以泪洗面。士兵的身份在那个时候是很卑微的，最近这些年，在公爵领地的叛乱引发的战争中，才让士兵得到了荣誉，可惜父亲生活的年代不对。

父亲的那个连队出发的那个早上，父亲高兴得手舞足蹈。他的焦虑通过和我的吻别深深地传达到我这里。军鼓响起的时候，我正在出麻疹，此时的我不能送父亲，只能躺在床上看着母亲和父亲走出我的视线。老祖母在部队出发后来了，她温柔地看着我说："我现在死了就好了。"上帝的意志是无人可摧毁的，那个早上，是我记忆中最悲伤的一个早上。

战事结束了，可我父亲的部队却还没走到达霍尔斯坦。我父亲这个志愿军又回到了他的作坊，似乎一切都没有发生过。

我仍旧用木偶表演德语喜剧，只因我看到的都是德语的演出。但是，演出中只有"Besen（扫帚）"是真正的德语，这还是父亲在霍尔斯坦学来的，这也是父亲这趟唯一的收获。父亲对我说："汉斯·克里斯蒂安，你要记住，你不知道你会走多远，所以，你尽管向前走去。"可妈妈却告诉我，只要她在一天，我就别想和父亲一样随意出去把身体弄垮。

但不得不说，父亲的军旅生活的确让他的身体大不如前。那天早上起来，他竟然精神错乱地谈论着拿破仑和战争。他想象着拿破仑让自己亲自指挥战役。妈妈马上把我喊醒，让我去找"女巫"而非大夫来帮忙。"女巫"住在离欧登塞城几英里的地方，在她家里，她问了我几个问题，拿出羊毛线量了我胳膊，并把一根细小的绿树枝放在我的胸前。她告诉我，树枝和主被钉死的十字架出自一种树。她让我沿着河边回家，如果父亲去世了，我还能碰见他的灵魂。

我那个时候满脑子都是迷信的东西，所有的事情都让我感到害怕。到家的时候，妈妈问我是否看见了什么，我急忙向她保证说道："没有。"父亲是在第三个晚上去世的，我和妈妈睡在地板上，父亲的尸体躺在我的床上。妈妈对叫了一整夜的蟋蟀说道："别叫他了，冰女把他带走了，他已经死了。"我知道妈妈说的就是那年冬天，家里的窗上有着各种各样的冰花，其中一个像是少女张开了双臂，父亲打趣道："她是带我一起离开的。"如今，父亲的尸体躺在那儿，妈妈也许是想起了父亲打趣的那句话。同样，这句话也被我深深地记住了。

圣卡努特教堂墓地就在教堂门的左手边的祭坛方向，父亲就埋葬在这儿，坟上被妈妈种上了一些玫瑰。以后的日子里，这里还会有别人的坟墓，但现在，这里被长高了的野草所覆盖着。

诗人之路的开始

自从父亲死了，妈妈在外面给人做佣人、洗衣服。父亲做的小剧院在家陪着我，我给木偶做戏服，演戏，再也没有人管着我了。那个时候的我，一头浓密的金色头发，戴着帽子，穿着木屐，难看极了。

班克福德夫人是一位牧师的遗孀，她姑姑和她一起生活，就住在我家附近。我一天大部分的时间都是在她家度过的，她们很喜欢我，所以我随时随地都可以去玩。她们不单单给了我家的感觉，也是第一个让我觉得这是一个有着良好教育的家庭。那位去世的牧师班克福德还是一位在丹麦文学里占有一席之地的诗人。

第一次听说"诗人"这个词就是在这儿，诗人在她们心中是神圣的，对他充满着崇敬感。她们谈的和父亲给我读过的霍尔堡的喜剧不一样，她们谈的是诗歌、散文。班克福德夫人的姐姐每当说到"我哥哥是个诗人"的时候，就会眼睛发亮。是她让我知道，成为一名诗人是一件多么幸福和光荣的事，我人生中第一次阅读了莎士比亚就是在这儿。事实上，译文并不漂亮，但戏剧场景中的幽灵、女巫以及暴力事件都被莎士比亚描绘得有声有色，这让我爱不释手。我迫不及待用我的木偶们上演着莎士比亚的《哈姆雷特》，剧里面的人物都活生生地出现在我的幻想中。越来越多的人死去，我反而觉得越有趣。我的第一部戏就是在那个时候写的，毫无疑问那是一个所有人都死光了的悲剧。它是以皮拉姆斯与提斯伯的一首老歌作为背景，同时在剧中加入了隐士和他的儿子。两个人都爱上了提斯伯，同时都在她死的时候自杀了。《圣经》和巴里主教《教理小问答》里的段落大部分都是隐士的台词，尤其是邻居间责任的部分。《阿波尔和爱尔维拉》是我给它取的名字，我自豪并兴奋地把它读给所有人听。当我回到邻居家时，我的邻居打趣道："你是打算把这出戏写成令人反感又毫无看点的故事。"我痛苦万分地把这件事告诉了妈妈，因为所有人都在称赞我，只有她给我泼冷水。妈妈劝解我说："她是忌妒我的儿子能写出这样的戏，所以她才这么说的。"

怀揣着妈妈的慰藉，我开始了下一部戏的创作。这回我夸张地加入了国王和公主的角色。因为我发现莎士比亚的戏剧里面，人物之间的说话方式没有什么太大的变化，我不想我的戏里也是这样。我询问着我身边的人，国王说话是什么样子的，但是没有人能给我答案。他们告诉我，欧登塞已经很久没有国王了，而且，国王有可能还是说外语的。于是，我找到了一本里面有着德、法、英与丹麦文对照的词典，我在这些词汇里，挑选出一些词句把他们融合到国王和公主的台词中去，例如："早上好（德语），我的父亲（法语）。昨天休息得好吗（英语和丹麦语）？"我想，贵族们说话或许就是这样的，也只有这样才能符合他们的身份，这就是《圣经》中提到的城市巴别尔的语言。我一想我要在大家的面前朗读我的戏，我就兴奋无比，但让我没想到的是，没有人愿意听我朗读这语句不搭的戏。

邻居的儿子在布厂工作，每周都能拿回家点钱，邻居说我天天瞎晃，不务正业。于是，妈妈决定让我也去布厂工作。妈妈说："不为钱，就是想知道我在哪儿。"

老祖母带着我去了那家布厂，她从来没有想过，我会和那些令人讨厌的男孩子在一起，这让她很是苦闷。

那些熟练的短工都是德国人，他们成天在一起无忧无虑地唱歌、聊天，一个粗俗的笑话都会让他们捧腹大笑。这些话听得多了，自然而然也就会了一些，但是它并不能抓住我的心，因为我的爱好不在这儿。一直到十五岁，我都有着别人羡慕的歌喉，所有人都喜欢听我唱歌。当我到布厂被人问到会不会唱歌的时候，我立马高歌一曲，而且演唱得很是成功。从此以后，我只负责唱歌，工作都交给了别的孩子。霍尔堡和莎士比亚的许多整幕的戏我都记得滚瓜烂熟，这个时候，我就会告诉他们我还会演戏。在布厂，所有的人都会对我友善地打招呼、给我鼓掌助威，我最初的一段快乐时光就是在这儿度过的。

这天，我一如既往的唱着歌，人们对我清晰的高音音调似乎很感兴趣，低声谈论着，突然一个熟练短工叫道："这不是个男孩子，是小娘们！"之后他一把抱住我。我哭喊着，其他人却对这个粗俗的玩笑习以为常，哄笑着忙抓住我的手脚。我叫嚷着，犹如一个害羞的女孩一样冲出了布厂，跑回了家。妈妈知道后就不让我去那儿上班了。

我又回到了班克福德夫人家，跟着她朗读，闲时还学了点针线活。这对我的木偶剧院作用非凡。班克福德夫人生日那天，我自己缝制了一个针垫作为生日礼物送给了她。我成人后，她还保存着这个针垫。我的邻居里还有一位牧师的妻子，她经常从图书馆里借来书让我为她朗读，隐约记得有本书中是这样开头的："这是夜晚狂风大雨，窗棂上的玻璃被雨点击打着。""这是一本好书。"我不解地问她为什么，她说："只读开篇就知道，"她的这种敏锐的洞察力让我十分钦佩。

父亲去世后的生活

秋天又来到了，妈妈把我带到了她的出生地——波根斯邻居家的一所宅院，我妈妈曾被住在这儿的夫人的父母雇佣过。我们花了两天的时间走了过来，夫人很早之前就说让我们没事多来看看她，如今我们终于来了。庄园看上去很有气势，饭菜也很美味。放下这些不说，这里给我的印象深刻，真想一直待在这儿。这个时候正是采摘啤酒花的好季节，妈妈和我以及乡下的农民们在谷仓一起采啤酒花。他们生动形象地讲了很多他们亲眼所见和经历过的事情，例如有着偶蹄的魔鬼，还有他们知道的幽灵、预兆，等等。其中有位老农说道，无论发生任何事，上帝都会知道。这句话一直在我的脑海中回荡。夕阳西下，我一个人来到了不远处的深水塘边散步。我爬到水中的大石头上，我的脑海里突然冒出了一个奇怪的想法、"如果上帝知道一切，让我活到很大岁数，那我现在自杀，他的所想的不就不能实现了吗？"我立马想要跳水自毙，但是看着深处的池水，我突然意识到："这是魔鬼在控制我！"我恐惧地大喊一声，就往家跑去，一头扎进妈妈的怀里，哭得很伤心。不管是谁，都没有办法知道到底发生了什么。一个女人说道："我可能是看见了幽灵。"或许，我自己也是这么认为的。

妈妈又结婚了，这位年轻的修鞋匠成了她的第二任丈夫。他家里人从来不让妈妈和我去看他们，他们认为这桩婚事降低了他们家的身份。他也是个手艺人。继父人脾气很好，他的眼睛是棕色的。对于我的学习，他同意我按照自己的喜好自由发展，他从来不管，这让我感受到前所未有的快乐，因为我可以把我的生活完全投入到我的图画和木偶剧院中。我把搜集来的彩色布片亲手做成戏服，在妈妈看来，如果我以后做了裁缝，这真是一段不错的练手经历。她一直认为我天生就是干裁缝的料，可我却梦想当一名演员。妈妈很反对，因为在她的印象里演员就和走钢丝、打把式卖艺无异。她说："你当演员，会挨鞭打。得饿着，因为要保持体重。要喝油，因为需要腰腿灵活。"不要，我要当个裁缝。妈妈说道："住在克罗斯街的斯塔格曼，就是名裁缝，他裁缝店的玻璃窗就那么的大，还有好多助手坐在桌边，你要是他的助手该多好。"他可是城里最好的裁缝。

"当了裁缝，我的剧院就会拥有各式各样的布片了。"这是我从妈妈描述的当裁缝的前景中获得的唯一安慰。

我的新家就在芒克米尔的旁边，就在街道上面。我们有一个床铺一样大的花园，我们来时这里已经种满了红醋栗和醋栗灌木丛，这是属于我们自己的花园。芒克米尔的后面有条河，河水的下游处矗立着三座很大的水车，当水闸关闭的时候。水车停了，河水慢慢流干露出河床，这时我会跑到河床上徒手去抓那些在水坑里扑腾乱蹦的鱼。磨坊里的大水耗子也会溜出来在水车下喝水。然而当水闸再次升起，河水卷着泡沫咆哮着盈满了整个河床，水耗子已不见踪影，而我会赶紧哗啦哗啦地蹚水跑回岸边，其实每到这时我就会产生一种恐惧，犹如在北海岸收集琥珀的人已经走出沙滩后又看见涨潮了一样。

　　河边有一块大石头，妈妈洗衣服时就拿它当搓板使，而对我来说这简直是一个舞台，我时常站在上面毫无意义地即兴发挥。我家隔壁是法比尔先生的花园，他有一位可爱的妻子，就如她饰演的女主角依达·蒙斯特一样可爱。这位演员妻子曾在丹麦民族诗人欧伦施莱格的自传里提及过，人们都喜欢称她"贝克小姐"。他们花园里的客人们总能听见我的歌声，都说我的这副好嗓子可以发大财。其实我也期待着所有的梦想变为现实，就像对我而言，童话里的事都是真实的一样，当然我也时常在想我的这副好嗓子如何赚钱的事。欧登塞河的下面就是中华帝国，我是听一位河边洗衣服的老太婆说的。那时我时常想，一个月光皎洁的夜晚，我坐在那儿唱着歌，一位中国王子从地下挖一条通道，来到我们这里，听着我的歌，并把我带回他的王国，给我高官厚禄，在我看来这是极有可能发生的。我甚至花了好几个晚上绘制了一张城堡的设计图，因为我想那位王子一定会让我荣归故里，并在欧登塞为自己建筑一座城堡，从此定居下来，现在想来这真是一个幼稚的想法。其实我的这种孩子气延续了很长时间，在哥本哈根我曾朗诵自己的诗作，我依然相信台下会有这样一位王子，理解我，帮助我。然而事不从人愿，只是要发生的一切终究都会发生。

欧登塞的几家望族终于注意到了我，除了我天生的一副金嗓子，更是因为我对读书的喜爱，整幕整幕的戏我都倒背如流。在我应邀去他们家里做客时，从我身上表现出来的所有奇特品质与性格特征让他们兴趣大增。霍格·古德伯格上校和他的家人对我表现出极大的同情。他甚至跟克里斯蒂安王子提到了我，这位王子就是后来的克里斯蒂安国王八世。有一天，古德伯格带我去见了那个时候住在欧登塞城堡里的王子。

去时的路上，古德伯格对我说："要是王子问你想干什么，就说上文法学校是你最大的心愿。"王子果然问了这个问题，我也按照预期的答案回答。然而王子却认为对我来说上学是一件耗时耗力的事，我唱歌、背诗词虽然很好，但是他认为这不能代表什么，相反，假如我去学一些比如车工一类的手艺，他倒是可以给我提供资助。失望的我离开了城堡，因为这不是我想要的，可贵族王子的想法又无从反驳。这位王子依旧对我很好，直到他去世，随着时间的推移，他惊讶地发现我确有一些他没看到的能力。读者在后面的叙述中将会看到，他对我的恩情，我永远不会忘记。

我要出名

我一直待在家里，就算这样也没耽误我身体发育，和同龄人比，我还是高很多。妈妈让我在一所救贫院的慈善学校上学，而学校也仅仅能够让我学点宗教、写作和算术之类的东西。我实在是不勤奋，课本只在上学或放学的路上看上一眼，以至于我几乎拼不对一个单词。妈妈对我的这种态度引以为傲，常数落别人家的孩子："我们家汉斯·克里斯蒂安从不看书，都比你们成天到晚看书费脑的懂得多。"

我的老师叫威尔海文，是个做人原则性极强的挪威人。他不苟言笑，甚至性情粗暴，然而每当他收到我用花环和诗为他准备的生日礼物时，大多数情况他都会微笑，虽然也抱怨过几次。他讲的《圣经》里的故事让我非常着迷，眼前墙壁上的画竟仿佛像拉斐尔和稍后提香的真品再现一般，美轮美奂。每当我冲着墙壁做白日梦时，威尔先生总是温和地说我"心猿意马"。我经常给男孩子们说一些怪诞的故事，犹如事情就发生在我身上，当然有时也会因此被取笑。有一天，因为我怪癖的禀性，以及和上流人物厮混在一起的事引起了街上那些不良少年的不满，他们边追边大声地挖苦我："快看啊，到处跑的不就是那戏剧家吗。"我狂奔回家，在角落里哭着向上帝祷告。

在妈妈看来给裁缝当学徒，或是做一些其他有用的事对于快要十四岁的我是必要的，所以她想让我在十四岁生日前受坚信礼。妈妈的这种想法源于和她交往的那些人，他们总是和她抱怨我的那些怪异的举止，就好像我的生活方式冒犯了他们一样。我知道，妈妈是爱我的，可是我的志向、梦想她一无所知，有时候连我自己都不知道。

对于肯纽特教区施坚信礼的候选人，都是要先把名字上报给教长或助理牧师。那些贵族家的孩子是和文法学校的学生一起提名统一交给教长；而穷人家的孩子是要交给助理牧师的。而我直接就把名字给了教长，虽然他有可能觉得我很自负，但他还是无奈地接受了。在教堂施礼的都是教长接受的孩子，随后才是助理牧师的。只有我自己知道，我上交给教长，是因为我害怕那些穷小子们的嘲笑，也是因为我觉得文法学院的学生比其他人更加出色，而不是因为自负。我经常通过教堂的木围栏偷看他们在庭院里玩，我不是因为他们可以玩各种游戏而羡慕他们，而是因为他们可以看到很多书，做自己想做的，我才如此地想成为他们中的一员。

成为他们中的一员是在教长施坚信礼的时候。从那以后，我再也想不起他们中的一个，当然，他们也没有联系我。我每天都觉得，哪儿都不属于我，有次我当着教长朋友的面，把一部喜剧中的几个情节演了出来，他却对我说，现在正在准备施坚信礼，我不应该这么做，要是以后再这样做让他知道了，我就会被开除。教长这样的做法更加坚定了我的想法。我情绪低落，害怕极了，我就像一只飞到陌生地方的迷路的小鸟。汤德·伦德是在行坚信礼的孩子中最出色的，也是对我最好的女孩。后面的章节里，会有很大的篇幅写到她。她是一个温柔的人，她总是温和地和我打招呼。有次，她给了我一朵玫瑰花，这让我觉得，终于有人不再藐视我了，这让我万分兴奋。一位上了年纪的女裁缝把父亲的衣服改成了我行坚信礼时穿的衣服，这是我第一次穿这么好的衣服，同时，我还拥有了我人生中第一双靴子。这可把我高兴坏了。我把靴子套在裤子里，让所有人都看见我的新靴子，靴子踩在地上发出的声音让我无比兴奋。我认为，别人可以通过靴子的声音知道我穿的是新靴子。老想着靴子，不能全身心地进行施坚信礼，这让我觉得很对不起上帝，于是，我恳求上帝的原谅后继续想我的新靴子。

我总共有三十先令，都是我这几年积攒下来的，这是我一笔不小的财富，这让我很有成就感。妈妈还是想让我去学裁缝，可是我觉得去学裁缝，还不如去哥本哈根淘金。那个时候，我认为世界上最大的城市就是哥本哈根了。

"就算去了，你能怎么样？"妈妈问我。

我告诉妈妈："我会出名的。"还给她讲了书上说穷人变富人的故事，

"这些人不都是经历了不同的遭遇后，才出名的。"我觉得我现在完全沉溺在里面，无法自拔。我哭着求妈妈，最终妈妈还是答应我了。只不过，她把"女巫"从医院叫来从纸牌和咖啡渣中为我占卜未来。

"女巫"说："你的儿子以后会有出息，成为一个大人物的，终有一天，整个欧登塞都会以他为荣。"妈妈听完"女巫"的话哭了，从此以后，不管我有什么想法，她都不再阻拦。当所有人知道这个决定的时候，都来和妈妈说这样做的后果有多可怕。同样时对于那个陌生的城市，我可谓一无所知。

扬帆起航

妈妈说："就算他不走，他也不会让我省心的。没事的，叫他走吧。我确定，当他看见奈波格那波涛汹涌的大海时，他就会吓得跑回来。那时候，他就会听话去当裁缝了。"

祖母说道："汉斯·克里斯蒂安的脑子足够去当个职员的，可是我们该去哪儿找呢？"

"如果他成为了像斯塔格曼先生似的裁缝，我就心满意足了，那时候，我会让他去奈波格的！"

坚信礼后的头一个夏天，有一些皇家歌剧院的成员来到了欧登塞，他们在欧登塞上演了一些歌剧和悲剧。镇子上的人都在谈论这个话题，因为我和贴海报的人是好朋友，所以我不单单在舞台两侧看完了全部的表演，我还在台上扮演了小跟班和牧羊人，我甚至还在《灰姑娘》中有几句台词。演出前，当其他演员还在化妆间的时候，我已经按捺不住，自己把戏服都穿好了。我孩子般的行为和过高的热情，以及我的行为成功地吸引住了他们的眼球，他们认为我很有趣。他们亲切地和我交谈着，尤其是哈克和恩霍姆。人间的神，我是这样称呼他们的。他们对我的所有的评价都让我认为我天生就是为了戏剧、为了舞台而生的。我认为，只有在剧院才能让我名扬万里。因此，我把哥本哈根的剧院定为了我的目标。

演员们在欧登塞演出，不管对谁都是一件大事，这次的演出对我的意义尤其重大。所有人在谈论过这次演出后，都会说道："如果能去哥本哈根的剧院看一出该多好啊！"去过哥本哈根的人告诉人们有一种叫作芭蕾的舞蹈比歌剧或者戏剧都要好看得多。莎尔夫人是所有芭蕾舞演员中最棒的，也是最有影响力的。我认为她就是芭蕾王后，我认为，她如果能认同我、帮助我，那么我将会更加容易地走向荣誉和财富。

想着这些东西，我去找了欧登塞的老印刷工埃弗森。当那些演员在欧登塞演出时，所有的人都会去拜访他，所以他认识所有的人，我想其中也包括那位芭蕾明星。我想让他帮我写一封推荐信，上帝自然会安排好剩下的事情。

老人和蔼可亲地听完了我的想法，但是却劝说我不要这样做，这无非是冒险。他认为我应该学门手艺。"那样多丢人啊！"我反驳道。我后来从他的家人那里得知，是因为我当时惊人的反映，他才会答应帮我。他告诉我，那位芭蕾明星他并不直接认识，但是他还是可以帮我写推荐信。在拿到信的那刻，我仿佛看见幸运的大门已经为我敞开了。

妈妈把我所有的东西都装进了一个包裹里面，并询问了马车夫可不可以带上我。车夫说可以，路费只需要六先令。终于回到了我离开家的那个下午，妈妈难过地陪我走到城门，祖母早已在那儿等着。祖母好看的头发在这几个月里早已变得花白。她只是趴在我的肩头哭，什么都没说。在我走的第二年，她就去世了。从那以后，我再也没有见过我的祖母，就连墓地都没有，因为穷人家的墓地只有乱坟岗，那次分别成了永远的诀别。

　　耳边响起了出发的号角，午后明媚的阳光很快地渗透到我兴奋的身心中。眼前所有的事物都对我有着无法抗拒的吸引力，这正是我渴望的旅行。可是当我到达奈伯格的大贝尔特海峡的时候，我突然觉得现在的我除了上帝谁都无法相信了，这使我异常失落。船在西兰岛靠岸了，我冲向岸上的一间破旧的小屋后面，跪着祈祷，希望上帝能给我正确的指引和帮助。此时，我早已把我的心都交给了上帝支配。祷告后，我突然觉得浑身轻松了很多，心情也好了很多。那天晚上，我坐的车穿过了很多的村镇。当车停下来，我站在一边看马车夫重新装箱的时候，发现周围的一切都是陌生的，我犹如站在旷野上，孤独无助。

第二章／梦想之初

梦未开始已夭折

　　1819 年 9 月 6 日，当太阳升起时，我在弗里德里克斯堡的山顶第一次看到了这座城市。我背着包下车后，从城郊出发，穿过公园和长长的林荫道进了城。到达哥本哈根的头一天晚上，几乎传遍欧洲的"犹太人的争吵"在这里也开始蠢蠢欲动了。整个城市都是喧嚣、嘈杂的，混乱充斥着整座哥本哈根，可我对此却出奇地平静，此时的它和我想象的一样。摸着兜里不到一镑的钱，穿过人群我在城西附近一个叫"卫兵客栈"的小旅馆安顿下来。

　　剧院是我这次出行要去的第一个地方，那里对我有一种莫名的归属感。在这座陌生的城市里，它带给我一种家的感觉，我围着剧院的围墙转了好几圈，刚巧一个票贩子在角落里拦住我，问我是否要票。我一再地向他道谢，并想接受他的好意。而他却愤怒地以为我在戏弄他，我不得不逃离这座城里让我感觉最亲切的地方。当时的我根本无法想象，十年后的一天，这家剧院会上演我的第一部戏剧，而我站在舞台上向丹麦人民鞠躬致谢。第二天，我穿着坚信礼的衣服，那可是我当时最好的行头，虽然那顶帽子总是快要遮住我的眼睛。靴子是必须穿的，而且我还把它露在了裤子的外面。在我看来，我的这一身打扮还不算太过寒酸的。

　　这一天，我打算拜访那位推荐信的接收人——芭蕾舞明星莎尔夫。我极希望得到她的帮助和支持，在按门铃之前，我虔诚地跪下，向上帝祈祷着。

这时，一个正要上楼的女仆看到了我，她走过时在我手中放了一枚铜币，并对我和善地笑了笑，随后走掉了。我穿着我认为最好的衣服，可是她怎么会认为我是乞丐呢？我叫住了她。而她却回身说了句："拿着吧，没事儿。"就走了。

当我站在莎尔夫面前的时候，她惊奇地看着我，并听我说完所有的话，然后告诉我，她根本就不认识老埃弗森。而且，我的行为举止让她觉得很奇怪。我告诉她我想登上舞台，并用了我的方式向她证明。随后她问我，我自己觉得我适合演什么角色。皇家剧团的演员在欧登塞演《灰姑娘》的时候，我被灰姑娘深深地吸引住了，所以我毫不犹豫地告诉她："灰姑娘！"我在征得她的同意后，把靴子脱了，凭着记忆把灰姑娘跳舞的那段跳了出来。

她后来告诉我，她觉得我脑子出了问题，她完全理解不了我的古怪的手势和怪异的灵巧。

去剧院找经理霍斯坦先生请他雇佣我，是我唯一的出路。他认为我太瘦弱，不适合在这儿工作。我告诉他："我很快就会长胖的，每个月给十镑的工资就可以了。"他看了我一下，就把我赶走了，他说有涵养的人才能为剧院工作。

我的世界突然间就塌陷了，没有任何人来帮助我。我认为死是我唯一的出路，这样我就看见上帝，我就有了依靠。在我痛苦后，我明白了，只有经历过了所有的痛苦以后，上帝才会帮你打开成功的大门。紧接着，我买了一张歌剧《保罗与弗吉尼亚》顶楼的票，戏中的那对情人让我痛哭流涕。旁边的女士安慰我说，这只是一出戏，还给了我一个大大的香肠三明治。我们坐在那儿像朋友一样，我发现人们都很友善，我也愿意相信他们，我告诉他们，我哭是因为我如果和我的弗吉尼亚分开了，我也会很难过的，而我的弗吉尼亚就是剧院。他们听得很迷茫，我就把事情的来龙去脉都告诉他们了，以及我来哥本哈根的目的。那位给我三明治的女士这次不单单给了我三明治，还给了我一些蛋糕和水果。

我从旅馆结完账出来的时候，全身只剩下两先令了。现在我只有两个选择，一是留在这儿当学徒学手艺；二是找个船长带我回家，回家了也是要当学徒的。就这样回家，我都能想象到他们会怎么嘲笑我。如今，留在这儿当学徒是最正确的决定。当然，我只是为了生存下去才去当学徒的，这并不是我活着的意义。

和我一起来的那位女士让我在她那儿住。我从她带我出去买的报纸上，看到住在伯格盖德的木匠在招学徒，我就直接去找他了。他是个很友善的人，但是只有得到欧登塞的身份证明，证明我是一个正直的人后，我才可以成为他永久的徒弟。并且，他还需要了解我的父母以及受洗证明。我可以边在他这儿干边等证明寄来，顺便看看我适不适合干这个。

第二天我六点就来到了车间，并认识了一些短工和学徒。师傅没来的时候，他们就靠闲聊和开粗俗的玩笑过日子，虽然这样，但他们也聊得热火朝天。他们发现我的时候，我正像一个小女孩听了不该听的东西一样满脸通红地站在那儿，我清楚地记得，他们拿我开了一些让我无法接受的玩笑，我被吓坏了，直接去找师傅，告诉他，我受不了这样的生活，而且，我不喜欢这个，谢谢他一开始能收留我，但是我还是要离开。师傅听完后虽然很吃惊，但他还是好心地安慰我，想让我忘记这一切，可是我当时已经被悲伤充满了整个身心，我还是匆匆地离开了。后来我想想，导致我这么决绝地离开的原因有很大一部分是因为那过分的玩笑。

一线曙光

　　我感到极度地悲凉，大街上谁都不认识我。这个时候，我突然想起了一个叫西伯尼的意大利人，我在欧登塞报道上看到这个人是哥本哈根皇家音乐学院的院长。我觉得他应该对我有兴趣，因为我有一副好嗓子，相反，如果他对我没兴趣，那么我马上就回家去。这样的决定让我异常兴奋，我立马就跑到了西伯尼家里，我发现著名作曲家卫斯、诗人巴格森以及其他客人都在，他家似乎正在举行宴会。是一个女管家给我开的门，我把我所有的经历都告诉了她，包括想成为一个歌唱家。她对我的同情难以言表。等她再出来的时候，所有的客人都和她一起出来了。她告诉我，她把我的事跟所有人都说了。西伯尼带我进到了客厅，他让我在钢琴旁唱歌给他听。随后，我还把霍尔堡戏剧中的几幕以及一些诗都背诵出来了。背着背着我就想到了我自己的身世，不由得潸然泪下，失声痛哭。客人们都被我感染得鼓起掌来。

　　诗人巴格森对着众人说："我预言，这个孩子迟早有一天会成名。但是，"说到这儿他略停顿，继而把头朝向我的方向转动，眼睛看向我，"孩子，当人们给你鼓掌叫好时，不要骄傲。你要知道，一个真正的天才纯粹是自然的产物，但随着时间的流逝或者流连于人际间的交往，把成为天才的能力而损毁。"我懵懂地仰脸看着他。巴格森说的话我不能完全理解。我想我应该不属于神童之列，顶多在人们眼里是个天生古怪的孩子。不过，我知道他们是善良的人，每个人都希望我好，我绝对相信他们说的每一件事。我能做的就是把自己的想法表达出来，不把自己的思想封闭起来，更好地与他们沟通，以便我能更快地在人们的指导下成长。西伯尼也认为凭我的嗓子在他训练下，将来皇家剧院歌唱演员名单中一定会出现我的名字。卫斯教授也希望帮我做点什么，有时间能够去拜访他。我喜极而泣。兴奋使我脸颊绯红。与他们告辞，女管家带我出门时，轻轻拍了拍我的脸，建议我次日就去拜访卫斯教授，认为我可以依靠他。

我去拜访了卫斯教授。他将自己的身世叙述给我听。他也是穷苦人家的孩子，通过自身的努力取得了现在的成就。他对我现在的境遇十分理解，鼓励并告诉我，那天那个愉快的时刻，大家为我筹集了七镑钱，每月给我一镑。这笔对我来说不算少的钱解了我的燃眉之急。我按捺不住内心的兴奋与感激，马上给家里写了第一封信。在信里，我说全世界的好运都降临在我身上。妈妈的高兴劲儿就甭提了，她逢人就把信拿出来给人看，与人分享她的快乐。看的人有的显出吃惊的样子，有的人只是笑笑。

西伯尼是不会讲丹麦话的。为了能够跟西伯尼学习歌唱，我必须学点德语。与我一起从欧登塞来的那位女士总是力所能及地帮助我，有一位叫布鲁恩的语言教师在她的说服下免费教我德语。在我学了一些德语之后，西伯尼的家门对我敞开了。西伯尼提供吃的，有时还和我一起唱音阶。他家里有一个厨师是意大利人，两个聪明机灵的女仆，其中一个会说意大利语的女仆在卡索蒂家做过。在这里我感觉是其中的一员，喜欢他们讲的故事，也很乐意为他们做点事、尽点力，当个跑腿的。但有一天，当他们准备让我给餐桌上菜时，西伯尼把我叫住并走进厨房对他们说："他不是跑腿的。"从那时起，我大多数的时间是在客厅里。在客厅中，我时常给西伯尼的侄女当模特，她在绘画上有很高的天赋。她每天花大部分时间给西伯尼画像。她常让我穿上肥大的束腰外衣和宽松的袍子，这倒不是为了画瘦小枯干的我，而是为了画肥大健硕的西伯尼。她常常被这种强烈的反差弄得忍俊不禁，欢快地笑着，笑过后继续她的素描。天才往往具有鲜明的个性，西伯尼也不例外。家里每天都有歌唱演员来排练，我时常被叫去看。这位音乐大师在听演唱时，异常认真并常常表现出异样的烦躁。他的意大利式火暴脾气在此时全显现在脸上，有时用流利的德语喊着，有时又用一种别扭的掺有德语的丹麦语大叫。虽然这和我没一点关系，但我还是吓得大气也不敢出，浑身哆嗦不止。以至于轮到我唱时，我的声音都因害怕而颤了起来。歌唱完了，我走到门边，这时他总是将严厉的目光收回，用温柔的语气说"你不用怕"，同时对我招手，再把我招呼回去，让我伸开手掌在上面放上几枚铜币，笑着用德语说："一点小意思。"

据我听到和掌握的，西伯尼是位开创了一种优秀的歌剧演唱流派的歌唱大师。在丹麦，他的真正价值从未被社会公众所珍视。当时享誉欧洲舞台的正是意大利歌剧，丹麦舞台上的意大利歌剧也正是西伯尼搬来的。但丹麦人并未因此而心存感激，相反却充满敌意，仅仅因为它来自意大利而非出自本土。而西伯尼是个意大利人。人们因此而排斥他，只把他看作一个外国人，而不愿相信他在歌剧方面所表现出来的天赋与能力，也不承认任何丹麦人在歌剧方面的能力不及西伯尼。当西伯尼进行义演，并主演他最出色的角色《阿基利斯的复仇》的主角，这个角色在意大利演出时引起轰动，全场热烈的掌声经久不息。但哥本哈根的观众用满场的嘘声为报。西伯尼和贝里尼的作品在他去世后，才被当时轻视他们作品的人们所承认。随后几年，威尔第和里奇又将西伯尼取代了。后来的人们对音乐和歌剧的看法甚至发展到只有意大利的才是正宗的，才有价值。与世界上好多天才一样，西伯尼也没能活着看到这场革命。他只是用全部精力用来教学生歌唱，并让学生们充分理解角色，尽量体会角色心理，与角色融合为一体，更好地在舞台上把角色演绎出来。但他的丹麦语说得不太好，又不怎么用德语，他的歌唱演员只有一两个能够与他很好地沟通，明白他的意思。只要他用略显可笑与蹩脚的丹麦语发表了看法，他们倒能很快地学会，但事后也少不了模仿与取笑。

每月，我拿着卫斯给我的钱，小旅馆是住不起的，只能在名字很怪的叫尤克格德的小地方，找了个便宜的房子住下。我起床后就会到西伯尼家，一直待到晚上。夜晚，我回到那个租住的家里，那儿让我感到舒适、享受，在马路上却没这种感觉。我不能融入周边的世界，对周边的世界一点认知也没有，我是一个单纯的、心灵洁净的孩子。

重回起点

从冬到春，我每天穿一双破鞋子，脚湿湿地奔波于西伯尼与我的小家之间。我很快在西伯尼家里待了九个月。但是因为成长的原因，变声这个所有男孩都经历的过程改变了我对歌唱的追求，令那些断言我能成为优秀歌唱家的人失望，他们不再对我抱有希望。西伯尼直截了当地对我说："夏天快到了，你还是回欧登塞学点手艺，寻点其他的出路。"

我刚刚用煽情的词汇向妈妈描述了我的幸运，让妈妈对我的人生规划深信不疑。她到处分享她的快乐，她对认识的每一个人讲述着幸福是如何降临在我身上，我是如何凭自己的努力将成为一名优秀的歌唱演员。这时我要是回去，妈妈怎能不失望伤心，人们还不笑话死我。那对我将是何等嘲弄之事，想到此，我伤心悲痛极了。但转念一想，上帝把这扇门关上的同时也一定会另为我打开一扇门的。

一切回到我刚到歌本哈根的状态，我迷茫地环顾着我生活了近一年的城市，孤苦无依的感觉涌上心头，不知道该怎么办，也不知道该去找谁。天生不言弃的性格在此时起了作用，在苦思冥想一段时间后，希望来了。我想到了在家乡对我非常好的那位上校，他的哥哥住在阿塞斯登公墓附近，他在诗中赞美过那里。我给他写了封信，在信中将我的境遇简单地叙述了，并表示想去拜访他，当面和他说说我的情况。在我猜想他大概已经看到我的信时，我去了他家。他是个身体健壮的人，他的房间摆满了书，他被书与烟斗包围着。他告诉我从信中看出，我的拼写实在是糟透了，又因为信中我提到在西伯尼家学歌唱那段经历，他又测试了一下我德语的水平，最后决定丹麦语与德语一起帮我补习。他又送给我一份礼物，他刚出版的一份小书的稿费，大约 5 镑左右。捉襟见肘的日子里，很多朋友一直关心我。卫斯一直关注我，组织了其他几人又赞助了我一笔小钱。特别令我感动的是西伯尼家的两个女仆，从她们本就窘迫的生活费中为我挤出了一点钱。钱不在多少，贵在情谊难忘。后来我再也没见过她们。我还没有提及过的作曲家库劳也是这次捐赠者之一。之后我也没再见过他，他深知一个在贫苦中长大的穷孩子日子的艰辛。我听说，他年幼时家境贫困，给人当跑腿的。在一个寒冷的冬日晚上，他在送啤酒的路上不慎摔倒在地，啤酒瓶破裂的碎玻璃扎瞎了他的一只眼睛。

我在她家住过的那位女士，知道古德伯格和卫斯赞助我一笔钱，找到我不住地对我说，城里大多数的人有多么的坏，她会多么细致周全地照顾我，她会为我提供安全、宽敞、舒适的住处，让我感到她的家是这个世界上最适合我居住的地方。实际上，她提供给我的是一间没有窗户的食物储藏室改造的房间，房间的门打开后就直接碰到床尾，白天只能靠敞开的门透进些光亮，不然室内就如黑夜。她对我说，只要我喜欢，随时都可以在客厅里坐，那间屋子只是睡觉而已。而且，我可以在她家试住两天，看看有多舒适，伙食有多好，再做最终的决定。

但房租是一个月不能少于两镑。我仔细地算了我每月的收入一共还不到三十二先令，这是我每月全部的生活费用，我得用它来吃饭穿衣买生活必需品。

"非得两镑不可。"试住的第二天晚吃过饭后，女房东在客厅与我聊天时反复强调着，然后又强调到外面住不一定会遇到什么样的脾气不好或心地坏的人，对一个漂泊在外的孩子来说，在这儿是最安全的。然后她站起来说，她要出去几个小时，在这段时间里我好好想想，到底是同意付两镑房租，还是走人。

我一下子变得如此迷茫犹豫起来，在试住的两天里，好多时候我恍若又回到了欧登塞，我经常感到像是妈妈在嘱咐着我。没有哪儿比这儿更像我的家，离开这儿像是又一次离开家，令我心疼。但是每月两镑的房租我是拿不出来的，我想把每月能够收入的不超过三十二先令全部给她。我也只有这么多了，但相对于两镑来说这确实太少了，我不知道她能不能同意，会不会赶走我。那样我还能到那儿？

我站在客厅里毫无头绪地想着，眼泪不自觉地顺着脸颊流下来。抹眼泪时我看到她已故丈夫的画像。我想是不是能借这位去世的人说服他的妻子，只收我三十二先令将我留下来。为了让这个死去的人感到我的忧伤，我走过去，将我的眼泪抹在画布上他眼睛的位置上。当时我竟没觉得我这是孩子气，我只是不想再次离开家。

　　女房东回来后，我对她说了情况。听完我的话，想必她也知道我也没有油水可榨，就对我说，那就住下吧。我高兴坏了，我又有了一个家。我也要感谢一下上帝与那位已经去世的先生。第二天，我就把钱都给了她。但我再也拿不出一分钱购买生活必需品。

　　女房东家除了我还有一位房客，她是一位年轻友善的小姐。她住的房间可以俯瞰到下面的院子。她自己住，有时候能听到隐忍的哭泣。只有她苍老的父亲在黑夜降临以后来看她，再没有别的人来看过她。她父亲来时由我从后门把他领进来。他通常穿一件普通的外衣，领子竖起紧紧地把脖子包着，眼睛也被拉下的帽子遮住。据说他很羞怯，他在时谁都不让进，只是在女儿屋里喝杯茶。父亲来时，小姐变得特别的严肃。

　　许多年后，我经常参加上流社会组织的沙龙聚会，我在不同的社交圈里活动。一次，在一个豪华的派对上，我站在奢华的大厅中，看见一位戴着勋章，气质超凡、仪表出众的老绅士走了进来。那正是那位我从后门领进来，穿着破旧外套羞怯的老父亲。他没认出我，至少丝毫没想到站在他面前的人，就是当年给他开门的穷小子。当年，我只把他当成值得尊敬疼爱女儿的父亲，别的什么也没想。我每天想的都是我的表演。已经 16 岁了，我在家的时候就玩自己做的木偶剧院，让木偶模仿各个角色，依然还是个没长大的孩子。也像在欧登塞时一样，我每天都给玩偶缝衣服，为给这些玩偶穿上各种款式与颜色的衣服，我常去商店找售货员要些零碎的小布头和绸带。我常常呆立在街头，眼睛紧盯着那些贵族小姐身上华丽的衣裳，在脑中用小姐们身着的丝绸或天鹅绒布料勾画出华丽的皇家礼服与骑士服装。有时甚至在想象中，我看到了我剪裁出来的美丽服饰。这可以让我静静地站在那儿想上几个小时。

初登舞台

正如刚才说的，我把所有的钱付给了女房东做房租，自己没有一分钱了。但她有时会让我为她办点事跑跑腿，事后总给我几便士。"我不想占任何人的便宜，这是你应得的。"她这样对我说。我就用这些钱买些纸或者买些旧剧本。时间不长，我意识到，读更多的对自身有益的书，没有什么能比得上图书馆了。我听说在欧登塞上过学的老拉姆斯·奈若普是班克福德教堂雷根森的主监，他也是个农家子弟。一天，我去拜访他，并告诉他我是欧登塞人。老人很喜欢我，他被我好奇与好学的天性吸引，让我到教堂图书馆看书，但是看完书必须把书放回原处。我珍惜这样的机会，严格地遵守着。再后来，他还允许我把书拿回家看，我也保管得十分细致，不敢有丝毫闪失。这对我来说是件快乐的事。

还有一件令我开心的事是演员林德格林同意教我如何做一名演员，是古德伯格说服了他。他教我霍尔堡《亨里奇》里的几幕，还带我演过《两个掷弹兵》中的那类角色，他告诉我让我放松把自己的表演才能尽情地展现出来。可是我不甘心这样的角色，我心里想演的是"安东尼奥"。为了演好角色，我把台词记得烂熟于胸。林德格林笑着问执着的我是否真的能演好安东尼奥那样的大角色。然后他认真地听着我在美术馆里为他背诵几段长篇独白。听完，他轻轻地拍了拍我的脸说："你的感觉虽然很好，但并不适合做演员，去找古德伯格谈谈，学点对你上学有帮助的，比如能否学点拉丁文，上帝知道你能做些什么。"

上学！这个词几乎从我的脑子里剔除了。我认为自己和剧院已经紧密地结合在一起了。当然，学拉丁文也不错，要是跟人说我正学拉丁文，听上去也挺好的。我先与免费教我德文的那位老师说了，但据她说拉丁文是世界最贵的语言，免费学习的机会可能没有。后来已故的本兹恩教长，每周教我几个小时的拉丁文，他是古德伯格的一个朋友，他再次帮助了我。

独舞演员达伦和他的妻子向我敞开了家门。拉贝克和其他几位诗人都在自己的诗作里赞美过达伦的妻子，特别在当时，他妻子弗鲁·达伦是比达伦更有名的艺术家。那段日子，晚上的时间大多都在他们那里度过，他们家是我唯一能去的地方。弗鲁·达伦就像一位善良的慈母一样地对待我。达伦带我来到舞蹈学院。这至少离我的梦更近了，离剧院更近了一步。我整个早上在那儿练基本功，手把着杆儿伸腿、下蹲。但我从没指望自己成为舞蹈家，我只是对舞台有热情，我渴望登上舞台。达伦也认为我能学得上舞台做伴舞就不错了。但我因此获准可以在晚上来到舞台的两翼。那时的舞台没有像现在这样管理得秩序井然，什么人都能上去，挺像在马路上聚集看热闹的人们，剧院的这些部分很快就被给操作工人几枚铜币的人们占满了。而且，人们常常为了解剧院的神秘，把这儿当成了"贵宾席"。我就知道有位极有身份的女士就来这儿坐过，就是为了解舞台是如何操作的。我甚至还获准到保留给伴舞的女演员们的楼厅包厢里，虽然坐在那儿从身高上就能辨认出我还是个孩子。可我还是异常兴奋，感觉自己的脚已跨上舞台，成为了其中一员。

一天晚上，我长久期盼的时刻终于来了。那晚演出的是轻歌剧《索瓦来的孩子》。伊达·伍尔芙，我们是在西伯尼家认识的，那时我们经常在一起聊天。她现在已嫁给霍斯坦，那个时候还是剧院的学生。歌剧快开演前，我们在侧翼碰到了。她对我说，市场那幕戏，无论是谁，包括操作工人在内，只要事先在脸上化点妆就可以上台串角儿。我快速地为自己上了点妆，异常兴奋地等待市场那幕戏的开始，高兴地与其他人一起登上了舞台。在台上我看到下面黑压压的观众，看见了脚光，也看到了给演员的提白。我一直穿着那件坚信礼服，经常洗洗刷刷就没坏过，还蛮合身的，可是我的眼睛总是被我的大帽子遮住。所以，我表演时只能做各种奇怪的动作，才能掩饰住服饰上的不得体。我佝偻着不敢站直，怕观众看到我过短的外套；鞋跟也快磨没了；我的身材又是偏瘦高。我心里清楚，这身装扮很容易引起别人的取笑。但我还是满怀着喜悦，沉浸在第一次登上耀眼舞台带给我的幸福中。表演时，我的心剧烈地跳着。表演结束，一个当时还算有名，但现在已被人们淡忘的演员边拉着我的手往舞台灯光照射的地方走，边用嘲弄的语气说："请允许我把您引见给热情的观众。"我感觉得出来，他是想让人们取笑我古怪的举动。我含着泪挣脱开他的手，离开了舞台。那个时期，达伦创作了一部芭蕾舞剧《阿密达》。他让我在里边扮演一个脸藏在一个丑陋面具里、守护财宝的小矮神。在这部芭蕾舞剧里，我认识了一个叫约翰尼·路易斯·黑伯格的少女。她和我一样，名字也是第一次被印在节目单上。对我来说，它是人生的一个新的里程碑，它是一生辉煌的开始。我整天就盯着那几个印刷的字母看，晚上借着微弱的烛光，接着凝视节目单，放下，是为了再拿起。这带给我的幸福是只能意会而难以言表的。

　　我来到哥本哈根一年多，我从古德伯格和卫斯那儿得到的钱也花光了。在这一年里，我长大了。当我不得不向别人张嘴寻求帮助时，我内心是痛苦的。至少就羞耻感来看，我是长大了。我从那个女房东那儿搬到一个海员家里住，每天早上只喝一杯咖啡。那是一段阴霾的日子。每到晚饭时，我从家里走出去，女房东还以为我是和不同的相识的朋友吃晚餐去。我时常坐在皇家公园的椅子上，啃着一小块白面包。有时，我真想走进一家最便宜的咖啡店里，静静地坐一会儿。遇到天气冷时，我没有厚衣服。我脚上的鞋有个洞，脚总是湿湿冷冷的。但我并不觉得悲凉，我认为每一个温和地与我说话的人都是我的朋友。回到我的小屋时，我并不觉得孤独，上帝与我同在。每到夜晚，我一个单纯的孩子就向上帝发出真诚的祈祷："我真的相信一切都会再次好起来。因为上帝不会抛弃我。"

改变的新目标

在我很小的时候，大人们就告诉我，新年预示着一整年的运气。我最迫切盼望的是登台亮相，能在某个戏中演个角色。这样就会有份收入来改善一下窘迫的生活。新年那天，剧院关门时，舞台入口还开着，剧院的看门人是一个眼睛半瞎的老人。我偷偷地绕开看门人，从舞台侧翼和幕布之间，径直走上舞台进到乐池。心剧烈地跳，跳得我一句台词都不记得，可要想上舞台亮相的话，就一定得说点什么。于是，我跪了下来，大声说"我们的主啊"，说完就走下舞台。但我再次确信，在那一年，我会登上舞台得到一个角色，我的名字会再次出现在节目单上。

几个月过去了，还没等来角色。转眼春天来了，不知不觉中我到哥本哈根已经两年了。在等待的日子里，我到林中走走。我还曾到过鹿苑，那里的人们像欧伦施莱格的《仲夏夜的喜剧》中描绘的那样，在阳光下憩息、玩耍，享受着美好时光。公园里有花样骑车的，有荡来荡去玩秋千的，有带着小动物散步的，还有荷兰女人开的蛋奶饼店。树下小提琴拉得发出尖锐刺耳的声音，唱着、叫着的是犹太人，公园里到处是愉快的人群。我痴迷地看着，景致盎然的美景比林中的自然美更令我陶醉。一切显得是那么的充满活力和生机。

春日里，我去了弗里德里克斯堡的公园，山毛榉树的树叶在阳光的照射下，显得晶莹剔透，一股清香味在清新的空气里弥漫着。在我看到第一棵山毛榉树的树叶里，突然发现了自我。青草萋萋，鸟儿在歌唱，我被大自然的美景震慑住了。那一刻，我觉得我就是自然之子，开始与它们一起融合在快乐里。我张开双臂，抱住一棵树，亲吻着树皮。一位离我很近的管理员奇怪地问我："你疯了？"我惶恐地跑开了，很快，我就镇定下来，平心静气地向城里走去。

此时，我的嗓音不仅恢复了，并且变得更加动听与洪亮。克劳辛先生是那位诗人的哥哥，在一个合唱团当声乐教师。他知道我会唱歌，便介绍我到团里唱歌，并说现在通过合唱可以更好地练声，也为了以后能得到登台亮相的机会打下基础，兴许到时能在台上唱上一两段。一个新的可能实现我最大梦想的途径呈现在眼前，我立刻从舞蹈团转到了合唱团，真的就时常登台露脸。我出演的剧目有《罗伯家的城堡》和《约翰尼·蒙特福肯》。剧里的牧羊人、水手或类似这样的角色都扮演过，我从不错过任何机会。 剧院是我的一切，是我全部的世界，那里有我的生活和梦想。这样一来，我把学习拉丁文的事给忘得一干二净，更何况好多人在我面前说过，不会拉丁文一样可以唱好歌，照样能成为伟大的歌唱家。主要是这个原因，我开始厌倦拉丁文，有事没事找个理由就不去上课，逃课泡在乐池里。古德伯格知道以后极其生气，我因此遭到了人生第一次严厉的训斥。我实在是羞惭万分、愧疚难当。我听到古德伯格的话震惊的程度，相信罪犯在听到自己被判了死刑都不及我。他让我停止演出，我做不到，我不用学拉丁文了。

我发现自己是那么依赖别人的仁爱和良善；最简单的生活必需品都没准备过；我对前景失去信心，悲伤难过的时候，也会认真地考虑自己未来的日子，但通常都是转念之间的事。我还是个孩子，大多数的情况下还是不知忧愁。

上流社会里也开始有人关心我这个穷小子，她们是丹麦著名政治家克里斯蒂安·科伯乔森和她的女儿范·德·玛斯夫人。范·德·玛斯夫人当时是卡罗琳王妃的女侍臣。她们知道我的情况对我十分同情，欢迎我去他们家。夏天到了，科伯乔森夫人常去诗人拉北克夫妇的希尔庄园度假。她带我去拜访他们，我到他家后很快被让进客厅。拉北克从没和我说过话，不过一次在花园里他朝我走来，像是要对我说点什么，但刚一走近，看了看我，突然转身又走了。但她的夫人就不同了，她是个活泼、可亲的妇人，她经常和我聊天。我那时开始学习写点东西了，她很乐意我读给她听。一次，她刚听完前面几幕就喊道："天哪，欧伦斯柴格尔和英格曼的作品中的片段都在这里出现了，你这是抄的！""对啊，但他们写得真精彩！"我非常坦白地承认了，并继续读下去。一天，我要去看望科伯乔森夫人，她抱来一大束玫瑰花："带上这个，诗人把这束娇艳的玫瑰花送给科伯乔森夫人，夫人会非常高兴的。"虽然她是半开玩笑地说出来的，但我还是身心愉悦，禁不住热泪盈眶。我第一次听到别人称呼我是诗人。我意识到我将全部心思用来写诗。以前从玩木偶剧院改成玩其他玩意儿是小孩子的游戏，但现在这个转变是郑重而认真的——它是我生存的目标。

一天，我穿着爱德华·科伯乔森送的蓝色外套出门。我从没穿过这么好的衣服，衣服很新，纽扣闪闪发光，但就是太肥了，胸部更宽大，我又没钱改，只能就这样穿出去。为了穿出门更合体，我把领子上的纽扣都系紧了，但胸部还是有点像袋鼠的育儿袋，我把一大捆旧海报塞进胸部和外套之间。当我出现在科伯乔森夫人和拉北克夫人面前时，她们奇怪地看着我的胸部，直截了当地问我往胸部放了什么。看我不吱声，她们说，天气好热，该把外套解开。我不会那样做，不能让那捆海报露出来。除了两位夫人以外，希勒议员也常在那儿消夏。他那时还是个学生，他虽然年轻，却因为解答了巴格森之谜而名声大噪。他是个多才的人，我在皇家剧院看过他的悲剧《朝圣者》。他还写了一些诗，《丹麦的神话》这本书也是他写的。他是个热情、有点多愁善感、富有同情心的人。我很乐意与他交谈，也非常高兴有他这么个朋友，他总是不露声色地关注着。当有人拿我开涮时，他是少数几个跟我说真话的人之一。他还能看到我身上除了滑稽、单纯的天性以外的潜质。

我的剧本

我得到一个后来出名的绰号"老是好奇的小家伙"，它是女演员安德森夫人给我取的。安德森夫人也住在希尔庄园，她是拉北克夫人最喜欢的女演员。我认为这个绰号取得名副其实，我的好奇常常惹来人们的哄笑，而我从笑声里只听出了赞许。我的一个朋友后来告诉我，他第一次见到我是在一个沙龙里，人们为了开心，让我背一段自己的诗作。我诗中率真的语言无意识地流露出内心的沉重，本是准备嘲弄的人们变成了深深的同情与思索。

有一位值得我敬重的老夫人，她是已故的知名人士厄本·尤根森的母亲。她的家就像我的避难所，她的家让我毕生难忘。她是位极有才华的知识女性，但那属于过去的岁月，她生活在回忆当中。她给我讲述她的家事，她父亲做过查封官，与霍尔堡是朋友。他们俩不论是在屋子里，还是散步，只谈一个话题"政治"。一天，她的母亲在纺车边上想加入他们的谈论。"纺车吱吱叫了。"霍尔堡说，母亲不认为风趣的老绅士这是玩笑话，而不原谅他。老夫人那时很小，总是奚落瑞瑟尔的诗人韦塞尔也常来她家，他的描写火的可怕故事路人皆知。他把自己的鞋和丝袜让给穷人穿着，走在泥泞的道路上回家。

她每天都读古典名著，看完书后，就和我谈他们对景致的描写、人物刻画的技巧和他们崇高的思想。所以，她很难理解更为现代的浪漫主义诗歌，也不去欣赏。她和天下的母亲们一样思念自己的孩子，她被流放的儿子，在战时曾以岛国国王的身份出现在冰岛，就像童话一样。她时常以热烈的感情谈起儿子，回忆他儿时的举止行为，她分析认为他坚强的性格在孩童时就已显露无遗，这也是他为什么再也不能回丹麦的原因之一。老夫人的整个人生、思想和阅历都震撼着我的心灵，深深地吸引着我向她靠近。而对她来说，我只是个单纯的能使她愉悦的孩子，她喜欢的伴。我把自己写的悲剧《森林里的教堂》，还有一些最初的诗作读给她听。一天听后，她表情郑重地说："你是个诗人，或许能和欧伦施格尔一样伟大！唉——再过十年，那时我可能已经不在了。但不要忘了我，要记住我啊。"我的眼泪瞬时就流淌了出来。她的话里有我不明白的，也有一些高贵的东西在里边。在被她的话迷住时，我也疑惑着。我不相信自己能成为一个名诗人，像欧伦施格尔一样伟大的诗人。

"真的，你还是要去上学。"她说，"但是，也许你能找到一条属于自己的路，条条马路通罗马。"

　　"你得去上学。"这是一句每天都能听到几遍的话，每天都会有不同的人对我说这句话，上学是如何好，对我的人生是多重要。人们鼓励我上学，好多人因我不上学，表现出怒其不争的神色而责骂我。我这样的年纪，上学是本分，不上学又能干什么？再说，我也知道那是绝对必要的。可是我让自己活着已经够费劲儿的了，没人具体帮助我，上学的事情变得困难了，总得想个法子。我忽然眼前一亮，有了好主意：写剧本，交给皇家剧院。戏要是上演，钱就来了，上学就不会有问题。我照着罗森吉尔德的一篇德语短篇小说《信鸽》，写了一出悲剧。我请古德伯格看看这篇无韵诗体的悲剧，他读了认为练练语言还好，坚决不同意我把这样的剧本交给剧院。无奈，我又写了一出戏，以我自己的故事为蓝本，不对他说作者是谁。起名叫《威森博格的强盗》，这是一出"爱国主义的悲剧"。我写得很快，不到两星期就完稿了，但因没人帮我，单词的拼写基本上没有一个对的。我没有署名把它交到剧院。但是有一个人知道这个秘密，送过我玫瑰花的汤德·伦德小姐，她是我在家乡行坚信礼时唯一对我表示友好的人。我到哥本哈根去时看过她，在她家给我引见了一个人，她也对科伯乔森母女满怀同情地谈过我的状况。由于我不想让人认出我的字体，她花钱请人帮我修改成更易读的文本并寄了出去。在焦虑的期待中等了六个星期，剧本退了回来。退稿信上说，这种连最起码的基础教育都欠缺的剧本以后就不要寄了。

　　1822年5月，戏剧节将要结束的时候，剧院管理部门寄了封信给我，通知我暂停在合唱团和芭蕾舞团的活动，他们认为唱歌与舞蹈对我无济于事；在这个世界上生存，接受教育，获得知识是必需的；也希望我的朋友能帮我认清这点。否则，任何天赋都于事无补。

我仿佛再次成为汪洋中的一艘孤舟，无依无靠，孤立无援。我能想到唯一的自救希望和途径，就是给剧院写戏。于是，新的悲剧名字是《阿福索尔》，它是模仿撒姆索的短篇小说。我自己都被它迷住了，它使我认识了翻译过莎士比亚戏剧的作家，已故的阿德米尔·彼得·伍尔芙。他的家及其生活圈子让我有了找到家的感觉。许多年后，他给我描述我们第一次见面的情节，开玩笑地说那是互相结识。他还记得我刚一进他家门就开始说："您翻译的莎士比亚我非常喜欢，我也写出了一部悲剧，我读给你听听。"他请我吃午饭，可我没心思吃，只想快速将我的剧本朗读完。读完，我迫切地问道："您认为我能成功吗？我太渴望成功了。"我将剧本塞满了衣袋与他告辞。他邀请我再来时，我爽快地说："当然，新悲剧写完就来。""那得好长时间的。"他说。"有两个星期就可以写完的。"我说完就走了。从这段描述看起来我好像在装腔作势，但彰显的就是我真实的个性。我还向奥斯特德做了自我介绍。有如神灵的指引，我总是能准确地走近善良、高尚的人们，他们对我人生的影响，我难以言表，无以为报。从那时直到奥斯特德生命的终结，他一直以与日俱增的同情关注着我事业上的成长。在他人生最后几年里，我们成了真挚的朋友。他比整个那段时间给过我道义支持的其他人在诗歌方面对我的影响力更大。他预言我未来的成就甚至会得到祖国的认同，这给了我勇气。我很快在他家找到自己家的感觉，我常和他的孩子们一起玩，他们也影响了我，我看着他们成长。在他家，我遇见了特费尔德教长，他在世的时候赢得了极高的荣誉。他是我最年长又最忠实的朋友，他既给我热情的赞许，又给我最大的实际帮助。我把幼稚的悲剧《阿福索尔》拿给他看，看完后，他马上写了一封推荐信给剧院管理部门随剧本一起寄去。我生活在希望和惊恐之中，假如再被拒绝，真不知道以后干什么好了。那个夏天，我在经济上有点窘迫。当然，有许多认识我的人帮助我。所以，我羞于对别人说出我艰难的生活。我总是脸上洋溢着幸福，快乐地和对我亲切的人交谈。另外，我第一次接触沃尔特·司各特的作品，他的小说在我面前打开了一个全新世界。沉浸在他的小说里，我忘却了生活的艰辛，只想着看书，而忘了吃饭。

正是在那段日子，我与后来如我慈父一般的约拿·科林结识了。又过了几年，我就如同他的家庭成员，我与他的孩子们亲如兄弟姐妹。一提起他的名字，老一辈的人都知道他，他那时在国家枢密院工作。他这一生无论是对国家，还是对他帮助过的人，尽他所能做了许多有益的工作。从他的职业生涯来看，他个性鲜明，既富有一颗高贵、善良的心，又有着果敢、坚韧的意志。他涉及的领域范围广且杂，其中一项职务就是皇家剧院的经理。提到他，我的每个朋友都说，你运气足够好的话只要受到他的青睐，一切就都解决了。特费尔德教长是第一个在我面前提到他的人。现在，我将要走进后来将成为我家的房子。

重返课堂

科林家族从早期发迹到后来光耀门楣，一直住在临近哥本哈根大街的这所房子里。当时，哥本哈根大街的尽头是城东门，皇家广场那里什么也没有，是一片空旷地。早在那个时候直到现在，它在那条街上是那么不起眼。这座半木结构的房子，看上去粗笨、不精致。老式的木制阳台连着第一层的入口，庭院被悬垂在屋檐下笨拙的木走廊环绕，篱笆把庭院围起来。一棵古老的菩提树生长在面向大路的地方。繁茂的枝叶穿过庭院直探到山墙外。这所房子是我新的父母的家，谁谈到自己的家不是激动的，谁又对自己的家能不留恋呢？现在，这所房子正在装饰，工人们唱着："在新房子就像在旧房子，好运没准就在家里。"

是啊，旧房子就是意味着"留住过去的记忆"。

到科林家以后，我们俩聊着。他不太说话，但说的话却让我觉得严肃，甚至严厉。我感觉我见到的科林只是个生意人。我走了，我不指望他能帮助我。但事实是，就是他——科林，以他全部的热情与精力，考虑最适合我的将来。他的一生中帮助了许多现在还在为国家效力的人，像帮助他们一样，他在默默地帮助我实现梦想。但我始终不明白，他显然是很认真地听着别人的话，并常常被打动，但总是摆出一副漠然的样子。有时听人说完，他会在自己待着的时候偷偷落泪。随即，他便用自己努力工作取得的巨大能力来帮你走向成功。

我给剧院写的那个剧本，好多人看了都夸我，在他那儿却显得很审慎，以致我觉得他更像个反对者，至少不是支持者与保护者。几天以后，在剧院的管理部门，拉北克先生代表院方把《阿福索尔》的手稿退给了我，他说尽管这个剧本的"亮点"不少，但还是不适合在舞台上演出。院方还是希望我去上学，从头开始，勤奋好学，刻苦努力，兴许终将有一天能为丹麦写出值得上演的剧本。为了我不被不安定的拮据生活影响到学习，科林代表我请求国王弗里德里克六世慷慨解囊，在学习期间用国库的钱来资助我几年的生活。他告诉我，斯拉格斯文法学校来了位充满智慧的新校长，他很快就会代表校董事会通知我可以免费学习的事。这太令我兴奋了，真令我无法相信。我的人生会出现这样的转机，我欣喜若狂，无法描述当时的心情。另一方面，我对于马上就要开始的学校生活，脑子里没一点概念。我乘了第一班车去了斯拉格斯。每隔三个月，科林就会给我寄来足够的生活费。我必须与他保持联系，他得知道我在学校的表现，是否把精力用在了学习上。

为了表示我对科林的感谢，我第二次去拜访他。这次他不那么严肃了，他温和地对我说："不要惧怕给我写信，需要什么，有什么进步，有什么开心与不开心的事，尽管来信告诉我。"从那时起，他把心掏给了我。没有哪个父亲能像他对我这样好，过去没有，现在没有；没有谁像他这个父亲那样，在我取得进步和认可时发自肺腑地欣慰；没有谁像他这个父亲那样，在我遇到困难时，在生活上给我解决实际的问题，在精神上抚慰我的心灵，如同呵护自己的孩子。他给了我如此巨大的帮助，却只字不提，甚至连一个会造成我心理重压的眼神都没有过。这次改变我命运的转折，我要感谢好多人，但他和所有人都不一样。他们怕我忘掉本是受穷命的我是多么的幸运，并劝诫我一定要勤勉苦读。

我很快定下了动身的时间，我还要处理件私事。我有个从欧登塞来的年轻熟人，他正在为一个寡妇管理一家出版社。我把《阿福索尔》往剧院寄的时候，和他提起过我的作品，他答应帮我出版。我把《阿福索尔》和一篇叫《帕尔拿托克墓里的幽灵》的小故事一起拿给了他，他同意一起出版。手稿放在出版社，就再没碰过，他让我去拉赞助，可我上哪儿拉去。临走前，我碰巧路过那家出版社，门关着。于是，这件事被我忘在脑后，心想它要是出版了，可能会给我带来惊喜。不幸的是，这事在几年后真的发生了。书出版的时候我一点都不知道，这个时候的我压根儿就不希望它出版。书是以原稿形式出版，作者的名字署的是威廉·克里斯蒂安·沃尔特，这是我给自己取的笔名。从我自己来说，当时选这个名字，可能是含有极大的虚荣，但更是一个孩子对最崇拜偶像的热爱的具体表现。我的笔名是用威廉·莎士比亚和沃尔特·司格特名字中的威廉与沃尔特，还有我给自己取的名字克里斯蒂安组成的，因为我崇拜热爱他们，也爱自己。现在这本包含《阿福索尔》这幕悲剧和故事《帕尔拿托克墓里的幽灵》的书还在，故事里没有幽灵，故事里的情节只是从对沃尔特·司格特的作品的粗浅模仿。故事里的主人公在开篇中说，我"只有十七岁，现在将奉献……"太幼稚、浅显。

第三章 ／ 求学之路

学校生活

一个秋高气爽的日子，我离开了哥本哈根，坐车前往斯拉格斯上学。英格曼和巴格森提前出发已经到了那儿。我旁边座位上就座的是位一个月前才离开学校的学生。他正赶往家乡朱特兰，探望他的亲朋与父母。崭新的生活即将展现在眼前，他显得神采奕奕。知道我此行的目的后，他向我保证，如果他是我，一定不会再去一遍文法学校，那是世界上最郁闷也是最可怕的地方。但我仍满腔热情地前往那座老城。同时，我还给妈妈写了一封热情洋溢充满快乐的信，信中说，我是多么希望老祖母与父亲还在世，知道我正在去文法学校读书的路上。

车子是深夜到达斯拉格斯的。我找到一家小旅馆，住进去就问老板娘城里有什么好玩的。"如果说英国的新消防车和巴斯托姆牧师的图书馆算是好玩的话，就这两样还值得看看。"她说。全城的上流社会就几个骑兵军官。老城的人们谈论的主要话题就是学校，所以全城的人都知道上个月哪个学生进了好班或差班。人们七嘴八舌谈论最多的还有私人剧院，盛装排演时学校的学生和城里的女仆可以免票，剧院演出时基本全是满座。我记得在《未带图片的画册》这本书里大致描写了我在这里度过的第四个夜晚。

我在一位受人尊敬的有教养的寡妇那儿租了房子，从我的小房间里，可以望到房子前面的花园和远处的田野，绿色的窗户被垂挂下来的葡萄叶子遮住，挡住了阳光的暴晒。我被安排进倒数第二年级的小孩班，因为我什么都不懂。

我适应不了这种学生生活，真像被关进了笼子里的野鸟。我真心想好好学习，但有些知识超越了我的理解力，数学、地理、语法不会的知识太多，我手忙脚乱地忙活着，那情形就像是一个不会游泳的人被扔进大海，一个浪头接着一个浪头打来，我被打得喘不上气，根本就不知道如何游了。有时，我连名字的拼写都出错，有时又把很多本不该在一起的混到一块儿，或者提些别的学生不屑提的可笑问题。校长有个癖好，喜欢捉弄我们，他当然能轻易地找到这样的机会，我变得没了信心，因此也变得很害怕。我明智地意识到，我暂时得把写诗的念头放一放。主教要来学校检查，校长把写欢迎歌词的差事交给我，我写了，歌也唱了。作为学校的一员能在这样的活动中为学校出力，我一度很高兴。但我随后感到，我有一种病态的忧郁。这是我第一次明显感觉到这种忧郁，在以后的几年，这种忧郁始终笼罩着我。欢迎主教的仪式开始了，我却来到墓地，站在无人照管的弗兰克卡努医生的墓地旁，他是医生也是诗人，写过《克里斯蒂安堡的毁灭》等诗，心头莫名涌起一股悲伤。我向上帝祈祷，但愿我能成为医生这样的诗人，或者我也将长眠于九泉。

我写的歌校长只字不提，我倒觉得他比一往对我的要求更严厉了。我丝毫不怀疑他说的一切，这当中也包括它挖苦我时说的话。一天，他提问时我回答错了，他脱口就说我是蠢材、笨蛋。我把这件事在信中告诉了科林，说他再这么对我，我真的就是忍无可忍了。科林在信中安慰我。很快，我有些科目的成绩开始提高了。学习成绩虽然提高了，但我是越来越不自信了。第一次考试，有门课得到校长的特别表扬，甚至于考试报告他都亲笔写给我。我为此高兴地跑回到哥本哈根为自己放了几天假。古德伯格也很高兴接待我，因为他看到我的进步并感受到我强烈的进取心，并肯定了我的努力。他说："但你可别想着写诗。"其他人也这么说，我真的没再写诗，而是严格地遵守学生的责任，把精力全都放在了学习和作为一个学生对遥远而无法确定的希望上。

有位叫巴斯托姆的博学编辑在《西西兰新闻》任职，他完全与社交生活隔绝，全部的心思都用在做学问上。我去拜访他，他看了我以前写的一些古怪东西，对我产生了兴趣。他认为我目前首要的任务还是应该把精力集中在课本上，这当然是个合理的建议。他还就这个话题给我写了信，像这样真正的权威或许才能使年轻人在成长中受益。他对我提出的诚挚忠告，我很乐意与年轻的朋友分享。他在信中写道：

噢！亲爱的安徒生。我看到你的序幕，上帝的确赋予了你活泼而跳跃的想象力，以及一颗炽热如火的心，可我也看到你所缺乏灵感和发散的思维。当然，即便这样的东西降临在脑海时，你得及时地逮住它，这是不太容易的。所以，你应该把杂念都放下，完成自己的学业，而不是在实力不够的时候，发表自己幼稚的作品，别把不成熟的理想变成公众的负担，像这样的东西已经够多了，能够真正证明自己的只有一篇好作品，这样才能让人觉得把公共基金提供给你是正确的选择。作为一个年轻的诗人，不要自负，要学会防备时刻都会到来的虚荣心。如何保持纯粹的感觉，是很值得思考的问题。

因此，我再一次郑重地对你忠告，把全部重心转移到学业上，不要总想着写出一首好诗，只有渊博的知识才能武装自己，让你有能力、有感觉表达出自己的灵感。停下你的笔吧，只有当你感觉到灵魂和心脏真正被一个想法击中，感到激动和热烈，才能去找寻将它表达出来最优美的语言。放下手中的笔，看到身边更多的东西，细心地观察大自然、动植物、人类还有自己，这些都是能让你灵感迸发的天然素材。试着选择身边的某个小事物，将它作为自己的主角，下笔前用不同的视角观察你看到的每一个小细节，用不同的角度去思考。关于如何成为一个成功的诗人，似乎在现在的这个世界里，没有谁能够亲自教得了你，最基本的是让自己始终保持着单纯的心以及高尚的思想。连这个都做不到，我想诗人这个头衔是不会落在人类的头上的。

真诚的祝愿

1823 年 2 月 1 日于斯拉格斯

H.巴斯托姆

假期回家，我家乡欧登塞的古德伯格上校，他现在荣升为将军了。他一直关心我，关注我取得的每一点进步，他知道我在文法学校学得刻苦、学得很好，非常高兴。他定时给我写信，信的字里行间充满信任与鼓励的词句。我的第一个假期到了，他邀我回欧登塞去看他，真的寄来了旅费。

从我离开家以来，还没回到过欧登塞，即使在祖母、祖父去世的时候。

妈妈常对我说，小时候，我总希望发财，我是祖父的继承人，他有属于自己的房产，是一间半木结构又破又小的房子。他去世以后，房子立即就被拆了。得到的钱还不够还他欠下的税款，家里的东西也被拿去抵债。我继承的最值钱的是个有黄铜盖子的大火炉和一件家具。它现在还放在市政厅。它卖了不少钱，是被当作马车上的一整张座位被收购的。1813 年，兑换旧钱时，因没有兑换成新的，那些钱已不再有效。当祖父被告知这些钱不能再用了，他问："谁说国王的钱无效了？""当然不是国王自己说的！"他自己为自己作了解答。我得到的这笔巨大的财产，我记得是四十先令还是五十先令。我当然不在乎这笔钱，但一想到能重回欧登塞，我内心就如被阳光照耀着温暖，我感到自己是如此的富有，心里充满着幸福的期待。

我背着一个装满衣物的小包袱，从奈伯格徒步走向欧登塞，临近城边，看见古老的圣卡努特教堂那高高的塔顶时，心竟一下子变得柔软。我从心底感受到，上帝是多么地疼惜我。想到此，眼泪喷涌而出。妈妈再次见到我时的那种喜悦就别提了，她领着我去拜访了她很多熟人、帮助她的好人。古德伯格一家和埃弗森一家也热情地招待了我。大家都在谈论我是多么的幸运与神奇，连国王都肯把钱拿出来供我上学。每当我走到小巷时，都能看见人们打开窗子来看我。妈妈告诉我，人们都说："莫瑞修鞋店家的小子汉斯·克里斯蒂安真是露脸了。" 开书店的索伦·亨佩尔把我带到他家的高塔上。他为了满足对于天文学的一点喜好建了这么个高塔。站在高塔上，全镇的建筑尽收眼底。我还看见格瑞弗斯广场上一些医院的穷困妇女正在那儿对我指指点点。是啊，我就是他们当年认识的那个小屁孩。现在站在上边，我真的感到自己登上了幸运的巅峰。一天下午，妈妈看见我和主教一家、古德伯格一家一起在河上泛舟，高兴得热泪盈眶，她说我尊贵得像个贵族子弟。但当我回到文法学院以后，这些耀眼的光环将随风逝去。

渐入佳境

我在学习上是勤劳刻苦的，所以，我很快就往上升了一个班级，但思想上不成熟，学习的神经绷得太紧，给自己增加了很重的精神负担。每到夜晚，在小屋里读书，困得坚持不住，就把脑袋浸在凉水里，或跑到静谧的小花园里跳舞，直到清醒，再继续学习。校长是个学问好且天赋极高的人。他翻译了许多优秀的作品，丰富了我们的文学宝库。但事实证明，他不胜任做儿童教育工作。他教孩子，同接受他教育的孩子一样受罪。我害怕他和大多数孩子怕他的原因，不是因为他严厉，而是他嘲弄我们的方式，他给全体的学生都起了绰号。一次，他正在给我们上课，一群牛走过，仅有一个学生往外看，他却让我们全体起来，到窗户那儿看"我们的兄弟过来了"。

他提的问题如果我们不能很快地回答，或在测验中做得不够好，他有时就从他的桌子前走到炉子跟前，对炉子提问。我最难以忍受别人对我的取笑，那对我是种折磨。他的课常常一开始，我就怕得肌肉抽搐浑身疲软，回答得口不对齿，他一定会说，我连一个字都说不到点上。我对自己的知识与能力的匮乏感到绝望。一天，我怀着沮丧、忧心忡忡的心情给第一任校长奎斯加德写信，让他教我一些方法、给些建议。我说我如此愚笨，不太可能继续学下去了。我也把这些写信告诉了科林。那位优秀、善良的校长给我回了一封诚挚的长信，他说，校长本意是好的，只是方法上有点问题。并且，我也确实取得了进步。他用温婉的语句鼓励我，让我绝不要气馁，一定不要绝望。

他在信里讲述了他的求学经历，他告诉我他是个农家的孩子，上学时已经二十三岁了，比我上学时还大得多。他对我现在的处境是感同身受，自然能理解我现在的心情，我遇到的最大问题其实是，我需要的是与其他学生全然不同的教育方式，而在学校里这是无法做到的。我真的是进步了，宗教、《圣经》和丹麦语文，我总是优秀。我的小屋里常常被让我帮他们写作文的每个班的学生挤满，他们当中包括高年级的学生。"不用写得太好，别被查出来。"他们时常这样提醒我。作为回报，他们帮我做拉丁文的作文。每个月，我的操行评语被所有老师们写上"优秀"两字，这是稀松平常的事。但有一次，意外地得了个"优良"。这让我念念不忘，马上给科林写信，把这件事报告给他，并说，这次只得"优良"，错不全在我。

在后边可以知道，校长对我的态度和看法与他平时在生活中所说和表现出来的并不同。从他身上，也能看到人性的善良。休息日，他会请一些学生去他家做客，我常在被邀之列。他在家里与在学校时判若两人，他同我们和他的孩子们玩得可开心了，充满了童趣。他给我们讲好笑的故事，陪我们玩玩具士兵。学校规定每个星期天，要有一个班级与老师一起去教堂。因为我比同年级的孩子瘦高，校长让我同高年级的学生一起去。老牧师讲《圣经》的时候，所有的学生都在教堂里复习数学或历史作业，没有人在听。这使我在教堂里学《圣经》时多了负罪感。

学校生活中有趣味的一件事，就是学生可以免费看剧团的彩排。剧院坐落在一个偏僻的院子里，它的前身是个马厩，在院子里能听到牧场里牛的低鸣。剧场里的人为了表达出戏里头演的都是日常生活，将镇子上的市场涂饰彩绘一番，用来做布景。这样，人们看到的戏就是以自己家或朋友家的房子做背景的，很是有趣。

温暖时光

　　我一般星期六会赶到已有一半被毁坏的安特沃斯柯夫城堡。弗兰克卡努曾在诗中描述："城堡残留着走廊，山冈下长眠了修道士。"巨大的好奇心使我恨不能将墓穴打开。附近有间乡间的小屋，一对出身高贵的新婚夫妇住在里边。我猜想，他们可能违背了父母的意愿。他们的生活虽然清苦但快乐着，客厅里充满了舒适和惬意的气氛，小桌上摆满了鲜花和装潢精美的小开本图书。时常有竖琴的声音从小屋里传出。我碰巧结识了他们，他们对我很友好，欢迎我去做客。他们在这间坐落在山冈下荒僻处的小屋，过着充满浪漫田园情调的日子。

　　圣安德斯十字架就矗立在离斯拉格斯不远的通往科索的大道左侧，它是丹麦尚存的为数不多的天主时代的木制十字架之一。我从安特沃斯柯夫又来到圣安德斯十字架这儿。传说圣安德斯是斯拉格斯的一个牧师，他到"圣地"旅行。临走的那天，他在墓地祈祷花了太长时间，错过了开船时间，船没等他先开走了。他心情沮丧地在海边舟中徘徊，这时有人骑着头驴向他走来，邀请他爬上驴背坐他后边，这位来自斯拉格斯的牧师骑上驴背就睡着了。等他醒来，发现自己躺在一个高坡上，耳畔传来斯拉格斯的铃声。后来人们因此把高坡称为"休憩山"，在这儿立起了一个耶稣受难的十字架。由于是上帝派的天使把他带回斯拉格斯，他比抛弃他的那条船到家的时间早得多。这个传说深深地吸引了我，我对传说和传说中的地点感兴趣，连续几个晚上，我就坐在高坡上，凝视着科索的这片草原和玉米地发呆。巴格森就出生在科索，他是我的学长，他也曾是文法学校的学生，或许过去的某个夜晚他也像我这样在高坡上就座，任想象带着他遨游。后来，从马车上再次看到山顶的十字架时，我知道，我的童话人生与这里密不可分。

这个时期最让我高兴的一件事是，一个星期天，我为了拜访诗人英格曼，特意远行到索罗去看他。他那时刚和曼迪司小姐结婚，在一所学院任老师。他在哥本哈根就招待过我，这次在索罗，接待得更热情，也许是对我更感兴趣的缘故吧。他的妻子才华出众、心地善良，待我就像喜爱弟弟的大姐姐。在他家如沐春风，极其舒服，一切如诗。他们家离湖边很近，坐落在林间的静谧之处，葡萄藤顺着墙爬上了窗户，用许多绘画和素描在房间里做装饰。在能俯瞰花园的那间小屋里，悬挂着欧洲以及丹麦著名诗人的肖像。花园里繁花似锦，争奇斗艳。他们还在散步时从林间或草地带回喜爱的植物种在花园里。当我们游湖时，将竖琴固定在船桅上。从英格曼嘴里讲的故事就好像都是真的，让你听得就如同身临其境一般。在他和他的妻子身上，有一种自然流露的率真个性把我吸引住了。我们的友情也随着时光的流逝与日俱增，我非常喜欢他们。在以后的许多个夏天，我都会在他们家住上好几个礼拜，他们欢迎我来做客。我觉得，生活中就是有些人会因有他相伴而使自己变得更好。阴霾的日子已烟消云散，实际上，就是这个光芒四射的家庭让我感到太阳的照射让全世界都变得温暖了。

有几个学生是"索罗贵族学院"的，他们写诗，知道我也写诗，便与我以文会友。帕蒂特是他们中的一个。因为那时我的几本书在德国再版了，他就为我写了本传记。我父母的家被他描写成，令人看过就会想起我《丑小鸭》

里那间简陋的茅草屋。他把玛丽亚的性格赋予在我妈妈的身上，我在太阳的余晖里围着她愉快地跳舞。像这样的描写还有很多。他并非没有禀赋，他对人热情，心性高贵。是生活给他添加了沉重的负担，他现在已经去世了，他可爱的灵魂正在九泉之下安歇。

卡尔·博格也是从索罗来的诗人，他是我同龄人中最有天赋才华、最为优秀的诗人之一，却时常受到严厉而不公正的评价。从他的诗里感受到鲜活的生命力和创造力，《我哥哥生活的故事》这部小说可谓一部天才之作，却遭到《文学月评》非常严厉的一边倒的抨击。作为一个作者，我深知这样的批评会给作者留下痛楚的印记。他们两位跟我截然不同，出身门第没得挑，为人果敢、坚毅，而我只是个懦弱、胆小的孩子，在我们三人中长得也是最难看、最瘦高。但这丝毫没有影响我们的友谊。

司科耶尔斯克发生了一件让人震惊的事，一个有钱的农场主的女儿撺掇情人谋杀了父亲，原因是父亲不同意她的婚事。而农场的仆人也参与了，他一心想要娶农场主的女儿。司科耶尔斯克要公开处决这三个人。这引起了不小的骚动。人们都想去看行刑，简直就像过节一样。校长大概觉得见识这样的场面对我们会有好处，他给高年级放假一天，让我们都去看。

我们傍晚出发，坐着敞篷马车旭日东升时，刚好到达司科耶尔斯克城外。犯人被赶上行刑台，女孩脸色惨白把头斜倚在情人的胸前；农场的那个仆人脸色灰白，垂着一缕黑发，坐在他们身后。他眯着眼，与几个冲他喊"再见"的熟人点了点头。他们上了绞刑架，他们的棺材就放在自己脚下，牧师领着他们一起唱赞美歌，女孩的声音最高。我已经快站不住了，等待的这几分钟对我来说比真正行刑还要可怕，这一幕给我留下了可怕的难以磨灭的印象。我还看到一对迷信的父母，为治好那个可怜病人的中风，让他喝下一碗死刑犯的血，然后逼着他一路狂奔，直到他再也爬不起来。一个打零工的诗人在兜售他的《丧歌》，其实歌词应该是犯人自己来唱，给这丧歌配的调子，听起来很别扭。

这件事它烙印在我的脑子里，不断纠缠我。即便现在，事情已经过去了这么多年，那天的场景浮现在我脑海中还是清晰极了，仿佛就发生在昨天。它对我产生了如此深刻的影响，常常进入我的白日梦。

我的日记

到现在为止，没有其他某件事情能对我产生如此深的影响，也许是另外的事情都无关紧要，只不过是周而复始地重复着同样的生活。这样的日子过得越久，阅历自然会更少，为了打破单调又无聊的状况，我养成了写日记的习惯，把发生过的有意思或者特殊的一些事情记录下来，我买回了人生中第一个日记本。那些日记的一小部分现在还保留着，有时也时不时翻阅一下，上面的每一句话都非常诚实地反映出了当时最真实的自己，现在看到，自己都忍不住感叹那时的幼稚和古怪。

我离升入最高年级只差了一级，内心对升学充满了期待，一心希望通过考试，以下是我从日记上所摘录下来的内容。

×月×日 星期三

没了情绪的时候，我便捧起身边的《圣经》，看看上帝能否给我一些启示，不按章节、不按顺序，随意翻开，手指到哪里，就从哪里开始。《何西阿书》中有一句："以色列人，我要将你们毁灭！有谁能够拯救得了你们呢？"我想："仁慈的父啊！你能清楚地看到我的内心是多么的软弱，所以你能拯救我，这样，我就能顺利地升入四年级，完成我的学业，有着优异的希伯来语成绩！"

×月×日 星期二

踩到了一只蜘蛛，幸运的是数学考试的成绩很好。我多么地感激，我的上帝！

×月×日 星期五

深冬的夜晚总是格外的凄凉。救救我！我的上帝！明天就要公布考试成绩，空中的月亮呀！当你明天见到我的时候，会是怎样？是面无血色、沮丧无比，还是充满活力。我还读了席勒的大作——《阴谋与爱情》。

×月×日 星期六

上帝！告诉我，尽管我的命运早已确定，却不知道，是什么在前方等待我。不要抛弃我，我的上帝！我的血液在血管中急速奔走，仿佛就要到达即将崩溃的边缘！万能的主啊！请你救救我！也许我无法获得你的救赎，却想获得你的怜悯。尽管我真的做到了考试全部通过，却没有想象中那样开心雀跃，真是一件奇怪的事情。

别忘记十一点，给古德伯格姑和母亲写信。

还有一个想法一直没有表达：我答应了上帝，如果他让我顺利地进入最高年级，我会在星期天到圣公会进行最虔诚的祈祷。我按约履行了承诺，去了圣公会。大家其实能够发现，在我心中上帝是神圣的，对于他，我充满了虔诚与尊敬，只是在思想上还处于混沌的阶段。我心智还在发展时期的二十岁，其他人在这个年纪所写的日记应该要比我好得多。

埃尔西诺

我的人生出现一个转折。比起斯拉格斯，校长更喜欢待在其他地方，当埃尔西诺文法学校的校长职位出现空位时，他申请了补缺，很快被接受。校长告诉我这件事，说想让我一同前往，他想单独对我辅导，好让我能够在一年半内顺利地参加考试，对此我非常惊讶。如果我继续留在斯拉格斯，这一切都是没有指望的。他还说，如果我和他一起走，可以住到他家，房屋租金就按市价缴纳就行。我很快写信征得了科林的同意，选择和校长一起离开。

我要离开斯拉格斯了，和朋友们告别是一件沉重的事情，我购了一个签名本，让大家能给我留下一点纪念，曾经教过英格曼和保罗·穆勒的老教师辛特克都给我写下了留言。

卡尔·博格则送了我一首诗，不只是给一个学生，而像写给了一个即将开始新生活的诗人，只不过，他在诗里表达了我未来所走的路将是多么的沉重和艰苦。

致诗人安徒生

你走在一条满是荆棘

无家可归的路上；

你曾见过园中盛开的玫瑰；

也已经干枯、凋谢。

犹如梦中一样，

拥有金色梦幻的诗人。

不要去掩盖属于诗人的个性，

这就是人间真性情。

得不到朋友的安慰，

感受慢慢靠近悲伤的脚步；

残暴的暴风雪肆无忌惮，

希望折断在疼痛里；

别再让疲倦的双眼布满泪水；

这是属于一个诗人的空气。

他会在心灵的触动里寻找，

头衔、希望和慰藉。

奋斗中的人生就像有着苦味的游戏；

却有着孩子一样率性的天真。

幸运的灯火闪耀着你的双眼，

终究会得到你所应得的一切。

让我看到你飞升的青春，

分享你的喜悦。

而展现诗人的力量，

向往者多而得者甚少矣。

你的朋友卡尔·博格

1826 年 5 月于索罗

到了埃尔西诺，看到无数只行走在桑德海峡上的船只，和库伦山脉的绵长起伏，美妙的大自然让我感慨万千。给拉斯姆斯·尼罗普的信中，我表达了自己的好心情，尼罗普觉得这封信写得很好，将它发表了，命名为《哥本哈根速写》。因为觉得这封信写得非常美妙，我还将它寄给了其他的人，所以这封信发表之后，每一个收到这封信的人，都认为发表的就是给他们的版本，这真是一件不太幸运的事。

新的工作环境、经历以及不同的责任让校长心气高了许多，不过这样的心境并没有能够维持太久。陌生的环境带来了新鲜感，却也让我感到孤独、焦虑和压力。校长写信将我的情况告诉科林，并在信里对我做出了与以往完全不同的评价。我和朋友都在猜测他会怎样评论我，因为不管我要承受怎样的压力，他对我的奚落从不会停止，甚至把我和一些不会说话的动物进行比较。可他却在给我资助人的信里，非常郑重地提到我，这是我完全想象不到的，难怪科林在以前听到我对校长的抱怨时，总会不停向我替他解释。

如果一开始我就知道他会给我如此的评价，那我肯定会更有自信，心智健全的速度自然也会快速许多，对我整个人生的发展都会有利。

1822 年年底，安徒生被送入斯拉格斯文法学校，因为没有很扎实的基础，尽管年纪偏大，还是只被安排进了二年级。不过，他是一个很有天赋的人，有着丰富的情感和活跃的思维。他喜欢学习，所以能更加快速地领悟每一门科目，成绩优异，现在他顺利地进入了最高年级。和原来不同的是，他的名字注册到了埃尔西诺。

　　安徒生努力取得了这里每一个人的尊敬。他才华横溢，某些科目上取得了非常优异的成绩；他勤奋认真，从不放松自己；他活泼可爱，很多学生都把他当成了榜样，他的人格品行足以成为他们学习的模范。最后，我想说，如果安徒生能够一直保持下去，他将可以在 1828 年 10 月成功升学。

　　能同时具备能力、品德和勤奋这三样素质的学生，是每一位老师都想遇到却又不常见的，幸运的是安徒生都有。我现在只有真诚地推荐他，让他获得应得的资助，这样才能足以支持他继续完成现有的学业，毕竟像他这个年纪的人，是不可能打退堂鼓了。安徒生有他的天赋、努力以及毅力做保证，必定能够在学习的道路上取得更大的进步。

　　1826 年 7 月 18 日于埃尔西诺

　　S.梅斯林

　　埃尔西诺文法学校校长、哲学博士

　　我完全不知道梅斯林校长会在信里如此地夸奖我，这是我无法想到的事情，所以我仍旧沉浸在自己低落的情绪里，几乎失掉所有信心，我在这时却收到了来自科林的信：

亲爱的安徒生，不要丢失勇气，放平自己的心态，把握现在，一切都会越来越好。校长是看好你的，只是他表达的方式和别人有一些区别，不过目的其实是一样的，打起精神来。言不尽意，在此不一一赘述。

　　希望上帝能赐予你力量！

你的，科林

　　埃尔西诺有着非常漂亮的自然景色，我却无暇去欣赏它们。住在校长家时，我很少走出学校，放学时大门关闭，我只能郁闷地待在冷清的教室，比起外面，教室里更加温暖，可以舒适地做作业。作业完成后我和校长的子女们玩耍，要么就独自待在小屋里。非常长的一段时间，图书馆几乎成为了我的家，每天都在浓浓的旧图书气味中入睡。我的同学们因为害怕遇到校长，都不敢来看我。我时不时地做着噩梦。有一次，我梦见自己无法回答某个提问，在老师愤怒的注视下，我只能坐在凳子上发抖，周围充满了嘲笑。那真是沉重又无趣的生活。在校长家住了有十五个月，我想过屈服在他这种日益严重的精神折磨下，每天我都会向上帝祈祷，不要再让我承受这份苦痛。在学校时，嘲笑似乎成了校长生活中的一项乐趣，而我则成了他的笑柄，他总是说我没有悟性，不停地挖苦我。最难熬的是，放学之后我却只能待在他的家里。

　　我看过查尔斯·狄更斯笔下所描写的几个穷孩子，我曾想如果他能够了解我的境遇以及承受的苦痛，肯定不会认为比他笔下的那些人更加不幸或者有吸引力。一个人的生活和另一个人密切地联系在一起，却得不到他的认同与欣赏。对于我当时的状态，我没有和谁说起，也从未向朋友们抱怨，我觉得是我自己做错了选择，才会让人笑话和同情。这些心境，我只在给科林的信里提起过，我表达出自己的忧郁。科林告诉我，我的信感动了他，但他却无法给我更多的帮助，他觉得是焦虑和压抑让我的神经过于紧张，才会有这样沉重的压力。的确是有这样的情况，而且并不是来自于外界，是自己。只有一年一度回到哥本哈根度假时才能让大脑接触到太阳的光芒，感受到来自于生活的温暖，只是这样的日子并不多。

来到哥本哈根，我才体会到了什么叫作家的温暖，这里和我在学校里那个所谓的家形成了强烈的对比，只有在故事书当中才会出现如此截然不同的对照。在首都我借住在海军上校伍尔芙的家中，上校在一家海军学院担任院长，他的夫人就像我真正的母亲，他的孩子们也非常真诚地欢迎我，我们就像认识很久的密友。在他们的款待下，我第一次有了这样的感觉：我就是这个家里真正的孩子，我原本就属于这个家。显然我是很快乐的。

海军学院的位置坐落在阿梅林堡皇宫，我的房间视野极佳，能俯瞰到整个广场。某个晚上，我像往常一样站在窗口向外眺望，突然想起故事中的阿拉丁从他的宫殿里看向下面广场时说的："我这样一个穷小伙，竟然也能站在这里。"而我就是这样的心情，这是仁慈的上帝在冥冥之中指示着我前行，感谢上帝对我的恩赐。

在斯拉格斯时，我写诗不过三四首，有两首收录在我的《诗歌全集》的早期部分里：《灵魂》和《致母亲》。在埃尔西诺写的诗更加少，只有《新年夜》和《垂死的孩子》，《垂死的孩子》是第一首被大众知晓的作品，被翻译成多种语言。到哥本哈根时，我带上了这首"得意之作"，一有机会，便将它朗诵给周围的人听。有些人会调侃我的腔调，把我当成消遣，有一部分人则是真心把它当成诗来欣赏，还会表扬我，提醒我不要骄傲过头。其中我的一位资助人就曾经在给我的信中不断地强调："如果我不停地对别人说我要成为巴西女王了,他们只会觉得我已经疯了。这就和你把自己想成是一个诗人是一个道理。看在上帝的分上!不要因为自己写过几首诗就以为自己已经成为了诗人,这是一件不值得一提的事情。"虽然有些话我并不相信,但我知道那是大家的鼓励,他们是真心希望我越来越好。

重回哥本哈根

在哥本哈根待着的日子,大家关注的另一个焦点是我笨拙的举止,还有我的直筒子性格。我是直肠子,心里怎么想的就怎么说。也是在这段日子,我见到了诗人亚当·欧伦施莱格,他比其他任何人都让我敬仰。我通过别人之口听到他夸赞我的话,他说的话比其他任何人都令我信服。一个令人愉快的夜晚,屋子里灯火通明。我明白,我的穿着是所有来客中最落伍的,于是我退到窗户的一侧。他居然朝我走来,拉住我的手交谈。我激动得跪下的心都有了。

后来,在伍尔芙家我们常见面。卫斯也是他家的常客,他每次总是热情地招呼我。他常在钢琴上即兴弹奏。布朗斯特德刚刚回到丹麦,他总是在那儿高谈阔论。还有高雅、睿智的埃达尔,他是克里斯蒂安八世的朋友。伍尔芙高声朗读他翻译的拜伦,使聚会增色不少,这个交际圈子十分完美。在这个圈子里我还见到欧伦施莱格的小女儿夏洛蒂,她的单纯、快乐感染着我。在哥本哈根度过的这些快乐的日日夜夜是最令人回味的美好时光。

假期结束,我又回到校长的家。在物质生活上没有多少变化,只是我仿佛被送进了一间精神拷问室。一天，校长拿着一封来自哥本哈根的信进来找我。信中提到我在哥本哈根朗读了《垂死的孩子》这首诗。他紧盯着我，要看那首诗，并说，要是他在里面能发现一点诗的影子，他就原谅我。我颤抖着把诗递给他。他读后，大声地嘲笑我写了一堆伤感的废话，又用严厉的语气表达了他多么地生气。假如，他这么做是担心我写诗浪费了时间，或者我本身还是个孩子需要管束——假如要反驳他所说的——这样的理由倒说得过去。但现在看起来，它是一时兴起的念头、过时的幽默，也是我精神遭受折磨的原因。我一天比一天痛苦。在这样的境况下，要是再没改变，这种精神折磨带给我的痛苦将使我彻底崩溃。不仅是在学校里，我觉得自己像一只遭追杀的猎物。在校长家的客厅里、我的房间，也是这种感觉。这是我人生中最阴暗、最痛苦的一段时光。

我的其他任课老师也观察并注意到了这种情形。当时教我希伯来语的韦尔林已成为我的赞助人，到哥本哈根见到科林，他把我在学校和在校长家的情况都跟他说了。科林决定让我离开埃尔西诺，回到哥本哈根，请家教给我上课。听到这个消息的校长暴怒了，当我向他告辞，感谢他为我所做过的一切，他送我的临别赠言是，我这辈子都不可能参加毕业考试，我将来不管写了什么，即使是出版了，也没人要，躺在所有书店的书架上发霉腐烂。而且，我将会在疯人院里度过余生。他的话太让我震撼了。我终于离开他了。

许多年后，正是我的《即兴诗人》出版时，我在哥本哈根又遇见了他。他友好地向我伸出和解的手，温和地说，过去他不理解我，对我太差了。幸亏我现在踏踏实实地，不用再担心他。这些友好的表示，还有逝去的那些黑暗而沉重的日子，都是上帝赐予我的幸运。

过世的路德维格·缪勒牧师当时还只是一个学生，后来他一心钻研起了斯堪的纳维亚的语言和历史，成了一位德高望重的名人，他是我的导师。在《不过是个提琴手》中，我描述过一间屋子，是我在维因加斯特德所租住的阁楼，屋顶下有一溜倾斜的墙。在《未带图片的画册》中我也提到了这个房间，我写道，当月亮越过圣尼克拉斯教堂顶端升到空中，那是特意来看我的。当时，房子都没有教堂的塔顶高，圣尼克拉斯大街还不存在。我只剩下国王划拨的一点生活费，学费必须自己筹备，我只能寻求帮助。幸运的是有很多好心人愿意邀我吃饭，每天都能找到不同的去处，靠轮流吃着百家饭，我这个贫穷的学生竟然也能在哥本哈根顺利地生存。直到现在，哥本哈根依旧有着很多穷学生像我这样做，渡过难关。

首都的生活丰富充实，我遇见不同的人和生活方式，我仔细观察一切，受益颇深。我把精力都花在了学习上，像数学、地理等都不用操心。我花费了大量的时间在语言上，希腊文和拉丁文成了我的主攻科目。缪勒老师则认为我曾经得了优秀的科目里，宗教是我的最弱项。这位新老师不管从哪方面说，都是一位优秀的人，他表示我最需要提高便是宗教课。上慈善学校的时候，我的宗教知识学得还不错，只不过到了文法学校，尽管我是个优秀的学生，可他还是觉得我的宗教知识很差。他觉得要对《圣经》作出最忠于原文的注释，而从我上学开始就认为，把《圣经》和我平时所经历的关联在一起就可以了，《圣经》对于我来说更多的是情感的表达。我觉得上帝是博爱的，如若忤逆，将会坠入炙热的地狱。

我敢用我的信仰保证，地狱之火并不"永恒"。我不再是那个在课堂胆小羞怯的孩子，现在我能信心十足地表达自己的看法。当我天真地表达出自己的观点后，缪勒老师，一个对《圣经》如此忠诚的人，却给了我意料之外的关怀和慰藉。他和我一起探讨，心中燃烧着的圣火，是否和别人心中燃烧的同样明亮。我没有恃才傲物，不过性情有些古怪，他能和我这样的年轻人交谈，是我最大的收获。

　　像这样的情形并不是我与生俱来的，只是赶巧碰上了，我有着强烈的倾诉欲望，他没有嘲笑和看轻我，只是觉得我有些感情用事。他一心想让我明白，想要真正理解《圣经》是世界上最不容易的事情。他的这种做派和风格让我经历了另一种新的心态变化。我想起在之前的学校时，校长完全没有弄懂我，才会对我不停地嘲讽，让我丰富的内心无法抒发，成了一个压抑的人。现在，我终于能将自己从压力中解放，变成另外一种人。我试图摆脱原来的自己，似乎并不成功，我胆怯的性格有了改善，却多了一些轻浮，这种转变让我觉得自己在感觉的处理上有些草率。我强迫自己相信，我成功地摆脱了从前，可我还是能深深地感到不快乐，每一天都陷入在忧郁里，我寻找友好与良善时，还是出现了一张不友好的脸。我改编了一些从前写好的饱含内心凄风苦雨的诗作，加上了刻意的标题，甚至配上了合唱。其中有几首收录到了《徒步旅行》、《猫的牢骚》以及情感充沛的《病诗人》中。整个时期内，虽然写的诗并不多，却都挺幽默，比如《夜晚》、《恐怖的一小时》、《抱怨月亮》以及《猪》，我的身心由内而外即将颠覆，羞愧和胆怯的幼苗被挖走，而新播的种子即将萌发嫩芽。

幽默诗的尴尬

　　亨丽蒂是伍尔芙上校的大女儿，她聪明、开朗。我把她当成自己的姐姐，她一直亲切地鼓励我，她见证了我那些年一路走来的改变。直到她离世，我一直觉得亨丽蒂是那个时候唯一了解我的人。我信任她，她带我出现在她的社交圈子里，因为我古怪的性情，在我有可能受到打击的时候她总是会第一时间站出来毫不犹豫地保护我，不让我受伤。她的幽默风趣对我的影响极大。

　　在那个时期，丹麦文坛正被一股新涌入的思想潮流影响着，所有人都对这个领域感兴趣，每天口中谈论的内容都不离文学还有剧院，政治上的影响反而小了许多。《幽灵》和《陶匠瓦尔特》的作者约翰·路德维格·海博格因为这两首优秀作品享誉丹麦，但当他的《所罗门王》上演的时候有导演表示了强烈反对。这时科林在异议声中站了出来，支持他将这部作品搬上了舞台，最终成了"轻松音乐歌舞剧"的代表作。为此约翰·路德维格·海博格写信向科林表达了谢意。人们都称它为丹麦式的轻歌舞剧，是专属于我们丹麦人的。当《所罗门王》成功上演后，我们乐意地接受了这种形式的表演，这种轻歌舞剧很快地取代了其他戏剧品种，成为了新一代的代表。

　　皇家剧院举行嘉年华会表演的时候，泰利亚就选择了海博格的轻歌舞剧作品。我第一次见到这位大师，是在奥特斯德家里，他正在举办一场晚宴。无疑海博格是场上最受欢迎的人，他温文儒雅、妙语连珠，我也折服在他的魅力之下，让我感到最舒服的是他没有一丝架子，非常亲切，这真是一件难得的事情。后来我到他家拜访的时候，朗诵了我所写的幽默诗，海博格表示可以把诗发表在他所主编的优质周刊《飞邮报》上，我欣喜不已。最早发表的两首诗是《夜晚》和《恐怖的一小时》，只不过作品下面并没有署上我的名字，只标上了一个字母H，用来表示汉斯·克里斯蒂安·安徒生。但是所有人都以为H是海博格的含义，不过从这方面也看得出来，这两首诗无疑是成功了的。

那两首诗登出来的那个晚上，我正在一个朋友家做客，朋友家的人对我都很友好，也会经常给我善意的提醒，显然他们对我写的那些玩意儿很不以为意。到现在我还记得，朋友的父亲走进客厅，手上拿着的正是《飞邮报》，他满面笑容地告诉我们："今天《飞邮报》上登了两首海博格的新作品，精彩极了，海博格真是太了不起了！"紧接着，他朗诵起了那两首诗。此刻我已经非常激动，心脏飞快地跳动着，但还是保持沉默。可是，现场有一位年轻的女士知道这两首诗是我的作品，觉得很有意思，便忍不住笑了起来，并告诉大伙："那其实是安徒生写出来的！"听到这样的话，大家都安静了下来。朋友的父亲也沉默了，静静地看了我一会儿，便走进了房间，而其他的人也不再谈论诗的话题，这样的情形让我烦躁不已。

在这之前，我只发表过一篇《垂死的孩子》在哥本哈根的其他报上，那是我在学校时写的，它之所以能发表还是剧院的一个经理奥尔森的功劳，不然谁会愿意要一个在校学生写的东西。我的这首诗被送到抒情诗《人生百年仙逝去》的作者索伯格先生手上。他看了之后答应发表在日德半岛的报纸《读书收获》上面，可是编辑却回复报纸不发学生的作品，最终才发表在《哥本哈根邮报》上。

当《飞邮报》发表了我的幽默诗之后，海博格很快地在上面转载了这首《垂死的孩子》，他还在下面附言：即使有别的报登过了这首诗，我还是愿意重新发表一次，这是值得发表的作品。这是我的作品第一次得到真正的认可。当然更大多数人还是觉得我的诗不值一提，同时期有一位在哥本哈根很有名气但作为作家却不是很让人称道的仁兄，邀我到他家里一起吃饭的时候说道，有一本叫《新年馈赠》的书要出版，向他邀稿。我表示自己也收到了约稿函，准备写首小诗。他很生气，大叫道："哦！不！怎么这本书什么人的稿子都要啊！我不会给他们写任何东西了！"显然他因为和我一起接到邀稿而感到丢脸。

现在看来这样的事情是不足一提的，可是毋庸置疑这对当时的我产生的是非常痛苦的影响，这让我难受了好一段日子。

我一天要去克里斯蒂安萨文两次，因为导师住在那里，每次前往那边的时候脑子里都是作业，回家的时候才能真正地舒一口气，不再想着学习上的事情。脑子里经常也会有各式各样诗的灵感，但是我却没有把它们变成真正的诗。整整一年时间，我只写了不超过五首幽默诗，就像前面我提到过的巴斯托姆曾经在信中说过，它们"只是我情感的一种表达"。然而，不能把这种写在纸上的时候，会让我心烦不已、坐立不安。

1928 年的 9 月，我参加了考试，那一年担任大学校长的是欧伦施莱格，能顺利地进入学院，全靠他善意的帮助。我脑子想着的都是进入学院的事情，这将是我人生中最重要的一个机遇。尽管我已经 23 岁，可是无论处世说话都显得很不成熟，随便说一件事情就能明白我是多么孩子气。考试前夕，在奥斯特德家里的晚宴上我遇见了一个文雅、腼腆的年轻人，我认为他应该是来自乡下，对他有些心不在焉，我漫不经心地问他是不是今年参加考试。他微笑着回答我："是的。"我把他当成了校友，向他诉说着这次考试对我有多么的重要。他其实是监考我数学的教授，杰出而著名的范、施密德特恩。就好像拿破仑走在法国巴黎被当成了别人，我也像个傻瓜一样，没能认出他来。当我们重新在考场见面的时候，都有一些尴尬。他是个热心的人，总想找机会给我点鼓励，却不得其法。终于，他倾着身子靠近我，低声说："考完了，我们一起看看第一份诗的答卷？"我有些惊讶，不安地看着他："我不清楚。但是，你要是想问我数学问题，是没有办法考倒我的。""哦？你都知道些什么？"他语气并没有任何变化。"我的数学成绩非常棒，都是'优'。在埃尔西诺的时候，我偶尔还会给别人测评试卷。只不过现在我还是有些害怕。"教授就这样和我这个一年级新生交谈着。考试中，我还把自己的钢笔给弄断了。他没有说什么，只是默默地递给我一支笔，让我顺利地完成了考试。

小荷才露尖尖角

我考完试从导师家回去时，脑子里产生许多稀奇古怪的想法。我把想法记录了下来，完成了我的第一部作品《1828 年和 1829 年从霍尔门运河至阿迈厄岛东角步行记》。这本书有着阿拉伯"天方夜谭"式的风格，荒诞、诙谐，虽然有些异想天开，却反映出我真实的个性和看法，特别是我对什么都好奇、想要玩一玩的欲望。我在这本书里面进行了自嘲，我觉得这部带着诗性的游记就像一副织绣作品，绚烂多姿。然而出版商们都不敢出版这本不算成熟的作品，我只能壮着胆子自己印了。出版之后没多久，一位出版商瑞泽尔就过来买走了再版的版权，之后增加了第三版，还出了法伦的丹麦语版，之前只有像欧伦施莱格的作品才能享受到这样的待遇，最近几年，还在汉堡出版了德语译本。几乎所有的哥本哈根人都读了我的作品，所到之处，听到的都是赞美。不过还是会有不同的声音，一位有身份的人把我责怪了一番。他认为在《步行记》里我讽刺了皇家剧院，有些不合时宜，还骂我忘恩负义。因为皇家剧院可是国王的财产，我能够在那里自由出入，应该感谢国王的恩典。当然这种责骂只是来自于他个人好笑的推断，很快就被美誉淹没了，我站在了浪潮的顶端。尽管我只是个学生，但我也是一个诗人，这是我最大的心愿，现在终于实现了。

《文学月评》上曾经发表了海博格的一篇文章，他善意又风趣地批评了我的《步行记》，说里面有几个片段是早已在《飞邮报》上发表过的。保罗·穆勒也很严厉地批评了《步行记》，他在文章中表达，知道有挪威读者也在阅读着我的书时，他很是不悦。不过我并不在意，因为即便非议再多，也无法改变大家都喜欢《步行记》这个事实。

那年参加学校毕业考试的人大概有两百个，有几个是写诗的，并且还发表过作品。后来有人曾经对那届参考的人做了一个有趣的概括，说那年参加考试的有四个大诗人和十二个小诗人。如果标准松懈一点，的确如此。四个大诗人中包括轻歌舞剧《戏剧院里的阴谋》的作者阿纳森，就在那年这部作品在皇家剧院上演了；第二个是在当时刚刚发表诗作《写给有教养的人》的汉森；还有哈罗德·尼尔森以及汉斯·克里斯蒂安·安徒生。不过在十二个小诗人中，有一位在当时不为人知的人却在后来成为了丹麦文坛巨匠——帕鲁丹·缪勒，《亚当·霍姆》的作者。那时他一篇作品都没有发表过，就连他会写诗也只是在他的朋友当中流传。不过有天我却收到了他的来信，在信里他提出了和我一起合作出版一本《星期评论》的建议。

在信里他说道："看到这封信，也许你会惊讶，会觉得我还没有足够的实力完成这件事情，因为到现在为止我没有取得任何成就。但是我可以向你保证，我肯定是缪斯的继子，我可以用抽屉里那些即兴写出的诗集来做证明。"《星期评论》的宗旨和计划是全部都要发表原创作品，而不是只翻译或转发一些别人的文章，他还在信中附了一首叫做《微笑》的小诗，可是这并没有打动我，因为我并没有打算办这样一本书。卡尔·博格在《步行记》出版之前就表示过，想和我出一本诗歌合集，可是当我的作品真正引起了关注时，他却打消了这个念头，他自傲地认为，如果这个时候和我合作，仿佛是借了我的名气，于是这个计划流产了，不过我们的友谊依然如旧。相反，我和帕鲁丹·缪勒在之后便没有了更深的交集，他最终靠着自己的实力成了闪亮的明星。

同年龄阶层的朋友当中，我是有着不小的名气的，这让我安心地沉醉在年轻人对诗的迷恋里，抱着一颗轻松的心态去找寻各种开心有趣的事情。在这段快乐的日子里，我的第一部剧作诞生了——《圣尼克拉斯塔上的爱或地狱说话》，这是一部用韵律诗写成的英雄轻歌舞剧。不过像《文学月评》中所评论的那样，当人们都已经忘记命运的悲剧时，我却在嘲讽着它，这的确是一个致命的错误，我有些惴惴不安。出乎意料的是，当这部剧真正上演的时候，观众们对它给予了最大的肯定，不但欣喜地接受了，还大声高呼着"作者万岁"！这是我万万都没有想到的。我从来都不会对将来抱有过大的期望，我享受着现实中的幸福感，尽管这部剧作的本身并没有特别重要，对于我来说却是意义非凡。我止不住内心的狂喜，从剧院一直奔向科林的家。可是他并不在家，只有他妻子一人，我大声啜泣着跌坐在凳子上，整个人都处在崩溃的边缘。科林夫人同情地看着我，显然她并不知道发生了什么，她好心地安慰我："不要太难过了，知不知道？连欧伦施莱格还有其他大诗人们都被嘘下台过。""不！他们没有嘘我，"我止不住眼泪，一边抽泣一边回答，"他们都在大声地为我喝彩，为我鼓掌！"

那时候在我眼里人们都是和善的，而我同时拥有诗人的勇气和年轻人的朝气。每个人都很喜欢我，向我敞开大门，我不断扩大着自己的交际，从这个圈子到那个圈子，乐此不疲。能获得这样大的成就，我感到愉悦又知足。不过我没有被喜悦冲昏头脑，即便在这样亢奋的日子里，我依然努力地学习。语文学和哲学没有导师指导，我必须准备第二次考试，我还是得到了优异的成绩，顺利通过了考试。不过考试时发生了一件让我意想不到的事情，我在奥斯特德的考桌前回答了他所有的提问，他表示很满意。当我要走的时候，他突然叫住了我，说："还有一个小问题！"他脸上挂着和蔼的笑容，"你了解电磁学吗？""我并没有听说过这个词。"我诚实地回答。"其他的问题你回答得都很好，你可以试着去了解下电磁学方面的知识，仔细考虑下。""可是在你的课本里并没有提到过这个。"我很确定。"是的，"他说，"不过在课堂上我曾经说过。""看来您是在我唯一缺席的那堂课上讲到的，对不起，先生，我真的不知道，连名字都是第一次听到，我对它一无所知。"奥斯特德似乎有些意外我的坦白，不过很快他微笑地点了点头说："这真是一件遗憾的事情，原本我要给你一个'优异'，但是现在只能给你'优秀'，因为你回答得非常棒。"

后来拜访奥斯特德的时候，我特意请教了他一些关于电磁学方面的问题，这是我第一次真正意义上了解电磁学，也了解到奥斯特德对这个领域是多么地关注。十年后，奥斯特德书面邀请我替理工学院的电磁线演示写文章介绍，让电磁电报为更多的人所知。那篇文章在《哥本哈根邮报》上发表，只署名了一个字母 Y。我详细讲述了电报从理工学院前面延伸到后面的原理，并企图号召哥本哈根的市民们都去亲身体验一下这项"账应该记在丹麦人身上的伟大科学发明"。

我取得了自己最好的成绩，顺利通过考试。圣诞节来临之际，我出版了第一本诗集，读者和评论家们对它都赞许有加，我感到快乐无比，这样的赞美是我最喜欢的圣诞铃铛声。我还年轻，风华正茂的年纪，一切都充满了希望，我的生活沐浴在阳光中，温暖无比。

第四章 ／ 饱受磨难

情感变迁

　　到现在为止，我去过的地方屈指可数，而且都在家乡范围内。我去过弗恩岛和西兰岛的某些地方，还有摩恩的峭壁。不过这些地方的景色相比起它们的名气，还有摩尔巴赫的描述，就要逊色多了，所谓看景不如听景，真的到了当地反而有失望的感觉。1830 年夏天，我正策划一场大范围旅行，计划先到日德兰岛，再穿越北海岸，在我的家乡弗恩岛好好探寻一下。我并不知道这次旅行会给我的生活和内心带来怎样的变化，只是单纯地想看看日德兰岛上大片的荒野地，运气好的话还能碰上吉人赛人家庭。我已经听过很多关于他们的故事，特别是斯蒂安·布利彻所描写的，这引起了我的好奇心。当时并没有现如今的条件，去那里的人比现在少许多，蒸汽船才刚刚作为正式交通工具运营。那艘名叫"丹尼亚"号的旧船走完全程要花上将近二十四小时，不过在那时这已经是非常迅速了。人们并不太信任蒸汽船，就在我坐船旅行的前一年，丹麦第一艘蒸汽船就已经下水了，每个小船船主都看不上这艘名叫"卡乐多尼亚号"的新家伙，还给它取了一个"哗哗鱼"的外号。

　　倒是奥斯特德对这项发明异常感兴趣，几乎每天都兴奋地谈论。有天我参加一个晚宴，听到奥斯特德一位亲戚的言论，差点没把我乐坏。这位亲戚异常反对蒸汽船，称它们是"该死的吐烟船"。他说："从上帝造物开始，我们能借着风力出海就应该感到满足了，不知是哪些爱管闲事的人折腾出这样的玩意儿。以后只要看着它喷着烟在我面前经过，我就要用喇叭筒臭骂他们，直到他们听不见我的声音。"听起来有些啼笑皆非，不过，在当时如果能坐上那样的船出去旅行是一件很风光的事情。现在看来蒸汽船的出现已经是一件年代久远的事情，可我们不能忘记它曾经占据着一个怎样重要的位置。在不久之前还流传着一个传说：拿破仑第一次看到蒸汽船的时候，还以为那是英国人在寻求避难场所。至于真假，就不敢肯定了。

我非常期待这次旅行，尽管遇上坏天气我会晕船。我在脑海里想象蒸汽船穿越卡特加特海峡时壮丽的景色，对此充满了期待。我们没能在第二天夜晚来临前到达阿胡斯港。阿胡斯和日德兰岛上的人们很热情地招待了我，很多人都看过我的《步行记》和幽默诗。我看到许多新奇的景象和事物，不幸的是天气太过恶劣了，换洗的衣服都不够用，海上的雾湿冷刺骨，叫人难以忍受。在威堡停留几天后，我改变了原有的计划，转向东南方向前进，抛弃了西海岸。不过这并没有影响到《北海幻想曲》和《日德兰西岸素描》这两个作品的产生。尽管这两个地方我并没有亲自到达，但已经有了许多耳闻。我亲自感受到斯堪德堡、威尔和科尔丁周边的田园景色，从那里到了弗恩岛，受到几家大庄园的款待。我还做为嘉宾被邀请到印刷商艾弗森美丽的乡村别墅里，她的别墅坐落在欧登塞郊外靠近运河的马里霍耶，运河从霍弗德的城堡小山流过，景色非凡。我在那里停留了好几个星期，才依依不舍地离开。

别墅景色满足了我童年时期对乡村住所的所有幻想。花园里刻满了碑文和诗句，仿佛在不停地提醒你学会在不同的地方思考、行事；在正对着运河的地方建造了一排木头材质的大炮，边上还竖立着一间士兵的木制岗亭，看上去就像一套被放大的玩具，充满了童真。别墅的主人是一位充满才情又热情的老夫人，她有着一群聪明伶俐的孙子、孙女。我住在这样一个家庭中，感到无比快乐。后面我会详细说到老夫人的长孙女亨丽蒂，她后来还发表了

《安娜姑姑》和《女作家的女儿》两篇短篇小说。快乐的时光总是过得特别的快，在这里我写了几首幽默诗作品，一首叫做《心贼》。另外，小说《克里斯蒂安二世的小矮人》的产生也花了我不少的时间。在写这篇小说的时候，博学的史学家维德尔·西蒙森给我提供了许多历史资料和笔记，让我顺利地完成了作品。完成十六页手稿的时候，我把内容读给了英格曼听，成功引起了他的兴趣。后来我再申请旅行津贴的时候，他正是凭着对这本小说的印象，写下了非常好的评论语。不过此时我已经没有心思再去创作幽默诗，对小说也失去了兴致，我的心灵被一种新产生的情感冲击着，这是一种深刻的情感，让我无法忘记，而这也是我过去经常嘲笑的一种情感，现在它终于成功逆袭，开始了最彻底的复仇。

除了运河边漂亮的田园别墅，我还在一座小集镇上待过，借住在当地富人家中。在那里，一个新的世界出现在我的眼前，它让我感受到另外一种奇妙的力量。我曾经用诗描写过这个突然出现的新情感：

我看见一双棕色的眼眸，

那里有我的家和世界。

如天才儿童般平静的栖息；

我永不会忘记关于它们的记忆。

和她的再次相遇在那一年的深秋，彼时我正在重新规划自己的生活，我不再继续写诗，我感觉这并不是一件有出息的事情。我要继续上学，之后可能会去当一名牧师。当时"她"占据了我心灵的全部，可是最终的结果却让我失望。我们没有在一起，她爱上了别人，并嫁给了他。许多年之后，我才真正意识到，这样的结果不论对谁都是最好的。当然，直到现在她都不知道我对她有着多么深的感情，也不知道这件事情对我产生了多大的影响。她现在是一个称职的贤妻良母，她的丈夫是一个很好的人，愿上帝保佑他们。

我之前的作品中，包括《步行记》都有一个明显的特征：作品里充斥着拙劣的模仿痕迹。很多人对此表示过反对，他们认为这是一种没有前途的模式。当更多的评论家不停地对此进行攻击时，我却在另外一种更加刻骨铭心的情感里找到了寄托。新年前夕我出版了一本名叫《幻想与速写》的新诗集，这本书见证了我那令人厌恶的压抑和制约感，我将这段时间的情感变迁写成了一部略有些严肃的轻歌剧。在戏剧里，最后的结局和事实有了一些差别，付出的爱终究得到了应有的回应。五年之后在皇家剧院，这部《情聚情散》终于上演，我的感情用另外一种方式画上了圆满的句号。

解脱

奥拉·莱曼是我在哥本哈根时所交往的朋友，他是一位口才非常好、充满活力的年轻小伙子，我被他吸引住了，和他慢慢变得亲近。同样，他也很喜欢和我交流，把内心火热的情感大门毫不吝啬地向我敞开。他家里人大部分时间都说德语，因为他的父亲来自于霍斯坦，所以他也读了很多德文书籍。当时正是海涅初有名气的时候，海涅的诗歌鼓舞了很多年轻人的精神，很多人都为他着迷，成为了他的粉丝。莱曼也是如此。一天我前往莱曼瓦尔比的家中拜访他，他迎接我的时候口里还朗诵着一句海涅的诗，用来表达他心中的雀跃。

从下午开始，我们在一起朗读海涅的诗，时间悄然过去，直到天黑都没有停下来。我只能在他家留宿了。我非常庆幸能够认识像海涅这样的诗人，他总是能挑拨到我内心最有力量的琴弦，触动我的灵魂。甚至连霍夫曼都比不上他在我心中的位置，大家知道霍夫曼对我的影响非常之大，从我的《步行记》中就能看得出来。总体来讲，能够在我火热的青春岁月中占据重要位置的只有三位诗人——沃尔特·司各特、霍夫曼和海涅。他们的作品深深地打动我，让我欲罢不能、如痴如醉，他们就像一股热能量流淌在我的血管里，无可取代。

我开始执着于在生活中寻找一些忧伤和惆怅的东西，我对这种不健康的幽默产生了渴望，逐渐着了迷。我的性格变得急躁，脾气也大了，总是记得别人的批评和指责，而忘了他们的赞赏。之所以变成这样，也许是我上学的时候年纪比其他人大许多，却被要求在同一起跑线上不断前进，最终产生强烈的压迫感。我有一股强烈的愿望想要出版一部作品，但我本身的实力却没有达到那个水准，让我焦虑不已。接受教育的时候，我就像待在一座着火屋子里的一个木偶，一个年级一个年级地进入，直到参加考试。这样的情况使我在有些方面不但没有进步，还迟钝了许多，我的语法就是最明显的反映。哪怕我非常严格地按照规则尽力拼写，却还是免不了出错，在《步行记》里就出现了和常规拼法不一样的情况，显然这并不是印刷失误。如果当时能有几个学生帮我校对一下，是不会发生这种不快的，尽管正确的拼写对于我来说不太容易，可对于年轻的学生来说是非常简单的。现在人们找出了这种错误，没完没了地反复说，嘲笑我、责骂我，却忘了去品味我作品中那些美妙充满诗意的句子。我明白，有些人之所以读我的书，并不是为了欣赏，他们只不过想要找出我的错误，还有发现我习惯用的词语以及相同的表达方式。就像"好看"这个词，他们说我使用这个词却没能让我的作品变得更加"好看"。

　　我曾经受到日德兰一位牧师的强烈批评，当时他刚刚才完成大学培训，写过几部轻歌舞剧以及一些评论。一天我拜访几位朋友的时候他也在，他读着我的诗歌不停地数落我，甚至"连翻看都难以忍受"，我的每一个字他都不满意。当他放下书本休息的时候，一直在旁边惊讶地听着他责骂我的六岁小女孩走了过去，指着某页书上的单词"和"天真地说："您还没有批这个词呢。"真是聪明的小姑娘，说得多么巧妙啊。他红了脸，羞愧地吻了她。

　　这种上学时已经存在的压迫，重新向我袭来，甚至更加严重，我只能默默低头承受，其他人都难以想象这究竟需要多大的忍耐力。不过一想到"人们都是从最矮的篱笆跳过去的"，我又会无比耐心地面对他们的非议。可是，越是这样，有人越是刻薄，包括我信任和感激的朋友。他们想纠正我，想告诉我怎样才对，每个人都觉得我在浪费赞美，他们认为至少能教会我正确的方法。就这样，我被淹没在批评中。我并不是完全没有回应，他们说我的悟性太差，所以尽管写作素材很丰满，作品依旧空洞无内涵，对于他们这样武断的推断，我再也不能控制自己，我流着眼泪，但却庄严地告诉他们，我"终将"成为一位享誉海外的诗人。这话又让他们抓住了把柄，他们想把这样邪恶的基因从我身体里驱散，好阻止我变成一个狂妄又愚笨的怪物。他们到处宣扬"安徒生真是个自大狂"，不过后面还会加上一句"尽管本质不坏"。这样的情形让我经常会感到孤独，仿佛随时会从这个世界消失，我原本就不是自信的人，现在更加怀疑自己是不是真的有能力。好像重新回到了学校里那段最阴暗的时期，我清楚地记得人们对我的指责，并且怀疑自己的天赋，失望不已。但我还是无法忍受其他人如此激烈地指责我，即便我自己都快相信这个事实。我说的话变成《圣经》中的"蝎子鞭"抽回我身上，惩罚我所谓的傲慢，而挥舞着鞭子的人却是我最爱的人。

　　科林理解我的困扰。为了让我从烦恼中解脱，他让我进行一次旅行，即便时间短一点也没关系。在新的环境中接触一些陌生的人和事，对我是很有好处的。我接受了科林的提议。为了这次旅行，我省吃俭用，攒到了足够的资金，可以在德国北部待上好几个礼拜。

德国之行

　　我第一次离开丹麦是在 1831 年的春天，我到达吕贝克和汉堡，这里的一切都让我感到新奇，让我感触良多。吕内堡荒野没有铁路，穿过它的只有一条宽阔的沙质路，这片荒野给我带来的感觉就和读完《迷宫》一样。《迷宫》是巴格森极欣赏的一部作品。在布伦斯威克我第一次见到了哈兹山脉。从这里开始我步行经过哥斯拉，穿过布罗肯山最终到达海勒。这次旅行似乎把世界用一种奇特的方式重新铺开，许久不见的好心情终于又像候鸟一样飞回我身边，忧愁也渐渐被抛在了九霄云外。在布罗肯山的山顶上有一个纪念簿，上面是旅行者们留下的各种笔迹，而我则在上面写下了一首小诗。

站立在云峰顶端
用心感应
天堂就在咫尺
触手可及。

第二年有朋友告诉我，他去布罗肯山上的时候看到了那首诗，诗下面多了同胞的留言："我亲爱的小安徒生，你的诗还是发给艾尔姆奎斯特的《读书收获》吧。这些东西在旅行中还要来烦我们。除了你自己写，它们不会自己跑上来。"

能够在德累斯顿见到路德维格·泰克，全靠英格曼给我写的推荐信。他用动听的声调给我朗诵莎士比亚的《亨利四世》，让我度过了一个美丽的夜晚。我们分别的时候，他写下了对我的希望，祝愿我能成为一个成功的诗人，还给了我拥抱和亲吻。我永远都忘不了他那双善意注视着我的深邃的蓝眼睛，和他在一起的每一刻都很珍贵。和他分离，我伤心地哭了起来。这个时刻我向上帝无比虔诚地祈求，希望他能赐给我力量，让我有勇气继续朝着梦想前行，让我有能力充分表达出内心的感想，下一次见到泰克的时候能得到他的肯定和赞许。几年之后我才再次见到他，那时我的一些作品已经被翻译成了德文译本，广受好评。当我们再次见到彼此，我依旧能感受到他握着我的双手是多么的真诚，我独自在异乡，身边都是陌生的外国人，只有泰克紧紧地抓住了我的手，给了我热情的亲吻。

第一次把我的诗译成德文的人是查密索。在柏林时，奥斯特德写了一封信，让我去拜访查密索。我按他所说来到查密索的住处，一位高大、一头过肩卷发的英气男儿给我开了门，是查密索本人。他看上去有些严肃，但眼睛里却闪耀着真诚的光彩。他读了奥斯特德的信，知晓了我的身份与来意。对他我总有一种相见恨晚的感觉，我想他也一样，我们就像一对认识很久的朋友，没有距离感。他总是能让我找回自信，虽然我的德语并不好，可却能在他面前流畅地表达出自己的想法，毫不拘谨。我把一本诗集送给他，他将它翻译成了德文，并让更多的德国人知道了它，知道了安徒生。他在文中这样评价我："安徒生说话很有意思，聪明诙谐，喜欢沉迷在幻想中，他还拥有普通人的质朴。他的作品有很强的感染力，特别是文笔细腻生动，区区几笔，便能将生活中的景致和事物传神地描绘，栩栩如生。遗憾的是，这些画面的地域性太强，只有他的同胞才能真正地体会到其中的吸引力。所以他那些被翻译和即将被翻译的作品，并不能将他创作的才华与个性完美地体现出来。"

我和查密索成为了密友，他的每一封信都能看出他有多么的喜欢我的作品，而这些信最终都收录到他的作品集里去了。

就像朋友所说的一样，德国之行虽短暂，对我却至关重要。《萨克森瑞士和哈兹山脉浪漫地区漫游散记》是根据我的旅行印象所完成的。这本书出版后被翻译成了其他语言，德文就有好几个版本，还有英文版。可我却还是没能得到丹麦人的肯定，他们承认看到了我的进步，却还是在我面前表现得狭隘无比。他们喜欢只从眼睛看事物，鸡蛋里挑骨头，不停想着如何才能教训到我。现在的我已经变得异常脆弱，即便这来自某些跟我毫无关系的人，都让我觉得难以忍受。

我曾遇到过这样一位企图打击我的人，他拿着我的《漫游散记》，指着其中一个地方问："你给我解释下，'Puppy'（小狗、幼犬）这个单词怎么能用小写字母！"这个单词刚好在某页的最后一行，校对的时候并没有发现，转页的时候单词被分开了，第一页最后只有三个字母"pup"，而"py"却成了下一页的开头，这只是一个出版时的失误，他并不这么认为，觉得是我的愚昧造成了这个错误。当时我的心情并不好，于是打趣他："因为它是一只小狗，就把 p 小写了。"这原本是一个调侃，却成了我"固执、虚荣、狂妄自大"的证据。他们没法从我的私生活中找到碴儿，只能抓住我言语上的空子。

我喜欢把我的新作品朗诵给大家听，不管对方是谁。我能从我的作品中得到快乐，所以想把这种快乐也给别人。不过在丹麦像这样做的人非常之少。如果是一位钢琴家或者会唱几首歌的先生或者女士，坐在钢琴边一副沉醉在音乐里的模样，没有人觉得这样有什么不对。他们认为一个作家也只能朗读别人的作品，读自己的便是虚荣、狂妄。连欧伦施莱格也曾经被人们这样指责过，他也喜欢在圈子里朗读自己的作品，并且读得很精彩。同样的原因，我被他们指责得很惨。这些总是对着别人品头论足的人也许在想，说不定自己也能成为更加非常优秀的诗人呢。他们连欧伦施莱格都敢评说，更不用说小小的安徒生了。

　　周围的环境给我很大的困扰，偶尔我也能从心绪不宁中解脱出来，冷静的时候我反而能发现人们和自己的弱点。借着这种心境，我写出了《喋喋不休》。结果，这首小诗带来的是更大的不满，他们认为这首诗是表达了一种冷嘲热讽，一些优秀的同道在报刊上发表诗和文章对我攻击。我经常拜访的一位女士——一个仁慈的人，她把我叫过去，盯着我的眼睛问，这首诗嘲讽的究竟是谁。她说，可不能说这首诗是在讽刺她这个圈子。可人们很容易就推断，我讽刺的正是这个圈子，因为我本身就是这个圈子的人。得到这样的责骂真是有些委屈！某晚剧院休息厅里一位雍容华贵的女士朝我走了过来，她瞪着我的脸，恨恨地说："喋喋不休！"在这之前我从没见过她，我脱下礼帽向她表示致意，有时候保持风度和礼节是最好的回应。

备受非议

1828 年到 1839 年间，写作是我维持生计的唯一方式。单纯写作不能满足我的物质需求，为了配得上我的社交圈，我必须穿得考究一点，这样一来生活有时就成了问题。为了维生，那段时间我翻译了几个皇家剧院的剧本，替几部歌剧填了歌词。

我注意到戈齐的假面戏剧是因为阅读霍夫曼，我认为最好的歌剧主题是他的《乌鸦》。几星期后，我将写好的《乌鸦》脚本拿给了大名鼎鼎、声望极高的哈特曼教授过目。哈特曼出身音乐世家，丹麦国歌的作曲者是他的爷爷，他本身也有着极高的天赋，不过在当时他还只是一个没有什么名气的青年作曲家。当时我鲁莽地给剧院经理写了信，表示自己要为哈特曼的音乐负责，现在想来确实有些可笑。可我只有这种方法保证，这位让所有丹麦人都自豪的哈特曼是一位很棒的音乐家。我给剧院写了一份专门报告，描述了他如何有天赋。后来我才发觉，我笔下的《乌鸦》少了一些新奇的创作力和情感，于是没有把它放进《文集》，只在音乐会上表演了一首歌和一部分合唱。《乌鸦》是一个古老的童话主题，戈齐用非常精致巧妙的方式做了处理，我把他的本子充分利用起来。哈特曼不负所望，用他极高的天赋为它谱上了美妙的曲子。不但整部歌剧总谱和歌词顺利出版，而且即便过去多年，这部乐曲依然是丹麦歌剧中无法替代的一部分，成为保留节目，流传至今。

我还将沃尔特·司各特的小说《雷莫摩尔的新娘》写成了歌剧，这是我为另一位作曲家 I.布瑞德改编的。相比《乌鸦》，这部歌剧的抒情方式更加合乎情理，却遭到大家无情的批判。他们轻蔑地嘲笑我，用尽一切词汇指责我，认为我糟蹋了诗人的作品。我记得欧伦施莱格当时的反应有些急躁，尽管如此，他始终是友好和热情的。不过这部《雷莫摩尔的新娘》却赢得了剧院的青睐。我把印好的脚本拿给欧伦施莱格去看时，他分享了我赢得的那份掌声，微笑着向我表示恭贺。可是，听到他说因为沃尔特·司各特的主题以及作曲家我才这样轻易地成功，我非常沮丧，快要落下眼泪。他赶紧把我的脖子压低，用嘴唇轻轻地吻着我的脸："让我变得这么无情的是其他人！"之后，他恢复了和善，还送了我一本亲笔签名的书。

第一个主动对我表示兴趣的人是作曲家卫斯，在西伯尼家他很同情我。每隔一段时间他会出现在伍尔芙海军上将家里。《雷莫摩尔的新娘》第一次上演时，他欣赏我对这部剧的处理手法。他让我和他一起合作，改编沃尔特·司各特的小说《凯尼沃司》。原本他是邀请海博格的，可惜海博格答应了他，却一直没能履行承诺。万万没有想到的是，我答应他的要求，却招来了一场狂风暴雨。和卫斯合作让我感到非常荣幸，当时我很需要钱，但这绝不是因为钱才作的决定，我用我的人格担保。一个穷酸小伙竟然能和卫斯建立起这样的情谊，是多么一件值得高兴的事情。只要想到这一点，我内心便充满了喜悦。

我马不停蹄地开始工作。脚本才刚刚开始起步，整座城就都知道了这件事。我听到了很多辱骂我的话，人们毫不留情把最刻薄、冷酷的责骂丢向了我。有人在报刊上发表文章，"一本本名著被安徒生肢解"。这些情形让我丧失了信心。只有卫斯在身边支持我，他看了写好的脚本，对此充满了信心。有时他会借此打趣我，但更多的是给我鼓舞。他的态度自然要比那些嘲讽揶揄重要得多。我坚持编写的同时，他开始进行谱曲，《牧羊人和羊》成为第二幕中的一段抒情音乐。我也很快完成了所有的创作。卫斯根据自己的想法，把我的剧本做了调整，台词有增加，几处场景也不同了。比如，"外面这阴郁的缝隙/死亡的风引诱了蛇"这句，原本应该是"经过这阴郁的走廊/死亡的风引诱了大蛇"。后来他给我一个非常滑稽的答案："在这里，'阴郁的走廊'上总会有'阴郁的缝隙'，而'大蛇'也是'蛇'嘛。你瞧，我并没有改动你的画面，只是让它更加音乐化了一些。"

这位先生还有一个奇怪的习惯，如果一本书的结局是悲惨的，他肯定不会读完。在《凯尼沃司》的结尾，埃米·罗伯斯塔特迫不得已嫁给了莱切斯特。卫斯一直表示不满："改写几笔就能把他们的命运改变，为何不给他们幸福？""那就和历史不符了。"我回答。"伊丽莎白女王会做什么呢——她会大声地宣布：'我属于你，自豪的英格兰'！"就这样，我把这句话作了歌剧的结束语。《凯尼沃司的盛宴》歌剧中有两段旋律——《兄弟们，离这儿还远着呢》和《牧羊人和羊》，现在非常流行。歌剧上演后总谱并没有出版，出版的只有歌词部分。

我收到很多匿名信，寄信人是谁我并不知晓，他们用最野蛮、粗暴的方法对我辱骂和攻击，这成了我当时生活的一部分。尽管遭受了如此非议，我还是鼓起勇气在同一年出版了新诗集《一年的十二个月》。我最出色的几首抒情诗都收录了，不过评论界后来才给予它们认可，那些诗在当时被贬得到一文不值。

墙倒众人推

　　奥斯特德的《文学月评》当时办得正红火，有几位作者是公认的业内翘楚。它在文化界一直占据着举足轻重的裁判地位，尽管这本刊物在美学方面欠缺，这点连奥斯特德都大方承认，但并不影响它的重要性。他们经常会约一些人替刊物写文章，并且必须发表，而大部分人对于美学方面都没有研究和天赋。假如单单只是在说缝补和烹饪这种小事，我想是没有人会吱声的。一直到现在还有同样的情况，哪怕一个拉丁语法非常好的人，为了编汇词典不停地搜集词汇信息，但他有可能在美学的领域依然是一名不称职的判决者。《文学月评》便将这一点体现得淋漓尽致。它一直对我的拼写方式过于苛刻，只是它吹毛求疵的同时，却忘了自己的刊名正用着还未达成约定的新拼法。

　　我的经历完全印证了"墙倒众人推"这一俗语。所有人都在四处宣扬着我的过错，我难免会产生情绪。一个人如果承受得过多，都会有怨气的吧？可我把抱怨说给认为是朋友的人听后，他们竟然把这些话散播了出去，连芝麻大点儿的小城市都传遍了。最过分的是，总有些穿着时髦的人对我恶语相向。嘲弄别人在丹麦的民族性格中占据了很大的比重，所以才出现那么多擅长写喜剧的作家，他们将这种特性美其名曰为喜剧悟性，还真是有些讽刺。

　　这个时候，亨里克·赫兹成了丹麦的一颗新星，他用笔名发表了《死国的来信》，取得巨大的成功。人们说它将所有不洁都洗涤，让圣殿洁净如初。文中假借已经过世的吉恩·巴格森从天堂发来了论战信，文笔和表现方式都和巴格森非常相似，难怪大家不停感叹："这信果然是巴格森写的啊。"皇冠的光辉在海博格头上闪耀，欧伦施莱格和豪克却遭到抨击，而我在《步行记》中所犯的拼写错误，又被重新拿出来说起。他们编造出一个笑话："圣安德斯"骑着"缪斯刚刚出生一晚的小马驹"。我曾经在斯拉格斯的生活，而"圣安德斯"也来自同一个地方，他们把我们的名字联系在了一起。霍尔伯格这次总算有话可说了！我确实被人戏要，还成了一则笑话。人们的兴趣被《死国的来信》所吸引，举国上下热血沸腾。

我之所以知道"卡莱拉·拉斐尔"是因为海博格，其他我都已经忘了，不然我肯定不会知道这种专写吸引人眼球文章的作家的。不过，这种开胃菜并不是每年都会出现，也没有几个人能弄清楚是谁写出来的，只要觉得开心、好玩就行了。海博格还曾经为他的《飞邮报》辩解，他宁愿支持一直挨着批评的朋友。的确，他没说过我的任何不好。

现在同样有人发表嘲讽、指责文章攻击别人，但远远没有那个时期影响深厚。那时有过一本专门抨击的刊物，对人进行大张挞伐是它最主要的任务。马思亚司·温赛尔主编的《火箭》，就是之前的《海盗》，不少有着影响力的公众人物都成了它的牺牲品。人们对它很信任，认为印出来的肯定就是真的。只有一个人为我说话——德瑞杰。当时他还只是一个学生，很有天赋，以笔名"达维诺"写了一首长诗《致卡努德·斯捷兰德法》，公开维护我。

面对扑面而来的狂风巨浪，我无话可说，只能任它将我包围，所有人都觉得我会被卷走消失不见。其他人早已把我放弃，我也几乎放弃自己，这所有的一切就像一把锐利的刀子，把我割得鲜血淋漓。

这个时候出版诗集《幻想与速写》不是一个明智的选择，不过我这样做了。在诗集的扉页，我引用了《死国的来信》中的一段话。这些事对我的影响巨大，我把这段话当作了格言，也对这些事作出唯一评价："评判是必须存在的，但评判者们不要忘记，时代可以结出天才的果实，它因时代而得以延续。当评判者难得称赞一篇应时作品时，不要滥用自己批判的权利；当你们准备下笔进行讨伐的时候，请记得不管浪费多少时间，一定要仔细考虑。覆水难收，破坏一件东西是一件容易的事情，清理掉残渣也不难，而怎样修复、重建已经损坏的东西，却是非常困难的。"

旅行奖学金

在《幻想与速写》之后，我还出版了一本叫《丹麦诗人剪影》的小书。在这本书里，我用最简单的笔画描绘出每一个丹麦诗人最精彩的地方，包括已经去世的。我想从另一个侧面将他们展现在众人面前。

《剪影》出版后，遭到了很多批评家们的嫌弃，一句中听的话都没有。我每天做得最多的事情就是听他们说一些不知是何年月的陈年往事，周而复始，不断重复。批评已经没有意思，训诫我成了他们新的兴趣。这样的训诫一直持续了很多个年头。这次似乎是我自己把事情弄糟了。

赫兹认领了《死国的来信》，他获得了一笔旅行奖学金。我也向弗里德里克六世国王提出了奖学金申请。从小我对国王就无比尊敬和崇拜，对他充满了感激，这种情感从未改变。为他献上自己写的书，是表达我对他的情感的最好方式。最终，国王允许我把《一年的十二个月》敬献给他。一位颇有心计的仁兄对我出版的书很感兴趣，并且非常同情我。他建议我向国王献书时介绍一下自己，比如如何依靠自己闯出名堂。国王也许会提到申请书，我必须把申请时刻放在身边，这样就可以马上递给他。如此一来，我申请奖学金会更顺利一些。我有些不安，好像是在用自己的东西交换国王的东西，这感觉实在有些恐怖。"国王清楚，你送他书肯定是为了别的目的。"他回答我，"这件事情必须这样。相信我，准没错。"我有些绝望，但这是我唯一的办法。

我真正踏入皇宫的那一刻，内心激动到不行，紧张的情绪暂时被狂喜所取代。国王很有风度，问我给他带来一本怎样的书。我回答："是一组诗歌。"

"一组？一组代表什么呢？"

我失去了自信，不安地说："是几首描写丹麦的诗。"

"原来是这样！哦，我知道了，很棒！谢谢你！"国王微笑着对我说，然后点头示意，向我告别。哦！不！可不能就这样结束了！我豁了出去，把关于我过去和现在的情况向国王竹筒倒豆一般说了出来。听完我的话，国王表示："这很值得赞赏。"然后，我说起关于奖学金的事情，他果然这样回答我："那就交一份申请来吧。""遵命！陛下！"率直的我想都没想便脱口而出，"其实我早已经带在身上了。这样有些尴尬，可有人告诉我必须这样做才有用，所以我把申请书带来了。虽然我真的不愿意，我不想让您讨厌我。"因为难堪和羞愧，我的眼泪都流了下来。

国王没有责怪我，他哈哈大笑，对我还像开始一样亲切。仁慈的国王点了点头，接过了我的申请书。我赶紧鞠躬表示谢意，快速奔出了王宫。

大家觉得在事业顶峰的时候选择出国，是一件很合时宜的事情。而我自己认为，在旅行生活中感受一切是最好的教育方式，这种观点得到了很多人的认可。不过有人说，想进入国王考虑的范围，最好让国内知名作家、专家写一封推荐信，这样才能真正证明我是一个诗人。那一年有非常多的青年才俊都向国王提交了申请——我对此有很深刻的印象。换个说法，如果我拿不到好的推荐书，估计将会被排除在国王的考虑范围之外。

我应该是丹麦第一个和最后一个需要别人来证明自己是一个诗人的诗人，这不是一件愉快的事情。幸运的是，我弄到了所有的证明书。所有人，包括霍斯特、帕鲁丹·缪勒、奥斯特德和克里斯丁·摩尔巴赫等，他们都不需要这样的推荐书，照样还是获得了资金支持。奇怪的是，不论是谁，只要给我写了推荐信的人，都不约而同地强调了我个性独特的地方。欧伦施莱格说我在抒情诗方面很有天赋；英格曼谈到我能体会普通人的感受；海博格称，我不同风格的作品里，他发现我的幽默和丹麦著名诗人维赛尔有着密切的关系；奥斯特德指出，虽然大家对我的看法不统一，但有一点是毋庸置疑的，他们认可我是一个诗人。希勒热烈地赞扬我心中发光的灵感，他可以想象我是怎样承受着那些苦难和压力。他说："不光是为了诗人本身，还为了丹麦的诗歌。"

离开哥本哈根

在推荐信的作用下，我成功获得了旅行奖学金，不过比赫兹的少了一截。

朋友对我说："现在是你高兴的时候了，好好享受这幸运的时刻，要知道，你可是出国旅行啊，也许这是你唯一一次出国的机会了。亲爱的朋友，你要明白，虽然我们会尽力支持你，可是我们没法一直这样做，这不是个好消息，但我们还得告诉你，有时候我们必须同意别人的说法。"我心里难过异常，一心想着离开；可我不会忘记，在我伤心的旅途中，因为在我身后骑着马的霍里斯和我说出了同样的话，让我再次伤了心。歌曲《南美人鱼》里唱的"痛苦时不时地轮回"，大概就是这样的感觉吧。

一个人的内心往往能从他写的小诗中反映出来。我之前说过几个朋友在我心目中的地位，现在我要提起两位在我人生道路上产生重大影响的朋友。

一位是莱索夫人，她父亲是亚伯汉姆森——一位诗人，他用典雅的句子完成了《我的儿子，如果你要取名字》，在读者的脑海中留下了深刻的印象；另一首作品《和平永在》有另外一番魅力，震撼人心。她同情我的境遇，让我来到她的家中，在那里我感受到无比温暖的关怀，她的家就是我情感的依托；她愿意分享我的不快乐，给我鼓舞，不遗余力地给我帮助；她的心态感染着我，我变得开朗起来，开始去欣赏大自然和日常生活中所带来的美好，在它们当中找寻诗性。所有人都不认为我是个诗人的时候，她在旁边支持着我，把我从悬崖边拉了回来。我对她充满感激，如果我要写到一位高贵、善良又纯洁的女性，她是我第一个想到的人。

另一位对我产生重大影响的朋友就是现在的 E.科林议员。他生活在一个快乐幸福的家庭，父亲有很大的影响力，受人尊敬，和我完全不同，他性格中的果断和刚毅是我没有的。我感受到他对我的同情，当时我一直没能认识一位和我年纪相仿的朋友，于是我有意亲近他，敞开心门，向他示好。他一发现我性格中像女性阴柔、不干脆的一面表现出来，就马上表示不满。他处世果断，思维严谨，一旦作出了一项决定就会马上付诸行动，是一位天生的领导者。可总是有人误会他的热情，我也一样，并因为这种误解而感到害怕和丧气。我很喜欢在别人面前朗诵诗，这是一件能够让我获得快乐的事情。有一次，在一个社交性质的家庭聚会上，一位朋友要我在众人面前朗诵几首，当我准备开始的时候，他突然走到我的面前阻止我，说只要我读出一句他就马上离开。显然，他发现现场的气氛并不适合我表演，因为其他人都在想着取笑我。我把这个聚会想得太过理想化了。女主人和现场的女士们都过来指责他，因为他的做法让她们感到手足无措。事情过去之后，我很快明白了他这么做的原因，他是我的好朋友，才会做出如此举动维护我。只不过在当时，就算知道他是为我好，我还是难过地流下眼泪。他希望我像他一样独立和坚强，而不是像一棵柔嫩的芦苇弱不禁风。在生活中，他也始终在身边给我支持，不断地帮助我，帮我复习拉丁文，好让我通过考试，给我联系出版商、印刷商，甚至校对样稿。他见证了我从一个只知道屈服和默默承受的软弱小伙，成为一个懂得独立和坚强，最终收获自由的人。在我逐步成长的这些年月里，他一直是我最真诚的朋友。

都说看不清山的真正面目，是因为自己就身在这座山里。那我就离开这座山好了。我那本纪念册是我最珍惜的宝贝之一，很多人在上面给我写下了留言。

1833 年 4 月 22 日，星期一，我离开了哥本哈根。情感丰富的人在离别时总会不自觉地感伤，我心里向上帝祷告，希望这段旅行能让我提高艺术修为，变得更加成熟，这样才能写出真正的经典，不然干脆就让我远离丹麦，客死异乡好了。

很快我就看不见哥本哈根的塔楼了。到达摩恩悬崖的时候，船长给了我一封来自爱德华·科林的信，他还调侃说："从天上掉下来一封信。"只有短短几句话，可字里行间透露出的真挚我已真心体会到。第二封信是在穿过法斯特岛的时候接到的。准备睡觉的时候，又接到了一封信。第四封信则是第二天清早刚刚起锚的时候到了我的手上，那时候船准备离开特拉夫明德。船长还是表示这些信都是"从天上掉下来的"。可我明白这是我细心的朋友们写给我的，装满袋子交给了船长。

第五章 ／ 法国之旅

初到巴黎

悲剧《伊泽琳》、《寡妇》以及《修道院》的作者拉斯·克鲁斯就居住在汉堡，我在皇家剧院看过这些演出。他的小说《七年》获得了很多好评，拥有许多读者。有一份德语杂志因为每年可以把他的小说刊载在上面，感到非常地荣幸。可是，现在几乎已经没人记得他，不管是德国还是家乡丹麦，人们都忘记了曾经有过这样一个出色的作家。在德国见到他时，克鲁斯身材已经有些稍许发胖。他为人和蔼，性情温和，很热爱自己的故土丹麦。在给我留言中，他表达了这种情思。

旅途中，我在卡塞尔某条街的小角落里，看到墙上已经被油漆遮掉一部分的拿破仑的名字，看来这条街曾经热烈地欢迎过他的来到，这个小小的画面至今我都印象深刻。比起威尔海姆索赫的人造废墟和喷水池，它更加吸引我，因为从少年时代开始，拿破仑就是我心中最伟大的英雄。

索普尔在卡塞尔第一次接见了我。他了解卫斯和库哈鲁的一些作品，还向我询问了很多关于丹麦音乐以及作曲家的问题。他看到哈特曼在我的纪念簿上写下的关于歌剧《乌鸦》的留言，对此产生了兴趣。后来他和哈特曼通信联系过，想让《乌鸦》在卡塞尔上演，可惜没能实现。索普尔还问我哥本哈根上演过哪些他的作品，可惜我并不清楚，只好回答"不知道"。糟糕的是那天我说得最多的估计就是"不知道"了。好在他并不在意，还极力向我推荐他很欣赏自己的一部作品《泽米尔和阿佐尔》。丹麦文学他了解的作家并不很多，只知道巴格森、欧伦施莱格和克鲁斯，大概听说过他们。他非常喜欢司若瓦尔德的创作。他在分别的时候说会将他的作品流传后世，这样总是让我有一种要和他永别了的感觉。也许这次离开后，真的就很难再见了。不过若干年后，我们竟然在伦敦相遇，就像是一对多年未见的老友。

1833年从丹麦经德国再到法国，不像现在这样简单。那个年代没有铁路，只能坐着笨重邋遢的大马车，通宵达旦不停赶路。一直到法兰克福，我才从枯燥无味中解放出来。这里是歌德的诞生地，也是罗斯查尔德兄弟的故乡，这对有钱有势的兄弟在这里度过整个童年。他们的母亲是一个虔诚的教徒，因为信仰与孩子们的幸福，一直在犹太区的某个小房子里住着。在这里她生下了那些幸运的孩子，把他们抚养长大。法兰克福到处都是壮丽的哥特式建筑，古老的山形墙，中世纪的市政大厅，妙不可言，一切都如图画一般出现在我面前，让我目不暇接。作曲家阿洛斯·施密特是歌剧《瓦勒莉亚》的创作者，他因它名声大噪，他看了查密索翻译过来的我的短诗，认为我是他所需要的诗人，就这样他成为了第一个找我写歌词的外国人。

我看到了春天的莱茵河。河岸边的葡萄藤还没生长开，仅在一面城堡废墟上短短地趴着。我想象收获季节翠绿的葡萄藤爬满整个城堡废墟的模样，一定漂亮得多。看不到心中所想的景色这是常有的事，很多人都有着和我一样的感受。靠近圣高尔的落雷无疑是景致最美好的地方。比起莱茵河，多瑙河河岸就要浪漫得多，我甚至觉得连罗纳河都要比莱茵河美妙一些。不过，莱茵河真正壮丽起来的原因是那些古老的传说和诗人们咏颂的华丽乐章，这才是莱茵河最无上的荣耀。

我花了三天三夜的时间才从莱茵河到了巴黎，中间我穿过了萨布吕克以及有着白垩土质的香帕尼。我不知道这座"城中之城"离我究竟有多远，只好一路上不停地询问别人是不是快到了。直到我穿行在城中的林荫大道上时，才敢确信已经到达了目的地。巴黎的确是一座雄伟之城。

因为行程匆忙，从哥本哈根到巴黎，旅途中我没发现特别值得留意的地方。不过比起还在家乡期望的人，短短这些日子已经让我受益匪浅。到了巴黎之后，除了睡觉我没有任何想法，连续赶路让我筋疲力尽。我只能拖着疲惫的身躯给自己找个落脚的地方，最后我在里尔饭店住了下来。饭店坐落在离皇宫不远的托马斯街上，我收拾了一下便爬上了床，此时睡觉才是最重要的事情。可没过多久，嘈杂的吵闹声把我从睡梦中惊醒。我到窗前，看到周围灯火辉煌，对面窄街上有一幢很大的建筑物，许多人正沿着楼梯冲下来。每个人都在高声叫喊，伴着似乎是雷声和闪电的东西。我睡眼蒙眬，被眼前的景象弄懵了，一度认为巴黎正在发生大暴动。我把服务员叫了过来，询问："这些都是什么声音？"

"雷的声音。"男服务员说。

"是雷声。"女服务员在一旁附和。

我还是没能反应过来，脸上挂着惊讶的表情，他们以为我没有听懂，继续卷着舌告诉我："是——雷——声——儿——"还用手比画着。外面璀璨的灯光继续闪耀着，轰鸣声也没有停止，嘈杂无比。的确是在打雷。我后来了解到，对面的那幢大建筑是轻歌舞剧院，那些从楼梯上涌下来的人们是刚刚看完表演的观众，演出刚刚结束。这便是我第一晚在巴黎看到的景象。

既然已经醒来，就好好地欣赏一下这奇妙的景致吧。

意大利歌剧院的演出散场的时候，巴黎大歌剧院却依然星光闪耀，舞台上的表演依旧持续。达莫洛夫人和阿道夫·诺瑞特都是歌唱家，整个巴黎都最爱听诺瑞特的演唱，当时他如日中天。七月革命时期，他在街垒的战斗中，大声唱着爱国歌曲，鼓舞着战士们的士气，英勇无畏，使人敬佩。每个听他演唱的人都对他赞叹不已，没有人不爱他。可仅仅四年之后，我便听到了他去世的消息。1837 年，这位一直受人尊敬和爱戴的歌唱家前往那不勒斯进行演出，却没有想象中那样受到欢迎，还出现了少许嘘声，这情景使自尊心极强的他悲伤不已，闷闷不乐。不过他还是在歌剧《诺玛》中进行了表演。表演结束后，观众给了他最热烈的掌声。然而就算只有一个人的嘘声，都让他寝食难安。终于他难以忍受煎熬，在 3 月 8 日的凌晨丢下了自己的妻子和年仅六岁的儿子，从三楼跳了下去，给还在世间的妻儿留下了满心的悲痛。在巴黎的时候正是他事业的顶峰期，在那里我看了他的歌剧《古斯塔夫三世》，这部歌剧在巴黎是每个人都在谈论的话题。歌剧中角色的原型就住在这里，名叫安卡斯特罗姆，歌剧上演时她早已白发苍苍。后来她的声明发表在一份发行量最大的报纸上，称剧中她与古斯塔夫三世之间的风流佳话纯属虚构，她在现实中只和国王见过一次。

见到海涅和雨果

在弗朗西斯剧院我看了一场让人眼眶湿润的表演。玛司小姐是一个大龄未婚女性，她饰演一位母亲，有一个年轻儿子，我的法语并不好，可这并不妨碍我被她朴实真诚的表演所感动。在此之前，我从没有听到过像她这样美妙的女声。到哥本哈根的第一年，正好碰上丹麦人剧院上演知名演员阿斯特鲁普小姐的表演，她的青春活力与花容月貌迷倒了所有人，她的歌喉和唱腔也被人称赞不已。我带着虔诚去观看佳人的演出。在悲剧《赛利姆·阿尔及尔的王子》中她也是扮演一位母亲。可是在众多的赞扬声中，我并不觉得她有多出色。我认为像她这样年轻的少女并不适合这个角色，那件用来凸显腰臀曲线的紧身褡没有给她增色，反而让她成了一张挺直的扑克牌。我不想就她的演技发表评说，可她的歌声一点都不让我觉得动听，尖锐且没有感情。反而在巴黎演出的玛司小姐身上，我看到了真正的表演，她没有阿斯特鲁普小姐年轻，却拥有四溢的活力。同样的紧身褡穿在她身上让人感受到了另外一种青春在歌声中跳跃。她的歌声告诉了我一切，她要表达的东西我都已经全部理解，尽管我不懂歌词。在我心中，她才是真正的艺术家。

有很多丹麦人在夏天来到了巴黎。我终于可以用母语和人交谈，我们在同一家饭店入住，一起喝咖啡、用餐、看演出，我们还会一起交流收到的信。用这种快乐、亲切的方式打发时间，似乎不是出国时该做的事。可我真心喜欢这样的生活，在我们一起举行的节日宴会上，我用诗描写了巴黎给我的感觉：

丹麦的山毛榉树吐出绿色的新芽，

我们旅行，航行在海上，

新娘的婚纱披在春姑娘身上，

到处展示着她的风采。

这次生活的聚会让我们起程远行，不停歇地往前走。出国的目的便是将每一处景致都收进眼里，不管自己是否特别感兴趣。我有位朋友，某天一直

113

都在参观让他感觉枯燥无味的博物馆及宫殿，到夜里才疲倦归来，可他还郑重感谢上帝给了他机会。他说："没办法！如果等我回家以后有人问我为什么没有去过那里，是一件多么丢人的事。我必须把这该死的玩意儿们都逛完，之后就可以好好轻松一下了。"我想，和他做着同样事情的人肯定还有许多。

在这次出国旅行中，因为是头一次，我跟着别人一起观看各种事物，只恨自己没多长几只眼睛，可等到归来，才发现大部分的东西早已被我抛诸脑后，不再记起。凡尔赛宫是我记忆深刻的景观之一，它宏伟、壮观，里面的房间被装饰得富丽堂皇，挂着许多精致美妙、无与伦比的油画。但这些都比不上皇家别墅在我心目中的地位。我怀着惶恐的心情走进拿破仑的卧室，房间还保持着他生前居住的模样，墙上的壁毯和床周边的垂帘都是黄色。床前有几级台阶，走到床边必须踏过它们，我抚摸着台阶和床上的枕头，想象拿破仑踩在和睡在上面的样子，心中充满了尊敬。如果房间里只有我一人，我肯定已经跪了下来。因为拿破仑不光是我眼中的英雄，在我父亲心目当中更是如此。我对他的崇拜就像天主教徒对上帝的信仰，无比虔诚。我还参观了玛丽·安东皇后曾经照料过的那个农场，当年玛丽·安东皇后曾经打扮成农家女打理着牛奶场等。我站在她的房间旁，想着这位不幸的皇后，在她窗前采下一朵忍冬花。后来，我又在美轮美奂的凡尔赛花园摘下了一朵微小的雏菊，这可是绝妙的对照。

我有幸和巴黎几位有名的大人物进行了谈话。保罗·杜博特是其中一位，在我出国前芭蕾舞教师布侬维尔就在给我的信中推荐过他。他写过不少轻歌舞剧，其中《贵格会教徒与舞者》在丹麦剧院上演之后造成一时轰动。我带着那封信告诉了他这个消息，他听后特别开心，我成了他的坐上贵宾。我和他之间的交流用了一种特别好玩的方式。我的法语很烂，他会德语，可是浓重的口音让我根本无法理解。他认为是自己的措辞出了错，便在膝盖上放上了一本词典，一边和我谈话一边飞快地翻查着他要表达的词语。用词典作为工具帮助两人谈话，其实是一件费力不讨好的事情，不论对谁，都是如此。

我还去拜访了查鲁宾尼，他因《两天》而声名不朽，除此之外他还写了许多优美的安魂弥撒曲，我之所以去见他是因为卫斯要我给他带一封信。其实卫斯虽然创作出了许多美妙的音乐作品，比如他的《安眠药》和《路德兰姆的洞穴》都有着极其优美的旋律，可他在国内的知名度没有到达应该有的那个阶层。他的作品的音乐性和创作性都太过本土，这样的东西想要成为流行时尚是比较难的。人们都只当他是写教堂音乐的作曲家，他的《神之食物赞美歌》尤其被众人知晓。这次他托我带的是一部钢琴曲的乐谱。查鲁宾尼创作出《两天》后受到巴黎人的广泛关注，这种关注一直延续了很长一段时间。后来，他便沉寂了下来，很久之后才完成了新歌剧《四十贼》。尽管这部歌剧演出没有成功，却有很多人向他表示了尊敬。

我来到查鲁宾尼家，一只猫趴在他一侧的肩膀上，他坐在钢琴凳上，长得和我曾经见过的肖像画几乎一样。他让我介绍一些关于丹麦音乐的情况给他，他并不知道卫斯是谁，丹麦作曲家中只有克鲁斯·谢尔是他所了解的，因为他和哥尔欧蒂曾住在一起过，而谢尔曾为哥尔欧蒂的芭蕾谱曲。卫斯并没有收到他的回信，而我也没有再见过他。

有天在保罗·杜博特给我推荐的"欧洲文学社"里，我遇见了一个长得像犹太人的男人，他个子很小，主动走过来打招呼："你好！听说你是丹麦人，而我是德国人，我们是兄弟，认识一下吧。"

他告诉我他叫"亨利希·海涅"。

原来他就是我从青春期开始一直魂牵梦绕，让我在诗中赤裸表达出自己神魂颠倒的那位诗人。我毫不掩饰地告诉他，他是我在世上最想见到的人。

"怎么可能，"他微笑着，"如果真是这样，你为什么不早点来看我呢？"

"我没办法做到。"我有点沮丧，"你是精通喜剧的专家，而我只是一个不名一文的丹麦乡村小伙，在你面前自我介绍是诗人，你肯定会觉得非常荒诞和搞笑。要是真的见到你，你可能会取笑我的笨拙举止，这样我会很尴尬。正是因为太敬仰你了，干脆选择不见面好了。"

这番话让他对我有了好印象，心情感觉也很不错。第二天他就到维韦亚那饭店里看望了我。之后我们见面的次数多了起来，两个人还会在林荫大道一起散步。可我还是没敢把他当成知己。几年以后我们再次重逢，他知道我写了《即兴诗人》和一些童话故事，向我表示愿意将我们之间的友谊保持下去，可我还是找不到那种感觉。我离开巴黎前往意大利时，还收到了来自于他的德文信。

我尝试着去阅读法文原版书，维克多·雨果的《巴黎圣母院》是我读的第一本法文原版小说。书中那些细致入微的描写以及个性分明的人物性格，深深地让我着迷。每天我都会到圣母院去看看与情节对应的真实场景。这本书让我无可自拔，于是产生了去拜访作者的想法。雨果的房子是一幢老式建筑，位于皇家广场的一个角落里。屋子里的墙壁上挂满了圣母的图片、木刻和油画。第一次见面时，他穿着睡袍和灯笼裤，脚上的拖鞋看上去很精致。告别时，我请求他在一张纸上给我签名，尽管他被无数旅游者叨扰，还是满足了我的要求。我想他并不知道我是谁，因为他把名字签到纸的最上方，这样做的目的是为了防止别人在他名字上方的空白处留下别的语句，我理解这种行为，可是我心里非常不舒服。后来我第二次来到巴黎的时候，才对诗人有了更多的了解。这些后面再进行说明。

告别巴黎

　　一直到巴黎的整个旅途中，我连一封家书都没能收到。我每次去邮局打听都是徒劳而返。我安慰自己，也许是朋友们没有什么值得写信给我的事，要么就是大家都还在羡慕着我能得到一大笔旅行奖学金，无暇顾及。逐渐我有些惴惴不安起来。终于在期盼中我收到了一封没有贴邮票的信，我还补了一小笔邮资。信的厚度让我兴高采烈，急切地想知道里面的内容，这可是我收到的第一封来自家乡的信啊！可打开之后，只是一份印刷的《哥本哈根邮报》，在邮报上面登着一首讽刺我的诗。

　　很显然，这首诗是作者在发表之后特意大老远地从哥本哈根寄到了巴黎，连邮票都没贴。这份来自家乡的第一声恶毒的问候，让我惊呆了，一股悲凉从心底涌上来。我无法弄清这究竟是谁的杰作，不过从文笔上就能看出这是一位老手。也许就在那些称呼我为朋亲且握过我手的人中间，这样想让人丧气，可不管是谁，有时候总是会产生一些阴险的想法，其实我也一样。

　　七月节闭幕后我才离开巴黎。开幕第一天，我在旺多姆广场上亲眼见证了拿破仑雕像的揭幕仪式。前一天晚上，被遮盖着的雕像上还有很多工人在上面忙碌，周围站着很多看稀奇的人们，我也在里面。突然有一位长相奇特、瘦骨嶙峋的老妇人走过来，神经质地对我大笑，说："法国人就是这样！今天立好雕像，明天再打倒。"这话让我听着有些不爽快，便离开了。第二天，我和大家一起坐在高高的脚手架上，看着路易斯·菲利普和他的儿子、将军们从我面前经过，士兵们的枪管中都插着一束鲜花，和着铜管乐队演奏出来的节奏，整齐地向前行进。人们激动地高呼"万岁"，但也有人义愤填膺地低声诅咒："打倒他。"

一场华丽的舞会在广场旁的威尔饭店举行，从王室成员到普通老百姓都欢聚一堂，这一刻身份的贵贱都不复存在，大厅里人头攒动，连路易斯·菲利普和王后走到位置上都费了不少的力气。乐队演奏到《古斯塔夫三世》中古斯塔夫被国王枪杀的那段舞蹈音乐时，王室们刚好走进来，这不是一个让人愉快的巧合，感觉有些不太舒畅。爱米莉王后显然也和我的感觉一样，她脸色难看地紧紧依偎着路易斯·菲利普。国王的心态就要好上许多，他一直挂着亲切愉悦的微笑，和很多人握手。场中奥里恩斯公爵正和一位穿着土气、平凡朴素的贫民少女跳舞，这画面让人感到很是欣慰。庆典活动热闹地持续了几天。阵亡者的墓边在夜晚燃起了无数支葬礼火把，每一个陵墓前都挂满了永不会凋谢的花环。

一场划船比赛在塞纳河上举行，欢乐祥和的香榭丽舍大街让我想起了家乡的鹿苑。巴黎的剧院全部开放，演出时敞开着大门，任何人都可以随意进出，中午都不休息。《巴黎人》和《孩子们》中的一段演唱通常会在悲剧和歌剧演出的中间突然响起，打断人们的思维。灿烂的焰火在天空闪耀，黑暗的夜晚也仿佛成为了白昼，教堂和公共建筑物格外清晰呈现在人们眼前。就这样，我结束了第一次巴黎之旅，这样一个华美壮丽的节日庆典作为终场真是再好不过的了。

前往瑞士

在国外的时候，丹麦人依旧喜欢和老乡待在一块儿，所以我在巴黎待了快三个月，法语却几乎没有任何进步。多学一点法语是很有必要的一件事情。我想借住在瑞士某地的人家中，只用法语跟人交流。可是，这得花不少金钱。

"你可以到侏罗山上的小镇子里住一段时间。"一位说着法语的瑞士人告诉我，他是我在哥本哈根认识的朋友，"那里八月份就开始下雪，用不了多少开销，还能多交一些朋友。"这个提议很不错，于是我们决定从巴黎出发，经日内瓦、洛桑到侏罗山的勒洛科尔小镇上去。经过巴黎的繁华喧嚣，与世隔绝的清静必定会让人身心舒畅。我另一个目的是想在那里将一部构思已久的作品完成。

丹麦同乡中有两位名人留在了巴黎，他们真心把我当成好朋友。我想介绍一下他们的情况。一位是被驱逐出丹麦的诗人彼得·安德雷斯·黑伯格，当年他被驱逐的罪名是没有遵循某些规则和教条。几乎每个丹麦人都知道他。离开故乡后，他选巴黎落下了脚。他很老了，住在一家小旅店中，眼睛几乎看不见。他的儿子约翰·路德维格·黑伯格和约翰尼·路易斯刚刚才结了婚。约翰尼·路易斯是一个在丹麦称得上是最红的女演员之一。老人对自己儿媳的话题有着浓厚的兴趣。他表示，不喜欢剧院经理对他儿媳妇招来喝去。他可能是以为剧院经理就是一个暴君吧。他听到我说他儿媳妇是个受人尊敬、有天赋的年轻女性之后显得非常高兴。事实上，丹麦人都这么认为。可惜，他永远没办法理解她的才华是多么杰出，品德是多么高尚，他也不知道她对于丹麦剧院有多么的重要。也许就像许多巴黎人一样，他对女演员的看法已经过时了。只有孤独陪伴他。看着他摸索着从著名的皇家舞厅走廊穿过，我对这位几乎是盲人的老人充满了同情。

另一位布朗德斯特德是我在伍尔芙上将家中偶遇的，他是一位州议员，从伦敦到的巴黎。除了《一年的十二个月》，他没读过我其他的作品。让我高兴的是，他真的很喜欢我的诗，他也是一位称职的导游和同伴。离开巴黎的前一天早上，他专门送给我一首诗。

连续赶路让我备感劳顿，不过这没有影响到我的勤奋，我总是不辞辛苦地挤出时间写一些东西。时不时会有让人记忆深刻的阿拉伯式奇妙经历在旅途发生，下面我想讲下其中一件。

我进入了侏罗山脉，和法国城市的平坦不同，山区自然崎岖得多。一个深夜我经过一个小村庄，马车上只乘了我一个人，马车夫将两位年轻的农家女捎了上来。他告诉我："如果没有马车，她们需要在人迹罕至的荒野里走上两个多小时。"年轻的姑娘们一边暗笑一边低声嘀咕，她们知道车里还有另外一位绅士，只是看不见。好奇心战胜了羞怯，她们向我搭话，问我是法国人吗？我告诉她们我是丹麦人。她们知道丹麦和挪威是在一起，这是从地理书上学到的；她们嘴里的"科波拉尔"其实就是"哥本哈根"，她们经常这样说。她们还问我多大年纪，年轻还是衰老，有没有结婚，长什么样子。我一边拼命往黑暗的角落移，一边按照她们心目中的答案答复她们。我想她们识破了我的意图，所以当我反过来问她们，她们把自己说成了天香国色。我没有答应她们在下一站看我脸的要求。她们在下车的时候，用手帕挡住了脸，却没挡住年轻的气息和那美丽的身段，以及手帕后不停传来的开朗的笑声。这两个再也没有见过的快乐姑娘，就像一幅微笑的油画，留在了我的记忆中。

从路旁悬崖向下鸟瞰，农舍成了玩具，森林则变成了土豆田，异常渺小。一幅景致出现在两个峭壁之间，展现在我们眼前，猛地一看就好像山峦漂浮在云中，这样神奇的景象还是第一次见到。其实不过是云雾和我们开了个玩笑，是阿尔卑斯山与勃朗峰被云层蒙上了一层白纱。在悬崖边一直走下去的感觉像是在滑翔，所有景物一览无余，收入眼底。云朵缓缓飘了上来，仿佛一团厚厚的烟雾，让我不由猜测是不是悬崖底下有煤矿，才会升腾起白烟。当云逐渐散去，展现在眼前的是日内瓦湖和阿尔卑斯山绵亘不绝的全景，虽然比较低的地方还藏匿在淡蓝色的雾气中，但最高处的山峰已被勾画出墨色轮廓，阳光照射在冰川上，无比夺目。在星期天的早晨看到如此奇景，一种神圣的感觉油然而生，在这最了不起的自然教堂里我虔诚地向上帝进行祷告。

从哥本哈根移民过来已经在日内瓦住了一段日子的普拉瑞老人把丹麦来的游客都当成了贵宾。巧的是我在街上随意向路人打听他住处的时候，遇到的是他的朋友，于是马上带我找到了那个热情的家。普拉瑞有好几个女儿，都说丹麦语，和他们交谈自然也是丹麦语。普拉瑞曾经教过亨里克·赫兹，所以我和他说起《死国的来信》赢得了国内人的关注，取得了成功。普拉瑞说，他待在哥本哈根的时候在一个五金商店打过工，为了赚取学习法语的学费。他还告诉我，当年路易斯·菲利普曾经住在植物学家缪勒先生名下一个叫康尼克的商人家里。一天路易斯·菲利普以同胞的名义邀请他到皇宫共进美餐，是路易斯·菲利普亲手布置的餐桌，做的服务，那个房间里根本就没有侍者。

在勒洛科尔改编《埃格纳特和人鱼》

　　站在镇子中，阿尔卑斯山仿佛就在咫尺。某天一早，我心血来潮想走到山里去，真正动身之后才发现，越往前走，山就离我越远，好像山脉一直在往后退缩。正午时分我才走到了第一处峭壁底下，我决定放弃返回，结果等我再次到达日内瓦的时候，夜晚已经来临。

　　一桩谋杀案让奇伦古堡声名鹊起，为了看这座秀美的城堡，我穿过了洛桑和威维。对它产生兴趣是因为拜伦的《奇伦的囚徒》这首诗。城堡旁边是一汪清澈翠绿的深湖；湖边到处都是葡萄园和玉米地，向远处蔓延；枝繁叶茂的老栗子树将自己的影子投到地上，很大一片的阴影，一些枝叶太过茂盛，伸展到了水面上。整个乡村让我有了一种南方小镇的错觉，哪怕瑟沃山峰还覆盖着皑皑白雪。穿过吊桥到院子里，光线不是很好，有些阴暗，一些狭窄的垛口分布在墙上，从前的守卫者们通过这里向进攻者浇上滚烫的开水和热油。设计者在不少房间设置了陷阱装置，哪个倒霉蛋不小心踩了上去，机关便会启动，不幸的人便会被固定在下面岩石上的铁钉狠狠刺穿，或者迅速地坠入冰冷的湖水里。再往下是地牢，牢房里的镣铐早已经锈迹斑斑；一块平坦的大石头想必是犯人们休息的床榻。拜伦在1816年来到了这里，将自己的名字刻在了一根石柱上。带我参观的这位老妇人就在边上，她不认识拜伦，所以阻止他的行为，不过他没有理会。如今，每一个游历到这里的人都会特意去看看那根石柱母，老妇人耐人寻味地对我说："看起来那肯定是一位了不起的绅士。"如果想去我的新家，必须从奇伦一直往上走，经过侏罗山再前行一段，才能到达坐落在侏罗山高处山谷中的勒洛科尔，一个钟表匠的小镇。

山谷中，总会有云层落在下面。勒洛科尔在史前是一个湖泊，现在还能在这里找到鱼骨化石。高大挺拔的云杉树随处可见，被树荫庇护的地方十分幽静。紫颜色的番红花被大片鲜绿的嫩草包围着，花草的叶子里流出闪亮的浆汁。屋子里都装满了当地的特产手表，还有无数串红色的白蜡树点缀在山上，好像《ABC》字母书里的画面。草莓诱人的红色，让我想起了家。

勒洛科尔不算小集镇了。已故的聪明人厄本·尤根森是热情的霍里埃特妻子的哥哥。霍里埃特友善的一家人让我感受到家庭的幸福。他们完全把我当成自己人，负责我的食宿，当然这点报酬我还是能付得起的。主人夫妇热情地握着我的手说："这就是我们在向你发出邀请了。"家中的孩子们也很快和我打成一片，包括几个小不点，都成为了我的好朋友。孩子们两位上了年纪的姨妈罗丽莎和利蒂雅也和他们住在一起，尽管岁数很大了，却是了不起的两位女士。跟她们讲一些丹麦的故事便是最好的语言训练，因为我必须用法语跟她们交流。她们原本还有一个最小的妹妹，在年轻的时候和丈夫一起离开后便没有回来过。而我则用法语将自己知道的关于她们亲爱小妹的情况转述给她们。我讲得非常烂，不过好像他们都懂了，而他们说的我基本能理解。才8月的时节，早晚的温度却很低了，我屋里的暖气已经开始使用。小镇每年都是如此，有时已经下完第一场雪。而在只隔了几个小时路程的侏罗山下，却是烈日当空，夏日炎炎。一到晚上，整个小镇都陷入一片静谧中，来自大自然的声音也都销声匿迹，只偶尔会听见对岸法国边境处传来晚钟被敲响的声音。

一所被刷成白色的磨房孤零零地立在小镇不远的地方，独特的外观实在是吸引眼球。穿过房子的地下室面对的是一条河流。河水不断地冲刷着巨大的水车轮子，使其转动。我经常会到这里看看。除此之外，还有一个稍远一些的地方——杜博瀑布，那里的景致要更别致一些。我把这些写进了小说《奥·特》之中，当中我细致地勾绘了给我带来美好的勒洛科尔，它是我人生中最难忘的回忆。

　　勒洛科尔小镇坐落在高山上，被大树组成的森林环抱，算得上和平地带，即便这样还是没能躲过政治动乱。大家知道，位于瑞士纽查特尔的卡侬县是属于普鲁士的领地，瑞士和普鲁士因此有了分歧。在远古时期原本和平共处的人反目起来不过是一刹那的事情，他们不接受和议，各自唱着不同的国歌，对立起来。从很小的一件事情就能看清真相。我听过这样一件小事，一个瑞士人家里挂着一个玻璃相框，相框里画的是威廉·退尔拿枪打掉儿子头上苹果的故事。某天一个普鲁士派前来拜访，用胳膊肘把玻璃相框损坏了。瑞士人说："他肯定是成心的。"不过这些政治上的纠纷对我没有任何影响，他们热情地欢迎我的到来，让我过着温馨的家庭生活，我比其他旅行者更加了解那里的生活习惯和风俗。另外，我一直在写我的新书。

　　旅程开始时，这本作品就一直在酝酿，在巴黎待着的那段时间也没有停止。现在思路都已经清晰，关于书的想法也立体起来。对这部作品我寄予了非常大的期望，我想用它战胜其他的宿敌，让他们认可我是一个真正的诗人。作品是由古老民谣《埃格纳特与人鱼》改编，在巴黎我写完了第一部分，第二部分在勒洛科尔完成了。我给它加上最后的导言，寄回了丹麦。要是现在，我绝对不会写上那样的话，《埃格纳特》的境遇也肯定会有所不同。那篇导言最大程度地展现了我当时的个性，没有刻意掩饰。

《埃格纳特与人鱼》是我从小就非常喜欢的，它表现了两个完全不同的世界——陆地与海洋。长大后，我从中了解到生命崇高的景象、心灵的永不餍足，并且开始期待一种与众不同的奇特生存方式。我要把内心这个想法表达出来的意愿已经持续了非常长一段时间。在巴黎的喧嚣繁华里，耳边一直回荡着这首民谣，不管是在林荫道欢快地散步，还是在富丽堂皇的卢浮宫安静地观赏，我都不曾忘却。它像一只看不见的蝴蝶，围绕着我。胎儿早已孕育在腹中，只是我没有感觉到。

告别瑞士

　　侏罗山离巴黎很遥远，山顶的景色华丽宏伟，有着典型的北欧特色。阿格乃特就诞生在这郁郁苍苍的松林和死一般的寂静里。我要把深爱的她送到属于她的故乡去，她的灵魂属于丹麦。让她带给你们一声问好，希望你们能对她亲切一些。任何一个丹麦人在异国都是最好的朋友和兄弟，请把她也当成近亲知己。

　　雪继续下着，窗外的森林被冬天浓厚的云笼罩。山脚下却是另外一番景色，夏日的阳光炽热地照射大地，葡萄早已成熟，爬满了整个支架，玉米也将等待着收获。明天我要起程越过阿尔卑斯山，去往意大利的国度。在那里也许我会做上一个好梦，梦会被我寄往丹麦，因为儿子要向母亲诉说梦境。再会。

安徒生

1833 年 9 月 14 日于侏罗山勒洛科尔

哥本哈根收到我的作品手稿，很快出版了。那篇导言成了人们取笑的对象，特别是关于阿格乃特。他们尤其不喜欢"胎儿早已孕育在腹中，只是我还没有感觉到"这句话，对整个作品也没有多大兴趣，甚至还有人评价说我笨拙地模仿了欧伦施莱格。仅仅因为欧伦施莱格也曾从国外寄回手稿。此外，帕鲁丹·缪勒的《丘比特与普绪喀》几乎和我的作品同一时间出版了。大伙对它的反应要热烈得多，这本小说成功地激活了读者们，引起了关注。对比起来，我这本书中缺乏的东西就更加明显。《文学月评》自然也没有给出赞扬的评价。不过奥斯特德对我的作品不会仅仅只留下此等印象，1834 年 8 月 8 日我在意大利时他给我写了一封信，他非常中肯直率地表达了对这本小说的观点和建议。其实我已经意识到，只是没在当时承认而已。

《埃格纳特》中有着很多的缺陷，但它成为了我创作道路上更进一步的标志。作品中我客观地展现了主观的诗意。我正处于纯抒情到其他风格的过渡阶段，它为我前一阶段的生涯画上了最后的句点。评论界对这部作品的称赞几年之后才出现。他们认为，比起我早期的作品，它多少还是引起了关注，尽管有些稚嫩，但诗的感觉要成熟、丰满多了，内容越发充分，表达的思想也深刻了。后来，我有了把《埃格纳特》搬上舞台的想法，便对它进行改编，希望夏季的时候能让它获得观众的掌声。可惜演出并没有成功。上演的时候我并不在国内，可还是知道黑博格夫人如阿格乃特一般为我精心策划，尼尔斯·盖德为我写出优美音乐，他们尽心尽力造就一场感人的表演，却无法改变演出失败的事实。

不过这些都是未来的事情。《埃格纳特》就像一尊可爱的雕塑，它的本质只有上帝和我真正了解，我带着期望和梦想把它寄向北方。第二天我却要朝着与它相反的方向前行，到意大利开始我的新旅程。

在勒洛科尔我和大家成为了密友，孩子们难懂的方言也无法妨碍到我们。告别他们，令人伤感。他们含着眼泪跟我道别，我还是听不太懂，可心里都清楚，他们把我当成聋子在我耳边大声嘱托。仆佣们也含着热泪，握住我的手和我话别，大妈大婶们送上了特意编织的羊毛手套，让我抵御辛普朗山口的寒冷。

再见了，勒洛科尔！再见了，《埃格纳特》！它们是我诗人生涯的最后见证！

第六章／且行且思

来到意大利

　　十四年前穷小子来到了哥本哈根，十四年之后同样的时节，意大利将敞开双臂迎接我的到来，希望它能给我带来惊喜。我顺着罗纳河谷穿过寒冷的辛普朗山口，一片神奇的自然景色展现在面前。由拿破仑下令修建的岩石路上缓缓行驶着负重太多的马车，他的豪迈气魄随着岁月的流逝烟消云散。温度越来越低，头顶闪耀着光亮的冰川。披着牛皮的牧羊的少年紧紧裹住自己，缩在有火炉的小旅馆里借着火苗取暖。仿佛已经是冬天了，马车再走几小时，便会出现在都是栗树的林荫道上，有温暖的阳光照耀下来，这就是意大利的街景画面。昏暗的山间浮现出湖泊的轮廓，那是位于意大利北部的马焦雷湖，湖中的岛屿看起来就像开放在湖中的花束，娇小可人。天空倒是和丹麦一样，阴沉沉着，灰蒙一片。当夜晚来临，月亮从吹散的云层中探出明亮的脸庞，视野瞬间开阔，风光一片大好。路两边有大片的葡萄架，仿佛举行盛宴一般，一眼望不到尽头。比我想象中的漂亮多了。

　　米兰大教堂是我到意大利见到的第一座艺术建筑，此后我游览了更多的名迹，都远远不及它给我带来的震撼强烈。月光萦绕下，大理石材料的墙体让我拍案叫绝，不知动用了多少艺术家才完成那拱门、尖塔和雕塑。在这儿还能看到阿尔卑斯山被冰川和白雪覆盖着的山岭以及肥美的伦巴地区的绿色田园。歌剧和芭蕾舞剧正在拉斯卡拉剧院上演。在大教堂中聆听着宗教音乐，安静、虔诚地向真主祷告，这是一件多么圣洁而庄严的事情。

我遇到了两位同乡，我们一起离开了这座璀璨壮观的城镇。驾车前往热那亚经过平坦的朗巴德地区时，仿佛看到家乡的绿色岛屿，它们同样美丽、丰饶。让我感到新鲜的是这里的玉米地和翠绿的垂柳。不过比起阿尔卑斯山，现在要穿越的山脉太过渺小了。到达目的地热那亚之后，我们第一次看到了国外的大海。

　　从阳台上的栏杆远眺蔚蓝的大海，无比亲切。丹麦人是非常热爱大海的。即便是第一次见到的陌生海洋，却让人感觉如故交一般。晚上我们去寻找热亚那的剧院，原本以为很容易，因为这里只有一条主街道，而剧院这么高大的公共建筑物，就在街边上。不承想街上矗立着无数宫殿，一个比一个雄伟，找到它可费了一番工夫。剧院前有一尊巨大的大理石雕像，主人公是阿波罗，这尊艺术品晶莹透白，好像密集的雪花耀眼地飘着。恰逢《爱神爱莉舍》这部多尼热地区的新歌剧在这里首次演出；接下来还有一部芭蕾舞喜剧上演。这部芭蕾喜剧非常有趣，长笛的伴奏响起，舞台上所有东西都渐渐开始起舞，结束的时候连最高委员会和挂在墙壁上的画也跟着舞动起来，很奇妙的构思。后来在童话喜剧《沙人》里我就借鉴了这个手法。

　　"阿森纳尔"号是一艘低舷大帆船，上面一共有六百多名囚犯，他们生活、工作都在船上。得到海军部的书面许可后，我们上了船。船上内部监狱的墙上挂着一排铁链，作用是在囚犯休息的时候把他们锁住；一溜木板床沿着墙边放着，这是宿舍。有几个带着锁链的囚犯待在病房里，其中三位蜡黄的脸色和凝滞的眼神让我记忆犹新，他们就快死了。有一个囚犯从床上半抬起身子，轻蔑地朝我笑着，向我投来恶狠狠的眼光，满眼的邪恶。他肯定以为我们是来看热闹的游客，来这里满足自己的好奇心，看他们过得如何悲惨。一个苍老的瞎子也躺在里面，他已经无法承受身上锁链的重量。船的下方是工作坊，分不同的工种，囚犯每两个锁在一起进行工作。他们也许要在这里待上一辈子了。我注意到一个特别的囚犯，他穿着同样款式的囚服，红衬衫和白裤子，质地却要精良得多。他是一个年轻人，没有被铐上。他要在这条船上服刑两年，原因是偷窃钱财，还有欺骗。他有一个富裕的家庭，他坦诚待告诉我们，他白天不需要干活，也不用被锁上，妻子定期会邮来生活费用。不过到了晚上，他同样要被锁在那张木板床上，犯人们总是喜欢嘲笑他，即便他吃穿不愁，却还是要和他们生活在一起，受他们的讽刺和挖苦。

旅途中最美丽的景致出现在从热那亚顺湖往南行的第一天。山坡上的一片油橄榄林中热亚那耸立其中。花园里有甜和苦两种口味的柑橘树，结满了果实，闪亮的柠檬树青翠欲滴，这里就像一幅春光无限好的油画，叫人难以忘怀。此刻的北方可是一片冬天的景象，能够看到如此春光，怎不叫人激动呢？常春藤爬满古桥的桥身，一群头上戴着红色头饰的渔民在海边忙碌，许多座精致的别墅沿着海边建造，点缀着海岸线。海面上行驶着白色帆船和冒着烟的游轮，船身反射出耀眼的光线。不一会儿，远处出现一片朦胧的蓝色的山峰，那是科西嘉，拿破仑在那儿出生。塔形建筑底下三位留着银白色长发的老妇人，在一棵枝繁叶茂的大树底下纺着线，白发散落在她们金褐色的肩膀上。

意大利的自然美景让我留恋。有人担心接下来的经历以及见闻全是叙述性质的，都以这种方式诉说我的人生，可能又将遭受到非议，不过马上就能看到那些在旅途中遇到并给我留下印象的人。另外，这是我第一次出国旅行，所见所闻都给我的灵魂和思想带来了很大的震动，特别是自然和艺术品。比起外界长期留给我的印象，这段新的生活历程给我的启发和震撼要深切得多。这里的田园风光让我陶醉，在黎凡特我度过了非常美妙的一晚，旅店紧邻大海，巨大的海浪冲洗着礁石，浪花在沙滩上翻滚。天上的云彩好像被涂上了红色条纹，让山峰也变得多彩。常春藤吊起一团团树状灌木丛，就像一筐筐被收获的葡萄。

在比萨和佛罗伦萨

在摩德纳公爵生日的当天我们到了卡拉拉。为庆祝公爵的生辰，装饰的花环布置了所有的房子，爱神木的树枝被插在士兵们的帽子上，耳边还传来加侬炮轰隆的声响。我们很想去采石场参观：一条波光粼粼的小河从紧挨着集镇外的路边淌过，到处都能看到如星星一般的白色大理石碎片。开采出来的有白色和灰色大理石两种，偶尔在里面还能发现水晶的踪影。在我眼里，它却是一座魔山。远古的大石头里禁锢着男神和女神，只有伟大的魔法师托瓦尔森和卡瓦诺这两位分别来自丹麦和意大利的雕塑家能够解救他们，让他们重获人间，他们只需等待。

我们已经见过不少稀奇事和美丽的自然景色，意大利给我们的印象就像尼古拉家族，大体很相似。这里让我感到意外的却是我们必须习惯这里的一些不同方式——在旅店时我们经常被要求出示护照，短短的几天被查了不下十次，还要求必须在上面签名画押。我想我们是被骗了。因为马夫走错道，半夜三更我们才到了比萨。进城要经过一系列冗杂的检查，花费不少时间后我们才顺利的地了城。街上没有路灯，唯一发出的光亮来自于马车夫手中的火把，那还是他在镇口买下的。靠着这支大火把引路，我们才顺利地走了下去。

到达目的地阿伯徇·德·乌萨罗费了我们不少力气。我在家信中写道："我们前一天在粪堆上睡觉，第二天就到了男爵的城堡里，好像吉卜赛人一般。"我们现在住的地方的确是男爵的城堡。可惜我们实在是太累了，只有睡觉才是最重要的事情。城里有着不少好的景点，教堂、洗礼堂、公墓以及著名的斜塔。戏剧《魔鬼罗伯特》中，公墓经常被使用到，剧院画家通常会用它来布置修道院的场景。公墓拱道里的纪念碑和浮雕其中有一块是托瓦尔森的作品。这块浮雕的内容表现的是《圣经》中"多比亚斯治疗盲人父亲"的主题，他把自己勾画成年轻的多比亚斯。我们还攀上了不在计划内的比萨斜塔，圆柱形的塔身，许多根柱子环绕在周围，顶端没有护栏。朝向大海的塔身上，上面的铁质物件因为海风常年侵蚀的原因已经腐锈不堪，石料也要松软得多，整座塔是泛黄的颜色，很脏的感觉。从塔顶远望，可以看到利古里亚海滨的里窝那。现在想去那里坐火车很快就行，而那时，在马车上坐那么远的路程可不会让人感到舒服。

我们的导游没有一点用处，他说的我们都知道。他最有趣的地方是八卦，"那家没开门的商店住着一个土耳其人"，"有人拿走了教堂里原本挂着的一幅画"以及"刚刚经过的那个人是个大款"。他领我们去看犹太教堂，根本不像"欧洲最精美多彩"的宗教建筑，更像一个证券交易所。人们戴着帽子随意进出，大声说话，让我很不舒服。椅子上站立着邋遢的犹太小孩，几个犹太教士在讲坛上咧着嘴对犹太老人笑着。上面的走廊中有一个个精巧的格子，里面藏满了女人。这里吵闹熙攘，没有任何一丝神圣感。观赏日出是在里窝那最快乐的一件事情。太阳升起的时刻，云变成了火红的颜色，海水波光粼粼，连山峰都被染上了颜色。

佛罗伦萨是整个意大利的象征，很快我们到达了这个华丽辉煌的城市，终于可以一睹它的艺术奇迹。

我并不怎么会欣赏雕塑。我在丹麦甚至见都没有见过。在巴黎的时候也只是像游客一般随意过了几眼，没有见到能让我产生灵感和激情的画作。在佛罗伦萨，美术馆中装满了名画，教堂里拥有着无数纪念碑和精美的艺术品，参观完后我艺术的细胞才真正被叫醒。我站在《美第奇的维纳斯》前不愿离开，我全身心都在体会着艺术奇迹，不可自拔。

她圣洁、高贵、美丽，是神创造了她，她升起在大海的泡沫中。人世间肉身消亡，爱情永恒存在，爱之女神永远长存。

参观美术馆成了我每天都要做的事情，每次我都会被"维纳斯"和"尼俄柏"群雕所吸引。我感受到这组举世无双的雕塑中蕴含着一种永恒的真理；它们放置的位置都相差一段距离，穿行在当中，让我仿佛也成了它们的一体。雕塑中，有一位母亲抱着女儿的头颅，想用石头削成的长袍挡住即将射向女儿头顶的箭。我还看到了拉斐尔的圣母玛利亚像。这里就像一座艺术的宝库，一件件精美的艺术杰作让我对瑰丽奇妙的艺术有了新的认识。从前我没有对此有过特别的印象，也许是因为见到的都是图片和石膏模型，所以无法体会到其中蕴含着的艺术底蕴。而现在，我的艺术灵魂仿佛得到了新的升华。

拥有许多巨大的大理石碑的圣克罗大教堂是我参观的最重要的教堂。米开朗琪罗的灵柩周围，被无数极有特色的雕塑、绘画以及建筑物所环绕；但丁的纪念碑也立在其中，尽管他的墓在拉维纳，诗人的巨大雕像眺望着整个意大利，诗歌是诗人最好的灵歌；意大利戏剧家阿尔菲耶里公爵的雕像也放置在此，那是卡诺瓦为纪念他而创作的，公爵像戴着面具，还有一只里拉琴和月桂花环装饰在上面；还有伽利略和马基雅弗利的墓，尽管没有特别宏伟的气派，却丝毫没有影响它们散发出的神圣感。

看到拉斐尔眼中的景色

某天，我们三个一起去拜访另外一位同乡——雕刻家桑尼。正当我们在他居住的区域大声交谈时，一位男人走来用丹麦语问我们："先生们找谁？"他只穿着衬衣袖筒，围了一条皮围裙。原来他是一位来自哥本哈根的锁匠，已经在这里定居了九年，并和一位法国姑娘结了婚。我们向他讲述了一些关于家乡的事情。

离开的时候我们决定顺路去特尔尼瞅瞅那里的瀑布，再去罗马。这次旅途实在是受罪，白天被太阳晒个半死，晚上还要跟无数只毒苍蝇和蚊子战斗。这次这个穷马车夫不但没给我们提供便利，还在一路上给我们造成了许多不便。旅店里的窗子和墙上被人涂上了许多关于意大利名迹的赞美之词，但这种行为对它们是一种轻渎，这并不能代表什么。我只知道，这片土地给我带来了很多美好的回忆，我打心眼里热爱它。

穷马车夫的马车还能将就，它带着我们从佛罗伦萨开始了一段痛苦的旅程。准备出发的时候门外突然出现了一个人，看起来有些像《圣经》中的伯约，浑身散发着一股难闻的气味，还在用陶瓷片清理着身体。他围着车绕了很多圈，表达着自己要上车的意图，被我们坚定地拒绝了。还在僵持的时候，马车夫告诉我们，这是他的第四个乘客，是一位罗马的贵族。我们只好让他坐了进来。可是他从上到下的衣服没有一处干净的地方，和他在一个车厢简直坐如针毡，浑身不自在。一到下一站，我们就向车夫表示，如果他还和我们一起我们就不去罗马了。手舞足蹈比画了好久，这位绅士才坐到了车夫旁边的位置上。天突然下起了大雨，我心里有些愧疚，不过我们没办法和这个家伙坐在一起，也只能让他淋淋雨了。

路上有不少散发着浪漫情调的景色，就是阳光太过恶毒，还有一群群恼人的苍蝇在头上飞舞，吵得人心神不宁，我们只好用香桃木来驱赶它们。马比我们更惨，苍蝇不停地扑向它，仿佛看见一块腐肉一般。晚上我们住在黎瓦纳的一家小旅店里，旅店难看又简陋。我看到那位贵族一边帮店主收拾晚上要吃的鸡，一边借着烟筒边的火烤着身上湿淋淋的衣服，还不停地诅咒我们早晚会有报应。报应来得很快，睡觉的时候为了透气，我们敞开了所有的窗户，结果第二天起来，我们身上鼓满了被蚊虫叮咬的大包，有些已经被抠出了鲜血。大致数了下，光我一只手臂，至少起了五十七个包。脑袋还有些发烧，真是痛苦不堪。

第二天经过了同样有着美丽田园风光的卡斯蒂里奥内，橄榄树和葡萄架随处可见。可爱的孩子们赤裸着身子，白发的老妪正在给几只皮毛发亮的猪喂食。在特拉西梅诺湖边我第一次见到了野生月桂树，汉尼拔曾经在这里战斗。在罗马教皇管界的海关验完护照和行李后，我们在阳光的照耀下继续前行，在这里我看到了人生中最灿烂的色彩。可是我们居住的旅店是旅途中最大的噩梦，旅店门外就是沼泽地，上面灌木丛生，地板布满了坑洞，老板娘咧嘴笑的样子就像一个丑恶的巫婆。她的罩衫总是脏兮兮的，每次给我们上菜，都要往地上吐口浓痰。

之后写《幸运的高筒橡皮套鞋》时，我还曾联想到这家旅店可怕的场景。抵达佩鲁贾是在第二天的一早，当初佩鲁吉诺就是在这里教拉斐尔绘画。师生两人的作品今天我都见到了。我和拉斐尔看到的是同一片景象，当视线越过山顶的橄榄树林，山明水秀引入入胜。这些也被反映在拉斐尔的作品中。奥古斯都大帝建造的凯旋门到今天都还屹立着，一如刚刚建好的样子，他也曾看到过人们为了修建而搬运方石的情景。黄昏时分，我们抵达佛里尼奥，这座小镇比我们想象中要破败得多。前不久发生的一场地震让墙上布满巨大的裂缝，还有已经坍塌的房屋废墟，主街道上的房子仅仅靠着架在房屋中间的横梁支撑着彼此。雷阵雨忽然来了，只能不舒服地窝在旅店里。旅店的食物实在难吃，只好饿着肚子等着天晴。

屋里的窗户被狂风吹得拼命地晃动，发出难听的摩擦声。一位年轻的德国小伙哼唱起讽刺的歌曲："说不定还会有一场地震，将整个城市夷为平地。"幸好地震没有发生，我们香甜地睡了一觉。第二天午后，我们来到被月桂树、迷迭香包围着的特尔尼瀑布，高处的地方还有茂盛的橄榄树林，瀑布被环抱在中央，神奇又壮观！实际上这瀑布不过就是一条小溪，飞流下悬崖的时候四散的水花升腾起一片水蒸气。在阳光猛烈地照射下有些发红，而太阳下山后，就变得阴暗无比。回程的途中我弄丢了同伴，和一个美国青年一起穿过黑漆漆的橄榄树林，在路上他一直讲尼亚加拉大瀑布、密西西比河谷的大草原以及库珀的小说，很有意思。等我们到达旅店的时候，夜幕即将来临。

第二天的路面还是湿漉漉的，四周也没有什么能入我们眼的景致，兴致没了自然就感觉到劳累了。尼比是座很脏的小城，我们住的旅馆也同样肮脏。晚饭后随意徒步走着，却意外发现城外一堆废墟边上有一个瀑布，从悬崖直泻下来，砸向不见底的深谷。我无法忘怀这个场景，后来在小说《即兴诗人》中，安东尼奥最后一次凝望弗尔维亚的脸时就选在了此处。

在罗马参加拉斐尔的第二次葬礼

罗马已经近在眼前。出发的时候天空下着毛毛细雨,我们经过索拉科特山,贺拉斯曾经在诗中咏颂过它,进入了坎帕尼亚平原。不过这里美丽的景色和奇异的山峦并没有引起我们的兴趣,每个人都只想着赶快到目的地好好休息一下。不过,当我们抵达达拉斯托塔山的顶端时,我和其他游客一样兴奋;有很多北方来的游客都是从这里远望罗马城的第一眼,人们互相诉说着自己的旅途见闻,还有跪在地上虔诚祈祷的香客们。不得不承认,当我看到罗马和圣彼得的那一瞬间同样无比激动与庄重,我向着天空大声喊叫:"感谢上帝!马上就能填饱肚子了!" 我们在 10 月 18 日的中午最终抵达了罗马,一踏上这座属于世界的城中之城,我就感觉到自己原本就属于这里。就在这天,拉斐尔的第二次葬礼正要举行,这可是一件百年不遇的重大事件。一具据说是拉斐尔的头颅骨一直在生路加学园收藏并展览,不过近年来有人开始怀疑它的真假。在教皇格列高利十六世的允许下,先贤祠——也就是现在的圣玛利亚·德拉圆顶大教堂的墓穴被打开,里面是一副完整的骨架;这次要重新将骨架安葬。取骨架的时候,只有卡姆契尼被允许可以画下现场。当时住在法国学院的贺拉斯·维乃特完全不知道这规矩,当场用铅笔画出一幅素描。教皇警察制止他的时候,他平静地反驳:"凭着记忆我回到家也能留下一些纪念吧?"警察无可奈何。

贺拉斯从中午十二点开始，花了六个小时把拉斐尔的葬礼画成了一幅精巧的油画。他想把画印出来，便进行了制版，结果却被警察没收了。贺拉斯生气地向警方致信，要求他们二十四小时内将印版归还，还愤怒地表示不能像盐和烟草一样把艺术也给垄断。最终印版被退回，却成了两半。于是他寄了一封激烈的信给卡姆契尼，连同那幅被损毁的印版，他强调这样做的理由并不是想要伤害他。卡姆契尼最终把拼好的印版寄回给了贺拉斯，还有一封非常友好的信，他表示他的确不能出版他的画作。现在拉斐尔的墓倒是谁都可以画了，摹本也很快大批量地出现。

参加拉斐尔的葬礼成了我们在罗马的第一个行程，多亏老乡弄来了观看典礼的票。装着骨架的棺材被金黄色的布盖着，安放在铺满黑布的高台上。《圣经·诗篇》第五十一篇《真诚的崇拜》被牧师们唱起；朗诵完毕的献词被放进棺材里；当参加葬礼的人们绕着教堂行走时，耳边传来了唱诗班打动人心的歌声。队伍里包含所有最著名的艺术家以及头面人物和各界名流。就在这里，我第一次见到了托瓦尔森，他也在当中，持着蜡烛，缓缓跟着队伍行进。下葬的时候却发生了一件煞风景的事情。要先把棺材的一头放进去才能成功地让它整个进入狭窄的墓穴，可是这样原本精心摆放整齐的骨架就滑动了，坐在一旁的我们甚至听见了尸骨在棺材里哗啦啦的滚动声，庄重肃穆的气氛一下子破坏了许多。

我仿佛生在罗马一般，在这里像在家一样轻松自如。克里斯滕是所有老乡里对我最好的一位，他专门给人设计奖章，之前我们并不认识，他喜欢上我是因为读了我的抒情诗。他带我去拜见托瓦尔森。当时，在菲里斯路的老家中，托瓦尔森正在为浮雕《拉斐尔》而忙碌着：一片废墟里浮现出缪斯和哈耳摩尼亚浮，废墟中坐着一位画家，正在描画着；画板被爱神一手托在手里，另一手持着的百合花代表他过早地离世；忧伤地注视着他的守护神手里拿着火把；而胜利女神在头顶为他准备了花环。托瓦尔森兴致勃勃地向我们解说他的构想，还谈起了拉斐尔、卡姆契尼和贺拉斯·维乃特，以及昨天的葬礼。他自己掏钱买了许多名家的绘画作品，准备在死之后送给丹麦。托瓦尔森是一位诚挚、坦诚又热情的伟大艺术家，离开的时候，我非常不舍。尽管他说我们有的是机会见面，我还是差点流下伤感的眼泪。

另一位飞快地对我表示好感的是曾写过几本关于意大利风光的书的同乡——路德维格·波德切尔，他的描写非常优美。他学富五车，热爱自然，把艺术当成了生活的全部，在罗马平静地生活了许多年。他熟悉这里的一切，他几乎成了我的向导，总带着我去体验让人觉得非常有意思的事物。我还认识了一位非常忠诚的伙伴库切勒，他诙谐有趣，总是有着说不完的笑话，整个人都充满了青春的活力。他画了许多意大利风光画，精美又带着一点俏皮的元素。他那么强壮热忱，是我最忠实的朋友。可是我从未想象到，他最后的归宿是在西里西亚一个小修道院。几年后我再到罗马见到他，已经感受不到那充满活力的气息，幽默感也贫乏了许多，偶尔才会展露一下；而 1846 年我第三次来到这里时，他已经成为只画宗教题材画的天主教徒。几年前，庇护九世将他任命为托钵修士，之后他赤着脚经德国到了普鲁士联邦的一所穷困小修道院里。画家库切勒已经不存于世，只有方济格会修士彼得罗·德·圣比奥还在人间。我想他肯定是误解了仁慈的上帝，才走上了这条极端曲折的道路，他想用这种方式寻求幸福与和平。我总是会想起最初在罗马时我们一起度过的快乐时光，他曾经是一位那么讨人喜爱的朋友，愿上帝庇护他，祝他如愿得到和平与幸福。还是有一些心酸的回忆留在了这座属于我梦中的城市。

令人羡慕的罗马艺术圈

哥特式的生活方式还停留在现代罗马人的脑海中。艺术家们欢聚一堂，不分彼此你我，俨然就是一家人的相处方式，这对我来说简直闻所未闻。

除法国学院派领军人物贺拉斯·维乃特统领下的法国圈子外，还有一个斯堪的纳维亚人和德国人组成的团体。在那个叫做"莱普若"的酒馆里，哪个国家的人都有各自的桌椅。夜晚，瑞典人、挪威人、丹麦人与德国人相聚围成一个团体。在那里常见到一些德高望重的前辈，风景画家瑞因哈特和科赫就经常莅临。其中还有常来的托瓦尔森。瑞因哈特诗人般的眼睛欣赏着意大利的天然景色，流连自己的国家，他的艺术终生为着巴伐利亚而服务。他这样一大把年纪，但焕发出的精神看着就是一个年轻人。他坐在那儿，两眼放光，满头银发，一笑起来，声如洪钟，激情回荡。丝绒夹克和一顶红色的羊毛帽子是他标志性的打扮。托瓦尔森常披的那件陈旧外衣领上别着"巴卓克规则"——加入这个聚会圈子的必有标志。一天晚上，有个新成员向大家敬酒，这叫"蓬塔·莫勒"。新加入的人就被授予"巴卓克规则"，在今后出现在这些场所时都要把一枚铜币戴在纽扣眼上。更有趣的穿着和戏剧般的场景也层出不穷，有位被选为"将军"的青年艺术家，来的时候穿着胸前用别针别着的金色硬纸板的一身虎皮制作的军装，手里握着刽子手使的那种长柄斧和一大把箭。紧随其后的是一位抒情歌手，怀里抱着一把大大的吉他高声吟唱着"蓬塔·莫勒"的夜晚。这是流传已久的风俗，我们有位同乡说在罗马也遇见过这样的歌手，用通俗易懂的语言歌唱，这种形式就叫"蓬塔·莫勒"。歌唱演员还在那里的酒店向他敬酒。但这种形式已经在潜移默化中有所改变，它已经成为咖啡馆生活的一个组成部分，但罗马还保持着这种接待朋友的风范。

我在《诗人的市场》一书中写道，我们粉饰得最美丽的节日就是圣诞节，1833年的那个平安夜，我们过得非常刺激、快乐，充满着节日的气氛。圣诞前夜，我们绕过城里不允许狂欢的规定，在临近城外圆形剧场博格塞家族别墅的花园里租了间大房子。我和画家詹森、奖章设计者克里斯腾森赶早提前到了那里，在温暖的朝阳的怀抱中，我们集体制作编织花束、花环，还把一棵硕果累累的大柑橘树装扮成圣诞树。为此我交了好运，赢得头奖，得到了一个上面刻着"1833年圣诞前夜于罗马"的大口的银制酒杯。所有被邀请来参加的客人都要出一份要求精心挑选讲究的礼物，至少得有点特别意义，比如包装，或上面有纪念意义的刻字，等等。我带来的礼物是从巴黎精心挑选的几个鲜艳的项圈，除了参加化装舞会，别的地方利用率却不高，我打算把它们巧妙地利用一下。但我知道读者们马上会注意到玩笑开过了头，平安夜在喧嚣的吵闹和痛苦中杂乱地结束了。在我看来，托瓦尔森是我们当中最重量级的人物，把花环献给他，不会有人提出反对意见。项圈的黄色代表忌妒，这下派上了用场。

我们能从泰勒的《托瓦尔森的一生》一书中知道，贝斯托姆和托瓦尔森在艺术上各有千秋。贝斯托姆认为，托瓦尔森在浅浮雕上有优势，但群雕却是他的强项。托瓦尔森勃然大怒，气急败坏地怒吼："就算你把我的手绑起来，我用牙啃大理石也比你雕刻得好。"

托瓦尔森和贝斯托姆两人都收到我们的请帖，参加了我们特别准备的圣诞聚会。我为我的同乡准备的礼物是我精心编织的花环，还在上面即兴赋诗一首，放在旁边的黄色项圈中，谁抽中谁得。碰巧贝斯托姆抽到了项圈，上面幽默地写着给获奖者的献词，内容是："你只能保留代表忌妒的黄色项圈，因为花环是献给托瓦尔森的。"不想这个弱智的游戏或恶作剧瞬间使现场的一切变得混乱。还好，人们很快地善意地理解到，贝斯托姆也只是碰巧抽到项圈，而这个礼物是我做的——没有人会相信我这个老实人会有什么真正的恶意——一切又恢复到自然的平静，氛围又变得轻松、和谐。

我生平第一次使用斯堪的纳维亚文写了一首诗。在罗马，圣诞节理所当然应该是斯堪的纳维亚人的节日，可斯堪的纳维亚人却对此有些不以为然，热情并不高涨。我把这首诗的名字起为《1833 年罗马斯堪的纳维亚的圣诞歌》，曲调上是按照《年轻英格兰国王站在审判席》写的。

来自哥本哈根的嘲弄

这段时间，我收到一些来自丹麦的信件，对我旅途中的创作致以尖酸刻薄的评价。

"从本质上说，你考虑得有点自私狭隘了。在你看来，人们似乎皆钟爱你描述的东西。你高估了你自己，对于公众，至少对于批评界，应该没有任何理由让你出现错觉。就我对你的解读，安徒生，你会异常平静地、扬扬自得地答复曰，'是的，读了《埃格纳特》以后，你们必然要纠正原来的观念，会挖空心思地想了解旅行对我产生了何种影响，我是如何变得成熟，等等。因为你先前的来信中流露出类似的思想。但我还是以非常怜悯的心情跟你说，你错了。只有年迈的安徒生最适合写出《埃格纳特》这样的作品，依然天真幼稚，但我们在其早期的作品中已经耳熟能详了。我坦言，《埃格纳特》能让我流下多少眼泪，但我不想看。我的泪腺已然厌倦得枯萎了。"

"读完这封信你应该幡然醒悟了吧，这不仅仅是我独家之言。你还没认识到吗？如果是这样你真的就确实很不幸，因为这是众人的共识。看在上帝和你自己是个诗人的荣誉的分上，悬崖勒马吧，休整一段时间，至少得有半年的醒脑过程。拿出一半的精力和时间在旅途中好好享受自我，多多学习吧，另一半时间和精力做同样的事。虽然你现在正在阅读米罗茨的《世界历史》，想从中学习历史，掌握知识。白费心机！也许你会反驳，你是靠写作来维持生计。嗯，毋庸置疑你的确很艰辛。但你两年时间不写作，你漫长生命中的两年时间不动笔，应该能做到吧。虽然我清楚地认识到，用你得到的这笔钱再维持两年的生计有点难。"

明白无误地说，这封信确实让我无比懊恼。许多年过去了，今天，一切问题都已解决，我也能心平气和地审视过去，我深知他们对我的感情是多么的深厚。可在当时，这封信比其他任何一个在家乡忘形于蔑视和排斥我的人对我的打击和影响都要大。因为这封信，我被打得晕头转向。我怀疑还有上帝的存在吗？放弃了对他老人家的一切念想。死亡的恐惧此时笼罩着我，这是基督徒不该有的想法。难道世上就没有一个人说点鼓励的话，对《埃格纳特》友好点吗？呕心沥血创作出的作品让人嗤之以鼻，视同厕纸？不过，有一个人，是莱索夫人，她的话很公道，摘一段她的信：

《埃格纳特》远没有达到成功的效果。这是我说的，但你听到了那些让你伤心欲绝的话，就把它当作是无理的诽谤。许多段落书写得还是引人入胜，只是没有抓住主题。这是我的理解。在你动笔之前，我就有过担心。对于丹麦人来说，你的'埃格纳特'好似蝴蝶般可遇而神圣不可侵犯。你如此处理'埃格纳特'本身还是值得肯定的，但对她周围一切的描写还有待商榷，显得过于笨重了。她毕竟不是雄鹰，振翅高飞不是她的本意。

双重打击来自家乡的评论以及作品遭到排斥，我的身心遭受了无比的摧残。紧随其后，又传来了年迈的母亲去世的噩耗。科林第一时间把这个不幸的消息通知了我。"感谢上帝，她终于可以不再受罪了。我无法分担她的痛苦，我很无用、很无奈。"我悲痛万分，痛哭不已，我现在是一个没有母亲的孩子了！我意识到，再没有人能给我以骨肉血缘的爱。越想越悲痛，止不住的眼泪肆无忌惮地横流。难道对她来说这是最好的事吧。我擦干眼泪，有了一个感觉，因为我的能力无法让她能享受余生，而她在祝福我的好运里幸福地死去。每个伟大的母亲都相信自己的孩子会获得成功。

莱索夫人在信中还提到：

"你母亲去世的消息我想你可能从那些关心你的人那里得到了信息。她到上帝的福地那里去了，那里是她心灵之所的福地。我了解她的，我想她是愿意去的。照尘世间的理解，高处不胜寒。那里才是安康吉祥之所，她会在那里幸福地安息。友爱和平将永远伴随着她。你千万不要觉得人世间不再有'喜欢你的人'爱你，因为还有我，一个像母亲一样喜欢你的女人，她也喜欢孩子。我已经欣然地把你当做我的孩子中的一分子。接受吧，我的孩子！"

这富含诚挚爱意的字眼，是多么让人舒心的祝福！在我举目无亲、走投无路的煎熬中，这无疑是最有效的强心剂，是多么强大的依靠。人在失去亲人时会换来众人充满爱意的慰藉和同情，每个人都懂得这个礼数。在《死国的来信》里攻击过我的诗人亨里克·赫兹也对我表示了慰问，虽然他是最后一个。科林写信告诉我，赫兹在他那里听说我们作为朋友见过面，他很是高兴。

和朋友们前往那不勒斯

我在格列柯咖啡馆见到了赫兹，他是初到罗马。在相互问好后，我们交谈起来，主要是关于我作品的一些建议和想法。奇怪的是，他先劝我别把不公正的批评往心里去。他提到《死国的来信》，让我别介意不公正的批评。他认为我的作品过于煽情，有点不够立体的平面化的浪漫，并表扬了我对自然的描写手法，说从中还是显示出我的与众不同，喜欢我是因为我有天赋。他鼓励并安慰我。在作品没有得到大家真正认可之前，经受多一点磨难甚至炼狱的洗礼，才能逐步地慢慢地悟出艺术王国的真谛。

几天之前，赫兹和托瓦尔森在一起时说起我在家乡读《埃格纳特》的事。他坦然对我这部作品整体上没留下什么印象。只是部分抒情段落还是有所借鉴。但国内认为其形式上的问题也是事实，但作为叙事诗歌却缺乏应有的感召力。欧伦施莱格的《苍白的骑士》中的"阿格与爱尔司"同样没处理好。我用《阿克塞尔和威尔博格》优美的悲剧作为反驳，并不十分赞同他的观点。我向他陈述了我的观点，而托瓦尔森却一直坐在那里一言不发地用心听着。我想他一定有自己独到的见的和充满智慧的想法。当我们两人四目相对时，他微笑和蔼地冲我微微地点了下头，感觉出他的高兴。我的手被他按住了："你的作品无论整体还是分章，让人享受到和谐的乐感，都让人想起了丹麦独有的特色。"

我真正开始了解托瓦尔森是到了罗马之后。哥本哈根的 1819 年，那时我还是一个孩子，而他已经在那儿了。那时的他作为一个穷困潦倒的艺术家，是首次返回故土。我们邂逅于一条街道。与这样的艺术界的重要人物巧遇，我仰视着他，恭敬地举起帽子。我们擦肩而过，他却回头与我交谈起来，其中他对《埃格纳特》的评价，说它"是由家乡的森林和湖泊孕育出来的"。

有一天，满怀心事的我被他揽过脖子，鼓励我开心点儿。当听说我被一封国内的信打击后，他顿时怒气冲冲地说批评国人的不公正，并鼓励我坚持自信，最终一定能走出这段阴霾。

被禁止三年的罗马狂欢节开始了，场面异常火热，热闹非凡。人们尽情欢乐，街道张灯结彩，喜庆的节日，连"莫高丽"也被允许了。在这片喧闹中，我缺少了那份激情，一种来自家乡沉重的浪涛冲刷掉了我的激情青春。

我前往那不勒斯的旅程是在狂欢节过后。同行的还有赫兹。他是我的良师益友，我对他的评价比以前宽容了许多，我相信这是有理由的。

我们充分地沐浴着清爽明媚的春光，翻越了阿尔班山、蹚过沼泽地，来到生长着很多柑橘树的泰若齐纳，躺在路边花园里的草地上，闻着青草散发的沁人心腑的芳香，欣赏着我第一次见到的棕榈树。悬崖上意大利东哥特君主国创建者狄奥多里克大王的城堡废墟被枝叶繁茂的印度无花果遮蔽着。巨大的石墙、月桂树和香桃是我们每天必见的。开放的赫斯珀里德斯公园从莫拉德盖塔的西塞罗别墅里清晰可见。伴着和煦的春风，我漫步在巨大的柠檬树和苦橘树下，投进湛蓝的大海的是亮晶晶的果实。晃动的海浪在太阳的辉映下，闪烁着波光，让我们流连忘返，不觉一天已悄然过去，抵达那不勒斯时恰好有幸欣赏到维苏威火山喷发时的壮丽奇观。冒着烟的熔岩沿着黑色山脊流淌下来，好像一条带火的巨龙。我和赫兹夹在几个斯堪的纳维亚人中，火山喷发的地点仿佛近在咫尺。几处孤零零的房子散落在通往山间的路边和葡萄园中。顷刻间，这里的植被便只剩下灯芯草之类的植物了。夜景曼妙生姿的那不勒斯，夜晚美丽至极。

参观维苏威火山和庞贝古城

踏着一层厚厚的火山灰，我们从修道院开始徒步上山，狂喜的我处在一种兴奋中，高声地唱着卫斯那段优美的乐曲，以第一名的胜利者的姿态到达山顶。眼前豁然开朗，火山口的正上方悬挂着美不胜收的圆月。乌黑发亮的浓烟争先恐后地冲出火山口，被抛到空中灼热光亮的石块再垂直掉下来。山体在我们脚下颤动。每一次喷发，月亮都会被烟雾遮盖，夜就变得伸手不见五指。惊呆的我们只能原地不动地站在巨大的岩石上，一动不动。脚下热乎乎的，新一轮喷发出来的岩浆顺着山势向大海流去，正是我们要去的方向。还敢去吗？去就要冒险踏过一股刚刚凝固的熔岩，透过只是表面一层变硬了的熔岩的缝隙就能窥见表层下面燃烧的红彤彤的岩浆。

向导引领着我们小心翼翼地向这片熔岩进发了。阵阵热浪透过鞋底传升上来，如果脆弱的表层外壳被踩破，我们就将葬身火海。人群悄无声息地走着，走到一块由散落在山边的岩浆形成的巨大熔岩层，一群陌生人与我们会合，一起观看喷涌的岩浆，好似煮沸的粥一样流下山坡。刺鼻的硫黄味在空气中弥漫，脚下的热度让我们变成热锅上的蚂蚁，虽然只有几分钟，但这次奇遇的一幕却深深地刻画在我的脑海中。火山口的岩浆喷涌时的山呼海啸混杂在四周是一股一股升腾的火焰，仿佛森林中有一大群鸟冲向天空。燃烧的石块如瓢泼大雨般往下落，阻碍着我们登上火山堆的想法。我们从山下穿过犹如在热锅里沸腾的火山灰，站到现在这个位置，费时一个小时，路途不长，却寸步难行。还好，下山的路不到十分钟。如同孩童游戏的我们顺着坡体滑行，偶尔要把脚后跟钉死在地面上，一个不留神就会马失前蹄滚下山去。所以选择仰面朝天摔在软软的火山灰里还是比较舒服的。这个下山游戏就像空中降落。

没有风的天气分外宜人，闪光的熔岩把黑色大地映衬得犹如巨大的星群，皎洁的亮色来自于月光的涂抹，家乡正午的斯堪的纳维亚阴郁秋日与之相比也逊色不少。我们到达波蒂奇时，所有人家四门紧锁，空听街道没有一个人影，雇马车？痴人说梦！还好，在这美妙的天光里徒步回家，也是一种很惬意的享受。我陪扭了脚的赫兹走在后边，前面的人一会儿就没影儿了。明亮的月光洒在白色的平顶屋上泛着荧光。赫兹说，我们这一路上好像是走在《天方夜谭》里荒凉的城市，看不见一个活物。我们当时饥肠辘辘，没法总谈吃的东西，只好谈诗，眼见着全体打烊了的小吃店，硬撑着走向那不勒斯。蜿蜒曲折，波浪起伏的山峦在月光下闪光，好似升腾的蓝色火焰。维苏威火山将火柱射向天空，熔岩在平静的海平面投下深红色的倒影。我们几度驻足观赏，叹为观止。我们每一次的话题都落在吃的上面，这恐怕是那一晚所有奇迹中最引人入胜的了。

我后来参观了庞贝和赫尔丘兰尼厄姆古城，拜叩了帕埃斯图姆的古希腊神庙。在那里一个贫苦的盲人女孩，衣衫褴褛，给我留下了深刻的印象。她长得如同天仙，既像一幅画，又似一尊栩栩如生的雕像。她身上唯一的装饰就是她在乌黑发亮的头发上插的那些蓝色紫罗兰花，可见她还是个孩子。她仿佛就是世间美的一种展示。囊中羞涩的我没法资助她，我能做到的只有静静地站在那里凝视着她，充满了一种奇妙的敬意注视着她，好像她就是从神庙台阶上走下来的女神。当时，她就坐在四周全是野生的无花果的台阶上。后来，这个记忆在我笔下的莱拉身上复活了。

故国旧事

我们回到罗马已是 3 月 20 日，复活节。皑皑白雪所覆盖的山上已呈现出一片冬天的景致。我们参观卡塞塔那里的皇家城堡，那里遗留着那不勒斯国王乔基姆·缪拉时代建造的富丽堂皇的大厅和绘画杰作。当然我们还不忘看了卡普阿的圆形剧场，宽敞的拱顶通道在剧场的地板下面，机械把演员拉上拉下，只需要一个人就可以完成。所有这些都在实际操作中被反复检验过。

因为复活节，我们留在了罗马。当穹顶被照亮时，摩肩接踵的人流把我簇拥上了安杰罗桥。我的同伴也失散了。在桥中央，我感觉自己就快要支撑不下去了，浑身颤抖，脚好像已不是自己的了，发现自己就要昏倒在地，眼前已经发黑。我清晰地意识到，这要是倒下去，就得被众人轮番踩踏，因为人流还在不断地涌向桥面。多么可怕的瞬间，硬生生撑着站住了。在我脑海的记忆中，这个瞬间可比欢庆热闹的节日清楚多了。

感觉好一些的时候已是下了桥离布朗克的工作室不远时，在眼前的安杰罗城堡我看到了绚丽的焰火胜景，我清醒地意识到这将是我告别罗马的时候了。所有我在别处看到的焰火展示在这里都显逊色，不值一提，巴黎七月节的焰火跟现在罗马瀑布状闪闪放光的燃放根本没有可比性。同乡们欢聚一堂，唱着祝我健康与送别的歌曲，聚在小酒吧里饮酒为我送行。托瓦尔森用手臂搂着我说，也许在丹麦，没准就在罗马，我们还会再见的。

好友、诗人路德维格·波德切尔为我赋诗一首：

空灵的诗歌和美妙的思想，

离开南方，回归故里，著成一首小夜曲。

从批评家冰冷的嘴里送来毒吻一只，

反而深夜里守门人给你一份温暖。

4月，我在蒙特菲埃司科恩喝酒，揭开了我在国外度过的第二个春天的序幕。我的同伴是一对非常有趣的意大利新婚夫妇。年轻的妻子总是提心吊胆怕被抢劫，因为这里的治安实在是太过糟糕。虽然为防止强盗藏匿，不惜烧毁几条森林带，留下矮矮的树墩，并没有让情形变得好起来。狭窄的山间小路路边就是深不见底的深渊。为了躲避那一场突如其来的狂风骤雨，我们只得在诺瓦拉的一家小旅店待上几个小时。

狂风大作，肆虐的暴雨剧烈敲打着窗户。暴雨杀人夜，风高放火天，整个场景真是描写强盗故事的利好素材。不过，我最终没有看到真正的强盗。途经锡耶纳，再到佛罗伦萨，一路平安。

喜剧诗人费里柏·伯蒂把我介绍给他的那些很重要的艺术家的朋友们。那时，雕刻家巴托里尼刚刚完成雕像《酒神的祭司》，英国德文郡公爵收藏着它。他雕的是一个手里拿着铃鼓，胳膊上缠着一条蛇，头上拖着常春藤的叶子，躺在大理石枕头上的强壮女人。桑塔瑞利是我们拜访的对象，欣赏了他创作的精美的浅浮雕《巴克斯和西勒诺斯的胜利》。

得知文学展览室主任威赛乌斯竟然在丹麦生活了十六年，曾拜望过女作家布朗尼夫人，与欧伦施莱格和巴格森亦很熟。他对我提起这两人，还有他在哥本哈根时的点点滴滴。一个游子在国外听人谈起自己的祖国，与祖国血肉相连的感觉油然而生，心永远属于这片孕育我们的故土。然而无论何时何地，我心里不曾怀念起过故乡。

后来，我才知道威赛乌斯还曾拜访过著名的女作家布朗尼夫人，并与欧伦施莱格和巴格森相识。从他的口中我得知该两人与他之间的关系，并了解到了他曾在哥本哈根的生活。也只有在异国听到祖国的名字时方才燃起重重的感怀，也才意识到自己与祖国的血肉相连。但我并不怀念故国，甚至对于回归故里有着莫名的恐惧，似乎回到家的那一刻即将意味着我又从美梦中醒过来，重新回到现实的残酷与煎熬中去。

我与春天同时踏上了回家的旅程，春意唤醒了佛罗伦萨漫山遍野的月桂花，满目春意盎然。可即使身处如此胜景，我依然没能唤醒内心深处的激动。继续北上，过了那座山头就是博洛尼亚。就在那里，玛丽布朗又再一次登上舞台。但我不得不去看拉斐尔的《圣·塞西莉亚（罗马的基督教女殉教者）》，再去欣赏费拉拉和那朵"凋谢在海上的莲花"——威尼斯。如果你曾领略过宫殿的金碧辉煌，目睹过古旧罗马纪念碑的恢宏，那么漫步在晴天中的那不勒斯将会给你带来这样一种感觉：威尼斯也不过是一个继子。事实上，与意大利其他城市不同的是，威尼斯个性十足，非常值得浏览，但这并不意味着这场观赏将会是对意大利的伤心离别。就连歌德在谈起威尼斯平底船"刚都拉"时，都会有这样的感慨：它划起来就好似离弦的箭，可又像是漂浮在水面上的管材架，装饰着黑漆漆的流苏和黑色的帷幔。

我还是在弗斯那登上了那样的一条"刚都拉"，驶过一排排柱子和时清时浊的水面，逐渐走进这座宁静的都市。也就在那位于教堂前的色彩斑斓的圣马克丁广场，攒满童话般阴郁色彩的总督宫殿、监狱、叹息桥前，方会觉得有些许生气从中溢出。在那里，你会看到希腊人和土耳其人正坐着抽着他们那长长的烟管，成百上千的白鸽绕着凯旋柱展翅飞翔，而柱子上正飘扬着一面面大旗。身处在这样的场景中，特别是白天，尤其像置身在一艘巨大的魔鬼船的残骸上。非得到夜晚时分月光洒向地面，威尼斯方才恢复生气，壮丽辉煌的宫殿也才能显示出原有的面目。就在这座享有"亚得里亚海的王后"盛誉的城市里，白日满目全是漂浮在混浊睡眠上的死天鹅，而晚上方才展露生机，显示出本身的魅力。因为手被蝎子蜇了一下，在那里滞留了几天，身体并不是很好，胳膊上血管也一直肿着，时而甚至还会伴有发烧。所幸天气凉爽，被蜇的也并不是很严重。后来，我还是全无眷恋地乘着黑色管材般的"刚都拉"与威尼斯挥手道别，来到了另一座坟墓般的城市维罗纳。就在那片土地里，永远沉睡着斯卡利杰夫妇，还有罗密欧与朱丽叶。

我永远记得同乡的画家本兹，我们相识于幼年，而他的时光却永远停留在青春年华。身强体健的时候，他的才华也早已被世人所知。当我去寻找他的葬身之所时，却发现无从打听。我至今仍旧清楚地记得这位欧登塞青年，比起我来，他似乎是幸运的，但愿我也能如他一样走运。

再见，意大利

我逐渐靠近了北面的阿尔卑斯山，距离家乡也越来越近了。可就在这时，我的心情却愈渐沉重。与我同行的是一位爱丁堡青年，名叫詹姆森。当他看到眼前的蒂罗尔山区，不禁想起家乡的高原景象，思乡之情也随之袭来。然而对于我，家竟然成了一杯我不得不饮尽的苦酒，命运把太多的艰辛和磨难灌注其中。而我心底确信我将不再看到这片我即将离开的美丽土地。就在这种心情下，我写下了《再见，意大利》：

在这片天地间充满了天国色彩的土地上，我可以在石松下遇到美丽的孩子，可以看到胸中喷出火焰的山，还有复活了的古老城邦。

高贵的神明穿着大理石长袍，将音乐和花香从每一次呼吸中传递给人间，大海在一片蓝色中蔓延到了天边，山间的阳光呈现出一片七彩光芒。

在这里，随处可见的是诗情画意，被月桂树和巨大的仙人掌围绕着的农家院落，隐约间可以看到被硕果累累的葡萄压弯了的葡萄架。

在我心里存在着成熟的思想，可偶尔还能瞥见我童心未泯。在这里，我了解了自然和艺术。再见，别过这片美好的土地。自此，宣告美梦结束。

阿尔卑斯山早已被我丢在身后，随即我看到了广袤的巴伐利亚高原。我于 5 月的最后一天到达了慕尼黑。

我借宿在一位值得尊敬的梳子匠提供的一间屋里。虽然初来乍到，可我甫一到慕尼黑就在街上遇见了一位名叫伯奇的老乡，他的妻子是著名的作家兼演员夏洛蒂·伯奇·普费菲尔。我从前在希伯尼家就经常见到伯奇，他对我很友好，非常照顾。当时，哲学家谢林也住在慕尼黑，我不请自来地贸然登门拜访了他。在他的家里，我受到了友好的接待，我们相谈甚欢。我德语并不很好，偶尔还会有一两句丹麦话从嘴里溜出来，他对此却颇有兴趣。他说，他能从我的话里听出丹麦语，虽然很陌生却又感觉与德语特别相似。随后，他还热情地向家人介绍了我，并以一种热诚可爱的语气跟我谈话。数年后，我在德国名声斐然，我们仍旧像故友一样见于柏林，他还留言在我的纪念册里。

从慕尼黑这片充满了我欢笑的土地上，我感受到了发自心底的喜欢。要不是手头并不宽裕，我真想多在慕尼黑滞留几天，因为一旦我回到家里住下，就必须要忍受那种无止境的喧嚣的生活。在国内，我已经不再被视为一个诗人，就算我出国后我的诗集出版并受到市场的良好反响也不能摆脱这种固执己见。就连《一年的十二个月》也成了我诗才枯竭的明证了，这段评论是一位到慕尼黑来旅行的朋友带给我的。

在一篇题为《当下的丹麦诗人》的评论中，我与汉森、霍斯特、克里斯蒂安·温塞尔和帕鲁丹·缪勒等青年诗人一起被作者品头论足，而我就如杂草一般从一片生机盎然中连根拔起，扔掉。甚至有评论家称我的《一年的十二个月》"这些不讲究形式，且不成熟的东西，根本不配称为诗作"，"不过是把脍炙人口的口头禅弄成了一锅粥"。对此，他的评论是"废话连篇"，"缺乏理性"，"这种陈词滥调叫人难以卒读"。在《死国的来信》中，还就我应该接受"教育"时强调说，这对于我写作抒情诗将是一次灵魂的毁灭。另外，他为我的诗作只有几位朋友会欣赏而感到悲哀。为此，他为我总结了几点忠告："多学习，少涂鸦。"

随即，他还评论了其他几位诗人。从汉森的诗里，他"看到某种智慧的幽默"，并举例证明他"无疑是一个显示出天赋才华的诗人"。

而对于霍斯特的诗，他觉得能"给人一种更为严肃的感觉。他的诗歌写作，至少在外在形式上努力打磨、推敲，在青年艺术家里是值得称道的"。

而摩尔巴赫认为克里斯蒂安·温塞尔是"一位有教养的会思考的抒情诗人"，帕鲁丹·缪勒则被评价为一个饱含热情的诗人。随后，他以《舞者》举例说明，他"第一次读这首诗时，就被深深打动了。它似乎轻而易举地就给我平添了一双想象的翅膀，带我飞到遥远的天际。从丹麦的海岸吹来阵阵生气勃勃的海风，南方的鲜花，伴着山毛榉树林徐徐吹拂的清新晨风，送来缕缕馨香"。

在奥地利想起丹麦传说

我随后离开了慕尼黑。与我乘坐同一辆马车的是一位活泼可爱的绅士，他的目的地是加斯坦恩的矿泉疗养地。就在城门下，诗人萨费尔与他开着玩笑，握手言别。在这位有趣的同伴陪伴下，我的旅程里充满了趣味，我们谈论剧院，讨论最近刚上演的《葛兹·冯·伯利欣根》。他称道，伊兹莱尔凭借着出色的表演，甚至还几次返场谢幕。但我直言并不是很喜欢他，最喜欢的男演员还是塞尔比兹的扮演者伯曼先生。突然，一个陌生的声音从车厢里传了出来："承蒙夸奖。"能与如此优秀的演员同乘一辆马车，实属荣幸。而我的兴奋最终也拉近了彼此之间的距离，并在此次旅途中成了朋友。

等到达了奥地利边境，准备入关时我被边检人员核对护照上的姓名。我说我叫"汉斯·克里斯蒂安·安徒生"。他回道："这不是你的护照，因为护照上写的名字是'让·克里斯蒂安·安徒生'。你这次真可谓是冒名旅行了。"事实上，之所以会出现这种情况是因为我那本哥本哈根护照上的名字是用法文写的。经历一番滑稽可笑的检查，我总算通关入境了，身上并未携带任何香烟，或者违禁品，却成了车上唯一一个需要开箱查检行李的人，本人也受尽了例外的检查。他们对我所有从丹麦寄来的信件进行了仔细检查，并要求我以名誉担保这些信件的内容仅限于日常琐事。随后，他们又注意到了我头上戴的高帽子。我解释道："这是我在聚会时常戴的帽子。"这句回答立马引来他们的疑问："什么类型的聚会？秘密聚会吗？"他们就连我在罗马的圣诞聚会上拿的常春藤花环也会怀疑："你到过巴黎？"我答道："是的。"可竟然得到他们这般的答复："现在奥地利一切安好，群众很满意弗朗兹皇帝，并不像闹革命。"我再三保证我自己也怀有同样的想法，他们方才松懈紧张的情绪。我憎恶革命，并且可以说算是一个极端忠诚老实的顺民。解释半天完全浪费口舌，他们还是给以我更严格于任何人的检查，仅仅是因为丹麦警方将我的名字"汉斯·克里斯蒂安"译成了"让·克里斯蒂安"。

医生泰奥费拉斯图斯·鲍姆巴斯图斯·帕拉塞尔索斯有一所老房子，就在萨尔茨堡离我的住处不远，里面装饰着些图画以及一些雕刻而成的文字。也就在这里，他告别了人世。那位生于这座老屋的旅店年老的女仆告诉我，她或多或少知道些关于帕拉塞尔索斯的故事：因为能治愈一种只有贵族才可能患有的痛风病，他惹恼了其他医生，并遭到对方的毒害。可他很机智地在发觉中毒后，就把毒给逼出来了，独自待在屋里，并吩咐仆人得不到指示就不能开门。然而他的那位仆人却因为好奇，过早地打开了房门。于是，导致他刚把毒素逼到嗓子眼儿，就功亏一篑，倒地而亡。事实上，这是我所听到的流传甚广的民间传说，使得故事的主人翁充满着浪漫主义色彩和迷人的个性魅力，甚至可以成为丹麦文学史的一个部分。流浪促使他来到了丹麦，并长眠于此。于克里斯蒂安二世时期，他的这个名字正式诞生，当时他将一个装了魔法的瓶子送给在哥本哈根的女修道院西格布瑞司院长。后来瓶子被打破，魔法带着如打雷一般的声响冲了出来。

这位被人们当成是骗子的可怜的帕拉塞尔索斯确实是一位真正领先于时代的天才。事实上，任何人只要领先于时代的马车，就将可能会被驾辕的马踢开，或者碾压在马蹄之下。

一旦到了萨尔茨堡我就必须要去哈雷因，并会被那里的制盐厂震惊到，领略工厂里煮盐的巨大的铁锅锅盖。我曾在格林越过飞流直下的瀑布，可我对此却毫无印象，仅仅记住了一个孩子的微笑。我雇请一个小男孩作为我的向导，可我却惊奇地发现与很多其他孩子不同的是，他的脸上写满了成人世界的严肃。就在他严肃的表情中我看到了他深藏的机灵，虽然面庞里从未出现过半点笑意。他眼中的光彩也只有在看到瀑布带着白色的泡沫声若洪钟呼啸冲下来时方才闪现。也只有在这时，他才会满怀得意地对众人说道："瞧，这就是格林瀑布。"我已经忘记了瀑布奔流的水珠，却无法忘怀男孩当时的笑容。

就是这样，虽然很多事在许多别的地方发生，但人们并不以为意，或者仅仅觉得是偶然事件罢了。可我们不仅注意到了它的存在，并以此作为记忆的一部分。多瑙河岸的莫尔克修道院是一座大理石雕成的建筑，气势恢宏，宏伟壮观。可我唯一清晰地记得的却是地板上一大块烧出来的黑斑——1809年的战争留下的印记。彼时拿破仑就在奥地利军队安营扎寨于多瑙河北岸时，在修道院里设置了他的指挥部。某天，他愤怒地将一封十万火急的信件烧毁并仍在地板上，于是就有了这个印记。

"诗意的旅程"

圣斯蒂芬教堂的塔尖逐渐进入我的视线，那么我距离皇城也就不远了。对于所有到这里来的丹麦人而言，松累斯奈斯的家就像是自己的家和避难所。在这里，我常与同乡们会面，其中不乏如特思彻宁上尉，名叫本兹和图恩的两位医生，还有挪威人谢维加德那样聪明能干的人。他们常常把聚会安排在晚上，导致我不能定期参加，而剧院成了更吸引我的另一项娱乐活动。我在"城堡剧院"看了安舒兹主演的《葛兹·冯·伯利欣根》，弗若·冯·维森图恩夫人饰演赫伯夫人的《美国人》。这真可谓是喜剧表演，美妙至极。也就在那段时间，有位名为玛斯尔德·维尔道尔的年轻小姐进行了首演，并一举成名。她所扮演的角色正是《英国的印度人》里的葛莉。

另外，德国剧作家科策布也选择在这里上演自己的几部作品，并大获成功。尽管他聪明异常，却总是会受限于自己的想象力，真不愧是当代的斯克里布（法国剧作家）。虽然他的作品并不能成为真正的诗剧，可剧中的对话却尤其精彩。而我在希宁见到了施特劳斯，有幸听了他的音乐。那时候，他正站在管弦乐队的中央，仿佛巨大华尔兹乐团的心脏位置。彼时，优美的旋律就好像透过他的四肢溢满出来，他的眼睛里闪着光。毋庸置疑，在这里，他就是统领，是这里的生命所在。

我结识有趣的弗若·冯·维森图恩夫人正是在希宁，她在那里有一座消夏别墅。后来，我还在我的《诗人的市场》里描绘了这位魅力四射、才华横溢的女士。这位女士所创作的喜剧《谁是新娘》和《斯特恩堡庄园》在丹麦上演，并最终大获成功。虽然这一代年轻人并不一定认得约翰尼·冯·维森图恩，可她正是这位演员的女儿，她首次亮相舞台的时候还是在她的童年时代。她于 1809 年在舒恩布伦凭借演出《费德勒》，获得了拿破仑三千法郎的赏金。二十五岁时，因为与别人的赌约，她一周内写出了悲剧《德鲁森》并赢了赌金。之后，她的创作生涯就变得一发不可收拾，她大约创作了六十部不同类型的戏剧。就在她演艺生涯的第四十载时，她首次荣获了弗朗兹皇帝所授予的最高荣誉。随后，"普鲁士艺术与科学金奖"也成了她的囊中之物。1841年，她告别舞台，并于 1847 年 5 月 18 日在希宁辞世。终其一生，出版的戏剧集一共有十四卷之多。

就在她希宁的乡间别墅，我们进行了第一次交谈。她十分推崇欧伦施莱格，并称之为"杰出的人物"。在欧伦施莱格还年轻的时候，她在维也纳见过他，从此开始崇拜他。谈话间，她不厌其烦地听我向她描述意大利的事物。我把意大利这个国家的形象用生动活泼的语言向她做了描述。她说，听我讲意大利，就像是自己亲自游历过一般。

《女祖先》和《金羊皮》的作者，奥地利诗人、剧作家格里尔帕策，我们结识于松累斯奈斯。那时候，他用维也纳式的坦率与我握手言欢，并热情地将我称作诗人。

还有一个人经常和我会面，他叫卡斯特里，是一位典型的维也纳人，拥有他的同胞们所共享的很多优秀品质和特有品格：性情温和，风趣幽默，忠诚坚持。因此，从他嘴里我经常能听到"亲爱的弗朗兹皇帝陛下"诸如此类的口头禅。他说过："我曾给亲爱的弗朗兹陛下寄过一首小诗，请求他在严寒的天气里遇见国民跟他打招呼时，务必不要摘下帽子。"他还让我欣赏了他所搜集的古玩，其中包括一只伏尔泰用过的蜗牛形状的鼻烟壶，他说道："鞠个躬，吻它吧。"在我的《不过是个提琴手》里，我曾写过卡斯特里亲身参与纳米出现在维也纳的那段时间。

经历一个月的维也纳生活之后，我决定经过布拉格回国。行程即将结束，一点一点地在从我手中消失，可我还是把它称为一次"诗意的旅行"。马车在路上颠簸行进，而车厢里挤了一大群人。可也算是有失必有得，车厢里坐着几位喜剧演员，沿途少不了几分幽默气氛。譬如说一位在座的老绅士，什么都不能让他满意过。因为被人敲诈过，因此一路上不断地在盘算旅程的花费，最后还是得出了花费太多的结论。他先是对一杯咖啡的价码大发脾气，认为标价太高，紧接着又开始抱怨当代年轻人都是被宠坏了的：他们对什么事都大加评论，甚至都不会服从于命运的安排。坐在他旁边的是一位肮脏的犹太人，一路上不断絮叨着什么，简直是一个"婆婆嘴"，就旅行到达尔马提亚的拉古萨就说了不下十遍。他说他不喜欢当国王，因为过往太辛苦，反而是国王的贴身仆人更能让他感兴趣。他认识一个长得很胖的人，走不动路便雇了个仆人。正如我刚才所说，他是一个肮脏的人，指甲里满是泥，却不停地在谈论人必须要爱干净。他甚至还说，一旦想到匈牙利人用牛粪烧烤面包，他就觉得不舒服。他还给我们讲了很多逸闻趣事。忽然，他作了片刻的沉思，随后从兜里拿出张纸写下些什么。说是他刚有的灵感，并让我将其读出来。

马车上没有固定的座位，我们可以自由选择。可就在英格鲁，有两个新来的旅行者机智地趁我们又累又饿去吃晚饭离开马车时，偷偷占了车厢里最好的两个座位。这是一对年轻夫妇，当我们吃好饭返回时，只有妻子还醒着。这是一位非常健谈的女士，从艺术到文学，从读懂一位诗人，到音乐、雕刻，再到卡尔德隆、门德尔松，她都能评论一番。谈话过程中她不时会停下来，叹着气对丈夫说道："抬起你天使般的小脑袋，我胸口被压得难受。"她随后还谈起了她父亲的图书馆，她说起自己期待与父亲再度会面。当被我问起是否对波西米亚文学有所了解时，她答道：她认识那里所有最优秀的作家，并且能从她父亲的图书馆里找到所有最现代的文学作品。

简陋的图书馆

一日早晨，我能明显看得出来这是一对金发犹太夫妇。丈夫醒来后喝了一杯咖啡，对妻子开着老旧的玩笑，接着又睡了下去。他把他天使般可爱的小脑袋靠在妻子胸前，一切无限美好。在了解众人职业和身份后，妻子知道了我是个作家并因此变得异常高兴。直到她知道我们每个人的名字，我们甚至才刚到达布拉格城门。当她听到耳聋的老"津默曼教授"的名讳时，甚至发出一小声惊叹："你就是孤独的津默曼！这确定是真的吗?"可她并不知道，她口中的这位作者早已去世多年。耳聋的绅士不得不重复了一下自己的名字，以防止误认。我们在布拉格分手，因为才发现和自己同行的旅客真实的身份，为此她表达了极大的遗憾。我告诉她，我次日要去德累斯顿。她说，她为此感到遗憾，但还是极力邀请我去她父亲家看看他的图书馆，或许能与几位作家不期而遇。随后，又用手指向前方广场说道："我们家就是广场那里最大的房子。"在我目送他们夫妻离开时，她的丈夫临走前交给了我一张名片。

翌日清晨，我决定多留在布拉格两天。我必须要去拜访一些旅行中的伙伴，还有那间收藏有所有波西米亚文学作品的图书馆。于是，我来到了那两所进口处的大房子。可我并没有从一楼的居民处打听到关于他们的任何信息。到了二楼，我注意到有个大图书馆，或许是那位父亲的图书馆。在三楼，我也没能得到任何有用的信息。我被告知，我所要找的那家人并不在这里。有个老犹太人住在顶层阁楼的两间屋里，这不可能是他的家。然而，我还是坚持上楼去看，楼梯的木板墙壁是用斧子砍削出来的，有一张纸条贴在那扇低矮的门上。紧随着我的敲门声，一个穿着肮脏睡袍的老人打开了小门。

这间屋子很是低矮，在地板中央有一只放满旧书的盛衣服的大筐。我一边给他看邀请卡，一边说道："请问这家人偶尔回来住吗？梅因·格特。"随即，一阵女士的尖叫声从旁边的小屋传来。应声走过去，见她穿着便袍，正要往头上系一块黑丝绸，与她旅行中的穿着颇为相衬。她丈夫正打着哈欠，在对面的寝室里微微抬起他那"天使般可爱的小脑袋"。这幅场景让我惊奇不已。这位女士的便袍没有系上背后的扣子，头戴的软帽也解开了带子。见到我，她十分吃惊，脸羞得通红。她随后叫我的名字"冯·安徒生"，并请求我的原谅。房间里的一切都很杂乱，而她父亲的图书馆则是她手指向的衣服筐。事实上，她在马车上喋喋不休说个没完的图书馆竟然就是"这个阁楼和一大筐书"。

我打算途经托普利兹、德累斯顿回到哥本哈根。当我行进在海岸线时，心情瞬间变得复杂起来。我不禁流下眼泪，却毫无喜悦之情。幸而上帝与我同在。

其实，对于德国，我并没有太多的喜欢。相反，我的心紧密联系着意大利，可我在逐渐背弃我的天堂，不可能再回去了。距离回家的日子逐渐拉近，焦虑和恐惧感越来越明显。越往前进，距离哥本哈根越近。我满脑子里全是意大利的自然美景和人文生活，我想意大利已然构成了我生命中的一部分，由此我也即兴构思了一部作品。我确信，如果环境所逼，我还是会拿它出版。虽然这给我带来的痛苦远大于快乐，但我还是选择把这个构思写出来。事实上，我在罗马的时候已经完成了前两章的写作，在慕尼黑的时候我又写了一章。这就是我的小说《即兴诗人》。在罗马的时候，我就收到了一封来自黑伯格的信，在信里，他评价我为"即兴诗人"。随后，我灵机一动，自己担当主角，用《即兴诗人》当作题目进行写作。

早在文中我已经说过，我第一次去欧登塞的剧院看戏时，还是个小孩，并且所有的演出都是以德语作为语言。还记得那时候一幕剧结束时观众为女主角鼓掌欢呼，四处环绕着观众兴奋的欢呼。当时的我觉得，能得到这样荣誉的她是世界上最幸福的人。多年过后，我已然成了一名学生，在那里的一家医院里，我看见一屋子的穷寡妇。正如我在瓦图所见的一样，屋子里的床铺紧挨着，一个小柜子、一张桌子以及椅子成了家里唯一的家具。可就在一张床的上方挂着一幅镀金相框，画的是一个女人——莱辛画的采摘玫瑰花瓣的爱米莉雅·高洛蒂。这张肖像画的存在与周围简陋的环境格格不入，颇不和谐。于是，我问道："这是谁画的?"他们回答："是那位德国女士的画。"

彼时，从外面走进来一位纤细灵巧的女士。只见她满脸皱纹，身着一件可见原来是黑色的丝裙。她竟是那位我童年时得到众人鼓掌喝彩的歌唱家。那次会面为我留下了深刻的印象，并在我后来的生活中时常浮现在记忆里。在那不勒斯首次听到玛丽朗演唱时，她的声音和演技自然远超过我之前看到的任何一场表演，但我还是会联想起来欧登塞医院里那位可怜的女歌唱家。而当时我正在创作的小说人物阿依奇雅塔身上残留着这两个人的影子，而小说的背景我将设定为我所游历过的意大利和想象的意大利。

回到丹麦

1834 年 8 月，我的旅程正式宣告结束，我回到丹麦。之后不久，我去索罗拜访了英格曼。就在那间屋顶下萦绕着欧椴树香气的小屋里写完了第一部分，随后，又在哥本哈根写完了第二部分。

回到丹麦，甚至我最好的朋友也不愿意把我称作是诗人，"他们看不到我的才华所在"。这对于大家而言，简直就是老生常谈了。几乎没有出版商愿意出版我的书，幸而最后还是瑞泽尔答应了我的请求。可随着订购费的上涨，我必须要依次说服我的朋友们去订购。在书的导言里，我也说过了这本书写作的目的不是在叙述我的旅程，而是一种精神思考的结果。事实上，这本书并不被人看好，我因此得到的收入也很微薄。

书的献词是："本书献给科林议员及其妻子。在他们的家里，我寻找到了家庭的归属感，那才是真正意义上的家一般的家。为此，将我最诚挚的谢意敬上。"

书出版后，不仅迎来了很多读者，而且还一度畅销，又印了第二版。一时间导致批评家哑口无言，报纸鸦雀无声。我收到了来自读者们颇有兴趣的回馈，很多人甚至在阅读后感到兴奋不已。就连当时《星期天时报》的编辑、诗人卡尔·博格也为之写了一篇评论：

"'安徒生早已不再是过去的安徒生，如今应该为自己写的东西感到满意。事实上，这正是我期待已久的。'首都的某些社交圈里，他一直作为话题的重点被谈论着。或者被宠溺过度，甚至被谬赞为神明。但他并不高傲自满。换个角度来看，他或许已然不再是过去的那种高度了。如果需要证明，这本小说《即兴诗人》就是他了不起的才华的证据。"

或许我的行为会招致别人的晒笑，但我不得不说，我将继续走在这条道路上直到我感到愉快。感谢上帝与他的子民。

第七章／朋友难得

才华的挫折——即兴诗人

　　现在很多曾经我的反对者现在已然不再保持那时候的观点，甚至诗人霍奇也变成了我的朋友之一。他常年旅居海外，现在才刚从意大利回来。现在的哥本哈根人在精神生活和艺术品位上受到黑伯格的轻歌舞剧的影响颇深。黑伯格曾表示，即使我创作出不错的抒情诗也将不可能获得别人的关注，我不过是一个被娇惯过头的幸运儿。现在，他在读过《即兴诗人》后才出乎意料地意识到我的诗歌天赋，还有思想深度。为此，他还写信给我表达了先前对我不公正评价的歉意，并请求我的和解。自此，我们成了至交好友。他每每总是试图利用自身的影响力帮助我实现最大利益，并为我的每一个进步关注最深切的热情和兴趣。然而，他的这种优秀品德很少被人所意识到，我们之间深厚的友谊也很少遇到知音。其后，他创作了一部名为《莱茵河畔的城堡》的小说，其中他塑造了一个真正漫画化的诗人形象——由于过于自负最后被关进了疯人院。显然，这种表达方式对于丹麦人而言是过分且不公正的，因为他试图将我所有的缺点剖析在阳光之下。其实，绝大部分丹麦人是这么想的，并且也将这种想法如实地表达出来。如此一来，导致霍奇不得不专门撰文评价了我作为诗人在艺术界的地位。他的这篇文章发表在舒沃主编的《评论周刊》上。

　　我曾被人告知，西伯恩曾猛烈批评过我的作品。并且，他并不欣赏我的诗人身份。他的观点被很多人所接受，并和他一样，认为帕鲁丹·缪勒的《丘比特与普绪克》是一部杰作。因此，当我看到他在为英格曼辩护的一本小书中表示，希望某些人能在文字中善待我，对此我感激不尽。拜读《即兴诗人》后，他寄给我一封充满热情的信。这是唯一一篇除了卡尔·博格的那篇短评外，真正发自内心的赞许。文如其人，从文字中我仿佛能看到他的形象。西伯恩写道：

致汉斯·克里斯蒂安·安徒生

拜读《即兴诗人》后，深感喜爱，并为书本身而欣喜。当把它与你的早期诗作做了对照比较，能发现其中巨大的差别，就好像是躲在市场柱子后边嬉闹的小阿拉丁，变成了成熟、富有朝气的阿拉丁一样。我是一口气读完的《即兴诗人》。刚读完前面的 24 页，我深有感触："太精彩了！"以至于到了次日，我根本无法看进去任何一本其他的书。你要知道，这本书所给我带来的满足感是如此地强烈。

对书及其作者，我心中满怀真切的欣慰。我明白，你在德国人眼里是一个"善良的人"。如今我还从你身上看到了一颗一丝不苟的心。在和别人的交往中，你表现出柔和开朗、坦诚、乐观、敏感的一面。而在国内的诗人里，你却又是深沉、激情、热烈的，想象力也非常丰富。从你身上，我看到了你性格的两面性。因此，切勿用整个的心灵和批判的态度来思考，也可以不用看任何一篇批评你的文章。缪斯女神就在你身边，无论如何，都要精心呵护，不要让她逃离你身边。

你曾在意大利生活过，你在那里的目的并非要将它变成画境，而是为了生活本身。你的描述是发自内心的描述，这幅意大利画卷也因此变得更加美好。

或许，哪一天即将，或者已经到来，在另一片广袤的土壤上——历史的王国，你将冒险前行。我期待在那里将能看到你优秀的著作。

　　另外，你也会在哲学的王国里自由翱翔。我希望你将向我们展现你与缪斯同在，把你的哲学思想带给所有人。

　　以上所言，发自肺腑，我真切地希望你能更好。如果这封信光临的那一刻，你心中闪现出缪斯女神的影子，就不要让这封信影响你们，你只管静静地把它放在一边。如果不是这样，我倒希望缪斯女神早日降临你的心灵和你的房间。如果有什么东西要来打扰或分散你的精力，就直接说："别缠着我，走吧!"

　　最后，请接受你诚挚的朋友的真诚祝福。

西伯恩

　　话题回到《即兴诗人》一书。这本书拯救了我沉沦的命运，我身边再次聚齐了很多朋友们，并且朋友的数量得到增长。这种结果告诉我，我首次赢得了真正意义上的肯定。

　　克鲁斯教授随后着手用德文翻译这本《即兴诗人》，并为之设计了一个较长的题目《一个意大利诗人的青春与梦想》。虽然我并不赞同他使用这个标题，但他却坚持认为这样可以吸引读者注意。事实上，结果却证明他是错误的。或许，一个简单明了的标题《即兴诗人》更能将之引入成功。众所周知的是，卡尔·博格对此书发表过评论，在该书每个细节都被探讨清楚前，并没有一篇真正意义上的评论。结果是，在《文学时报》上出现了一篇语言更为客气一些的评论，虽然对这本书的好处并无只言片语。对他们而言，"这本书毫无长处可言"。他们眼中只有这本书的纰漏,甚至将我在书中的一些意大利语拼写和表达错误罗列出来。彼时,尼科莱还出版他那本著名的《意大利的真正美丽在哪儿》。在他心目中,意大利的自然风光远不及德国,卡普里岛上只有海怪,除了美第奇的维纳斯,阿尔卑斯山只有一侧的美貌。当然,这不过是尼科莱自己的审美结果。正因如此,国内的丹麦同胞才开始看清楚我这本书的意义。而尼科莱向丹麦人展现了一副真正的意大利的模样。

好评如潮

　　我把这本书呈献给了当时还是克里斯蒂安王子的克里斯蒂安八世。在接待室,我碰到一位当时并不太出名的诗人,虽然现在的他在《国家年鉴》里已经声誉斐然。他以一副足够屈尊的态度对我说,我们都是作家,拥有相同的职业。然后,他就开始在这位后来的显要人物面前对大斗兽场"Collosse-um"这个单词大加谈论。这些话是针对我而出的,我拼的"Coliseum"与拜伦的拼写并不相同,我的显然是错误的。他说,真可怕,书中净是这样草率马虎的拼写,会使得读者忽略作者本身的才华。当然,他的声音很大,传入了整个接待室所有在场者的耳朵里。我试图指正拜伦是错的,我的才是正确的拼写。可他却微笑着耸耸肩,把书递给我说道:"这样的印刷错误真是糟蹋了一本好书。"在场的人在自己的圈子里议论着:"哦,他就是这本书的主角。""他们正以永恒的赞美使安徒生走向毁灭。"

作为一份最为文化精英所看重的刊物，《文学月评》是美的王国里的高等法院，其中甚至还包含了很多小文论以及古来陈旧的喜剧。可是，对于我的《即兴诗人》，就连一句像样的话也没在月刊上出现过。或许正是因为它再版印刷，已然引来了公众的关注。为此，我才重拾勇气开始着手写作一部新的小说《奥·特》。1837 年，关于这两本小说的评论才首次出现在《文学月评》上，我又被恶意批评、教育了一番。后文详叙。

关于我作品的真正意义上的一篇评论——或许言过其实，是来自德国的，我就好像一个病者，贪婪地恋着那缕阳光，心中满怀着快乐和感激。我是一个知恩图报的人，并不像《文学月评》暧昧地旁敲侧击，以及对《即兴诗人》的批评中近乎公开的声明那样，可我对于在书中那些曾给予过我帮助的人却不会持有感恩图报的心态。因为他们不过是把我当成一个乞求救济维生的穷小子安东尼奥，对于那些必须或者应当承受的压力怨声载道。

据我所知，《即兴诗人》还有一个瑞典文的译本，并且在所有的瑞典报纸我都收获了很多对于作品的好评和赞赏。英国基督教贵格会教徒玛丽·豪维特还将此文译成英文，并对书中的重要描写给予了恰当的重视和赞美。

对于我的作品，他们如此作出评价："该书中的浪漫是诗歌里'哈罗德少爷'的浪漫。"因此，十三年后当我首次访问英国伦敦，就听说《外国评论》对我的作品给予了十分客气的批评，这一切应当归功于那位聪明且挑剔的司各特的女婿洛克哈特。那时候我并不会英语，对于该篇评论知之甚少。虽然这篇评论性文章发表在伦敦发行量和影响力首屈一指的评论刊物上，并被寄往哥本哈根，但并没有引起任何一家报纸的重视。此前，凡是被英国评论界提到的丹麦的作品都会被所有媒体跟风评论。该篇评论如下：

"《即兴诗人》原创是丹麦语，这种语言来自于《哈姆雷特》的独创。事实上，这个存在于莎士比亚头脑中辉煌梦境里的'丹麦王子'，俨然成了我们头脑中的现实存在……我被朋友告知，《科丽娜》是《即兴诗人》的祖母。也许她真的是。无论如何，在相比较下可以想象得出一位古板的、夸夸其谈的祖母形象。在其烘托下，这位意大利孙子显得更加可爱。"

　　另外，《科丽娜》也有被丹麦《文学月评》以另一种截然不同的口吻评论过："作者可能就是因为要刻意模仿斯塔尔夫人的小说《科丽娜》，结果误入歧途。"

　　与丹麦评论界一句话把我打发相比，英国、德国评论界对《科丽娜》的评论却是大相径庭。

　　有几种英文译本在北美出现。即使到1844年才出现瑞典文译本，但随即俄文译本就出现在了圣彼得堡。紧跟着，波西米亚译本也相继问世。与此同时，这本书还受到了荷兰人的关注，并受到了一份发行量不低的期刊专门载文极力推荐。法文译本在1847年由勒布朗夫人翻译在法国出版，最终得到外界的赞誉，法国评论界还特别以"纯净"来形容该作品。在德国，也存在有七八种不同版本的翻译，其中不乏有的版本多次再版。言及于此，我必须要特别强调著名的希兹格版查密索的译本。在诗人给我的一封信里，他表达了对我作品的喜爱，他对《即兴诗人》的评价甚至超过了《巴黎圣母院》和《蝾螈》。

　　总的说来，在其后的数年间我收到了来自海外越来越多的赞誉。这让我保持了追随本心的勇气。因此，可以说即使我在丹麦成为一个诗人，可我所得到的赞誉却并不源自于此。所有的父母都愿意细心呵护他们的每一棵幼苗，愿意相信哪怕只有一株幼苗也可能是天才的起源，然而绝大部分丹麦人却反其道而行，竭尽全力去抑制他们的发展和成长。事实上，上帝为我之后的发展带来了来自异国的阳光，并允许我按照最初的愿望自由写作。与此同时，读者大众也组成了我比所有评论家和各个学派更强势的力量。因此，我凭借着《即兴诗人》在丹麦文坛赢得了立锥之地。我对于某些人来说，已经通过努力奋斗获得了较高的社会地位。而此时此刻的我心情却极其高兴，精神上仿佛增添了一双飞翔的翅膀。

在《即兴诗人》出版后的几个月，我出版了第一本童话集。事实上，那本书并没有立马得到认可。即使那些过去曾经真心祝福我的人也会为此表示遗憾。当然，如果相信它能马上获得好评就错了。这些人方才从我新出的《即兴诗人》中寻得一点希望，却发现我没能在"有价值"的路线上走下去，又开始写"孩子气"的作品。虽然《文学月评》对童话类文章并无意见，但另一份当时颇有影响的评论性刊物《丹诺拉》却载文请求我不要浪费时间写童话作品，并说，我的作品中缺乏童话写作必需的创作元素。如果要写，就要认真向他人请教。可他们显然知道我不可能这么做，最终的结果只会是放下童话写作。就是在这种喜忧参半的情况下，我的第二本小说《奥·特》出版了。慢慢地我能从内心情感中寻找到自己强烈的创作欲望，并自觉从这本小说里寻找到了最适合自己的叙述方式。于是，我分别于1835及其后2年里连续创作出版了三部小说《即兴诗人》、《奥·特》和《不过是个提琴手》。《奥·特》这部小说，尤其是奥斯特德将很多读者打动，并凭借着幽默获得了后者的欣赏。就这样，我被鼓励着写下去，并从这个圈子里获得了认可和欢乐。

我的朋友们

在收到西伯恩关于《即兴诗人》的信后，我特意登门拜访，并于他家中大声地朗读了《奥·特》。从挪威来访的西伯恩的保罗·穆勒当天晚上也正好在场。虽然他不欣赏我的《步行记》，却专注地听完了《奥·特》的朗读。他深深地被我笔下描绘的日德兰半岛、荒野和西海岸的场景所吸引，并对这本书表示了由衷的赞叹。随后，有人以几种德语译本为参照，翻译了瑞典语、荷兰语和英语的版本。《即兴诗人》曾因校样问题导致意大利单词的错拼或漏拼，触怒了我哥本哈根的同胞们。于是，有一位大学教授为了避免这样的事情发生，主动请缨，为我出版的《奥·特》通读校样。他对此说道："我习惯了看校样，并能做到精准细致，颇受大家赞誉。我这么做是为了避免你因作品中的小毛病受到他人的诟病。"在他逐页读完后，稿子又经过两个细心人的核对方才出版。一经出版，国内评论界还是得出了"安徒生在语法及拼写上从来都是粗心大意，这本书中依然故我"的结论。那位教授说："他们太过分了。我就像对自己的书一样对你的书进行校样，他们显然对你真的不公平。"

随着读者的一再翻阅，《奥·特》培养了一批又一批的读者，可我仍旧得不到媒体的一点鼓励。显然他们忘记了，随着时光流逝，当年的小男孩已然不再是未成年。并且，一个人可以除了通过正常方式外，还可以借由其他途径进行学习。他们不过是一再重复一些陈词滥调在对我进行指责。或许那些对我作品最为不满的人恰恰没有读过我最新、最好的作品。可他们不会像黑伯格那么诚实，当被问及是否读过那些小说时，却答道："我从不看大部头。"单就这些人抨击帕鲁丹·缪勒的话语中就可以看出《文学月评》所持的态度。帕鲁丹·缪勒作为一个已经拥有一定成就和知名度的青年诗人，依旧受到了来自《文学月评》的严厉批评。他写过一首名为《扬抑格与抑扬格》的论战诗，在注解里表明这本刊物就一个诗人的态度来说，其反对态度是如此地恶劣。下文附上他诗里的原文：

"无论在哪里，我都很少看到有任何一个权威媒体能对它的批评对象作出如此恶毒的批判。他们主观臆断他没有理解力，缺乏教育和系统的学习，甚至否定了他进入末流的资格。当然，他们还对作家未来的努力和学习走向提出了一些好的建议，在燃尽诗人最后一点希望后，又点燃一根稻草试图变成一种施舍。听起来，如果他能听从批评家的意见，或许还能写出一些令人满意的作品来。然而，这些善意与他们所指责的对象，甚至他们所批判的作品毫不相干。但这并不阻碍编者们发布一些佚名的评论。同时，匿名又可以给他们蒙上一层面纱，使他们可以理所应当地用恶毒的语言侮辱被批评者。"

《文学月评》的一个显著特点是，其上的多数评论是匿名发表的作者没有署名，别人也不知道作者的真实身份。

1837年，我的一部与之前作品风格截然不同的作品《不过是个提琴手》出版。这本书可以说得上是我所经受的，心灵同周围困苦环境所作斗争的结果。然而，在创作上我仍旧取得了一定的进步：我更深刻理解了我自己对世界的看法。并且，我觉得上帝对我才华本身的期望并不可能在丹麦这片土地上生根发芽。或许，在另一个世界我更能得到大家的认可，这一点稍微慰藉了我的心情。如果说读者把《即兴诗人》真的看作是一个诗人的即兴作品，那么将不难理解我在《不过是个提琴手》中表达的奋斗与苦难。这部作品有着精密的整体构思，从表面来看，就好像我自己的亲身经历一般。从小说人物例如奈米、拉迪斯劳斯和来自"空洞街"的教父的表现上可以看出，我对于那些对我表现出不公、愚蠢、平庸和敌视态度的人的反抗态度。

虽然这本书在国内的销量不俗，但我依旧没能收到来自国内的任何溢美之词。评论界所承认的只有我通常是在被一种"本能"牵引着进行创作，这种"本能"总是能以怪诞却幸运的形式表现出来。他们所选用的词是用于动物身上的，只有"天赋"才是用来形容人和诗的。因为是用在我身上的，因此这个词就变成了"本能"。他们仿佛在无止境地踩踏我所拥有的优秀品质，即使偶尔有三两人为我所遭遇的待遇鸣不平，但这种看法却永远躲藏在阴影之下，不曾有人公开发表过。

这本书曾一度占据了索伦·基尔克加德的思想，这个人是当时国内极具天赋的年轻人之一。我们在某天相遇于街头，他表示要为我的小说写一篇更让我满足的评论。因为他也明白很多人对我作品的误读。很久之后，他又重读一遍，对作品原有的好印象消失殆尽。我坚信，他如果通过深思熟虑来看待这篇作品，一定能发现其中蕴含了很多失误。结果是他的评论出版了，可竟然是一本书，并且也并没有让我感到满意。因为这本书大约是他的处女作，措辞上带有黑格尔式的沉重感，实在让我不忍卒读。因此，还会有人玩笑说，只有我和作者本人才能把这本书从头到尾读完。这本书的名字是《一个生者的论文集》，在这本书里，我不是一个诗人，而是从我所在的圈子里逃出来的一个稍有诗意的人。一旦遇到某些诗人的任务，我就会逃回我的圈子。又或者，我本身就是某些作品中的一个任务。他正不断地在为那本书添砖加瓦。

关于他，我将在下文详加叙述。他在我后来的写作生涯中，表现出了十足的友好和谨慎。

孤独的天才

在国内的时候，我几乎找不到任何人愿意公开为我的作品辩护，或者公开评论。相反，读者大众对黑伯格主编的《每日故事》却津津乐道，使得我的作品本身变得更加尴尬。除了这些故事的语言、内容，最重要的还是黑伯格的极力推荐，使得读者产生他们阅读的正是丹麦文学如今的精华所在。

但不管丹麦评论界多么不屑我的小说，我的读者群体还是在不断地壮大。并且，我甚至可以说我在创作上已经取得了相当的成就。虽然在我去意大利之前，我在诗歌方面的才华并不被承认，但现在情况却截然相反。然而即便如此，也还是没有任何一个丹麦评论家就我小说的构思、怪诞、幽默等艺术特色作出评价。我收到的不过是在瑞典文版本问世后，瑞典几家报纸所作出的一些更为全面、客观、善意的评价。他们持有一种善意、诚恳的态度在阅读并理解我的小说。德国亦是如此。正是从这些评论中，我拾获了继续写作的勇气。

对于《奥·特》和《不过是个提琴手》，《伦敦文学报》曾作出如下评论：

"近年来，很少看到那么自然、生动、有趣的小说。它对迷信情景、自然风景和外部物象的描写，对人物和事件、儿童及儿童心理真实再现，表现出了作者超凡脱俗的睿智和想象力。这些才华上的闪光点具有无穷的魅力。所以，我们可以毫不犹豫地称赞这本小说是一部能给各个阶层的读者带来巨大满足的书，可以荣登当今最优秀小说之列。"

几年过去了，前文所提到的霍奇，这位在丹麦拥有一定影响力的人物才对我的作品作出一番论述，并将读者的关注点吸引到我的小说艺术特色上来。他说：

"我们不难从安徒生构思最为精巧也最为出色的作品中看出他丰富的想象力、敏感的心思和最真切的感情。而这一切的来源是他的天才，或者说是一种稀有的天赋。这使他能在夹缝中求生，并且努力挣脱环境的束缚。其中最好的明证正是这三部小说的完成。另外，也只有那些品尝过生活苦酒的人才能写出如此深长意味的世界。满篇交织着痛苦与失意的情感，与他本身的经历血肉相连。在这个世界上，记忆从不会与她的儿女们分别。就像是古代神话中，所有人坚信记忆是缪斯的母亲。从安徒生的作品中，我们看到了他内心的世界，也需要学会去倾听来自心灵的声音。他把小说中一个又一个的人物写活了，并向我们展示了天才们共同的曲折（至少当他们处于困境时是这样）。

"从《即兴诗人》、《奥·特》和《不过是个提琴手》中不难看出，安徒生不仅是一个独立的个体，还是一个英勇卓绝的勇者。对此，他触动颇深，这就是他真实的人生经历。他描述出一个个奇幻的现象，但这背后却隐藏着一个个真实的世界，同时也展现出了许多人曾经历过的那种艰苦卓绝的奋斗历程。他对此当然深有感触，因为这就是他真实的人生经历。这并非完全是想象的产物，而是一种真实的记录。和很多真实的记录一样，这同样具有永恒的意义。其实，他不仅因此而成了一个天才的维护者，也是他事业的拥泵。正如我所说，这一切仅仅源于他所遭受的不幸。

"他的奋斗经历太过艰难，正如同拉奥孔将被巨蛇吞噬时高举在空中的手臂，可生活的苦酒却不容你不饮尽。当然，通常这酒是这个冷漠、傲慢的世界专门为天才们所准备的。所以，从他的小说里我们能真切地看到这一点，并发现其中的悲剧色彩，激发起我们的怜悯之情。无疑，这最能吸引住伤感的心灵。我们在《不过是个提琴手》里读到这样的情景：他笔下写的那只'高级狗'，当看到穷人津津有味吃着的食物，却觉得恶心把头别过去。毋庸置疑，这不过是一种精神游戏的表现，将自身最大的痛苦和烦恼向人们展现出来。"

丹麦在九年或者十年后才出现的如上评价，是从一位高尚、正直的绅士口中得来的。评论对我来说，就像葡萄酒，时间越久越好。我正是在《不过是个提琴手》发表的那年访问了邻国瑞典，途经运河来到斯德哥尔摩。而那时并没有如今所谓的斯堪的纳维亚情结出现，正是因为过往的战争已经消耗掉了邻国之间的信任。随着冬季的冰雪连接起丹麦与瑞典之间的沟通，瑞典人会坐着雪橇来到哥本哈根，而紧随其后的却是一些口中吐出污言秽语的街头少年。对于瑞典文学，我并没有任何深入的了解，但有部分丹麦人却坚信自己可以不费吹灰之力掌握瑞典文字。但事实上，我们知道的不过是翻译过来的泰格纳的《弗瑞斯奥福》和《阿克塞尔》。如今，日新月异，世界已然不再是那时的世界。

瑞典之旅

　　我曾拜读过几位瑞典作家的作品，其中我最喜欢的是不幸去世的瑞典作家斯塔格奈里乌司，其作品比当时的主流诗人泰格纳更富激情。一路向南，就在那里我与哥本哈根告别，也即是与我的母语说再见。因此，在瑞典的旅程让我产生了一半身处家中的错觉。我可以用丹麦语与人交流，听到了瑞典话的回答，仿佛瑞典话成了丹麦语中的一种方言。对于我而言，丹麦自身正在不断地延展开来，从两个民族身上我看到了明显相似的特性。我终于明白，为什么丹麦人、瑞典人和挪威人会如此亲密无间。在瑞典，我遇到了很多真诚、友好的人，并且凭借着天性的指引，我很快喜欢上了他们。至今为止，瑞典之旅成了我一生中最愉快的旅行之一。

　　我在瑞典，首次见到如此美好的景象：广袤的森林，浩渺的湖泊，壮丽的特洛哈塔和风光旖旎的海上小岛。与爱丁堡处于同一水平线的斯德哥尔摩几乎像君士坦丁堡一样重要，在这里我打开了眼界。对于初游者，每每听到沿河旅行就一定会是坐着蒸汽船经湖泊，穿越山脉，看尽满眼的云杉、桦树，领略无限的森林风光，仿佛置身童话世界那样。当游船经过水闸的上升或下降时，旅客们可以观光散步。我在这次旅行中，尤其是在游览广袤的维纳恩湖时，与瑞典小说家弗里德里卡·布莱梅不期而遇，这对我影响颇深。

　　到达特洛哈塔和维纳斯堡之间的那段运河时，从船长和乘客那里我得知了斯德哥尔摩居住的瑞典作家。当得知我想拜访布莱梅小姐后，船长说："她正在挪威旅行，你可见不到她。"我玩笑道："我到的时候，她肯定回来了。我在旅行中的运气总会不错，愿望大多能实现。"可船长却答道："这次你的好运可能不会及时眷顾你了。"三小时后，正当所有游客收拾妥当，上船准备离开维纳斯堡时，船长面带微笑拿着一份乘客名单对我说道："你真是个有福之人，好运果真降临了。布莱梅小姐就在船上，她也要去斯德哥尔摩。"随即，他将名单上布莱梅小姐的名字指给我看，表示自己说的是真话。可我还是不信名单上的这个人就是那位女作家。我以为他在逗我玩。他指给我看了名单上的名字，我还是不信这就是那位女作家。因为从船上乘客中，我根本就没有发现她。夜幕降临，当我们到达浩瀚无边的维纳恩湖时，正是子夜时分。

凌晨三点，为了看日出，我从床上爬起来。除我以外，还有一个岁数并不年轻的女士从船舱里走了出来。她身披斗篷，裹着披肩，与我同是看日出的人。我想，如果布莱梅小姐真的在船上，那么一定是这个人了。我开始与她聊起来，她冷淡地礼貌答复我的话。我问她是否是那位写过很多优秀小说作品的女作家，她的回答含糊不清，还反问我的名字。她承认听过我的名字，但没有读过我的作品，并询问我身上是否有携带。那时我身上刚好带着一本原打算送给比斯考的《即兴诗人》，我便借给她阅读。她径直回到客舱，闭门整个上午不出来。等我们再次遇见时，她满面红光，对我也非常热情。她说，在读过我那本书的第一部分时，就已经对我非常了解了。

我们乘坐的小船在山间穿行着，经过静谧的湖泊和森林，驶向矗立着无数悬崖岛的波罗的海。无数的岩石小岛坐落于这片海域间，有的岛上全是光秃秃一片岩石，有的则分布有草场、树、房子，真可谓一种奇妙的场景转换。

小船行驶在海浪和旋涡中，甚至有两次，所有乘客都必须保持原地不动直到领航员竭尽全力带领我们安全渡过艰险。就在那时，我感受到了自己被大自然的神力紧拽住不放，又被松开的境遇。布莱梅小姐告诉了我很多与这些海岛，以及内陆一家大农场相关的传说、故事。而我的旅程因此变得更加丰富有趣起来。

我与布莱梅小姐在斯德哥尔摩经常会见面。其后几年，我们之间书信不断，彼此间的友谊也因此得到了加深。她是一位高贵的女人，她全身心浸浴在宗教真理的慰藉和平静生活里的诗意当中，而她拥有着足以将其表现出来的足够的天赋和才华。

那时候，我的小说还没有瑞典译本。即使在斯德哥尔摩，也只有很少一部分人读过我的《步行记》和抒情诗，对我的理解仅限于诗人的身份。而这一小部分人大都是文学爱好者。在那里，我被他们以瑞典人特有的礼节热诚接待过，并得到了他们极大的关注。现已辞世多年的牧师达尔格伦当时以幽默诗见长，他曾为我写过一首歌。这里的人们非常热情好客，且友好善良，导致我对瑞典和瑞典人有着良好的印象。我与贝采利乌斯初次见面的地方就是斯德哥尔摩，他是奥斯特德曾向我推荐过的人。通过他，我在乌帕萨拉受到了热情的接待。就在那里待的几天里，当时还健在的路德博格教授带我去过芒德。在那里，我们用卡尔·约翰国王赠送的大银角杯畅饮香槟，为北欧人民的健康干杯。正如上文所述，我觉得我祖国的疆域已然得到了延展，我爱上了这片土地及土地上的人民。我这时才真切地感受到瑞典人、丹麦人和挪威人彼此间的亲密无间。就在我写于归途中的一首诗里，我将这种情怀表达了出来："我们是同一个民族，我们共同拥有一个名字——斯堪的纳维亚。"

对于政治，我可以说是一个门外汉。诗人大可不必为政治写作，即使在政界风波前也要表现出宠辱不惊的态度。斯堪的纳维亚民谣在鲜有人谈论起这个所谓的纳维亚人时已然产生了，而这正是源于三个民族之间的紧密相连和浓厚的情谊。虽然这不过是我个人的感受，但也希望每个民族能在自己的精神血脉中尽情分享这份情感，而非彼此分离，相互怨怼。

在国内，我所听到的很多人对这首诗的第一反应是"显然是瑞典人让他小题大做了"。多年过后，三国之间相互增加了了解。另外，欧伦施莱格、泰格纳和弗里德里卡·布莱梅也在竭力说服国人多阅读外国人的作品，使得人们逐渐了解并感受到这份情谊。曾经，彼此间因为看不到对方的优秀品质而产生并延续着一种相互敌视的状态。如今，这种相互对峙的关系消失无踪，瑞典人与丹麦人之间的关系逐渐变得融洽、友好、亲密起来。

斯堪的纳维亚主义的花朵在哥本哈根绽放，在瑞典或许也会有同样的成就。然而，我认为挪威未必能如此。在哥本哈根，我创办了一个所谓的社团"斯堪的纳维亚俱乐部"，在这个俱乐部，大家可以畅所欲言，谈论北欧三大民族。另外，我们还会举办历史讲座和斯堪的纳维亚音乐会，演唱贝尔曼、容格、林德布莱德和盖德等人的作品。而这些似乎进行得颇为顺利。而且，我写的这首歌也似乎受到了大家的好评，甚至有人认为这首歌比我的其他作品更有生命力。事实上，某位重要的公众人物曾对我郑重表示，我正是凭借着这首诗才配得上称作是"丹麦诗人"。如今，这首诗获得了极高的评价，可就在几年前还被人视为虚伪浮夸的产物。

难得是朋友

在瑞典和丹麦，不乏作曲家为这首诗谱曲，并且这首诗业已成为音乐会歌曲，虽然尚未流行开来。

从瑞典回来后，我就开始潜心学习历史，泛读国外文学作品。然而，一如既往，我广泛阅读，可从中获得最深厚感悟的还是这本书。夏天的时候，我曾在费恩岛小住一段时间。在这里，有很多房屋，譬如说凯·利克的老房子"利克别墅"就有着一种别致的浪漫情调。它坐落在森林边上，带有某种特别的浪漫情调。而丹麦天文学家第谷·布拉赫的死敌、颇具权威的沃尔肯多夫在格劳鲁普也有一处居所，现已成为尊贵的摩尔特克哈维特福特伯爵的家。在那里我受到了极为友好的款待，那里成了我最为舒适的家。我认为，漫步静谧的林间教会了我很多东西，甚至远远超过我从学校课本上获得的知识。

在《即兴诗人》的献词中，我曾表示，科林在哥本哈根的家是我的"家中之家"，那里住着我的父兄姐妹。现在亦是如此。从那些年我所创作的小说《奥·特》，以及戏剧《斯普若格的隐形女人》中，也能看出其中愉快的情绪，还有明亮的幽默色调。这正是科林家所带给我的，也就是在这种健康情绪的影响下，我才不致被不健康的情绪所影响，并变成病态情感的奴隶。尤其是科林的大女儿英格格堡·德维森夫人，她独有的幽默、睿智的头脑以及她欢快的情绪，都将深远地影响带给了我。当思想就像海平面一样平坦光滑、张力十足时，其上将会倒映出周围一切的景物。

　　我是一个多产的作家，也是丹麦作家中书卖得最好、读者群最广泛的作家之一。我每一本新出的书都能为我带来一笔不小的稿酬。并且，我的作品如今已经远销海外。事实上，我还没被黑伯格从他华丽的阳台上和《文学月评》封为当代最伟大的诗人之一，稿费相对也比较低。虽然我还过不上英国人眼中《即兴诗人》的作者应该过上的生活，但我的生活也没有什么多余的不如意。我还记得，查尔斯·狄更斯听到我的《即兴诗人》的稿费时，他满眼的不可思议。他问我："这本书能带来多少稿费？"我答道："十九镑。"他又问："是每二十四页吗？"我答："不，是整本书。"他随即说道："容我思考片刻，我们可能在理解上出了偏差。《即兴诗人》一整本稿费才十九镑？这简直不可能的，它一定是每二十四页的稿费。"对此，我只能表示抱歉，这确实不是每二十四页的稿费，我二十四页稿酬应该是大约十便士。他对此表示惊讶不已："要不是你亲口告诉我，我根本难以想象。"老实说，他对丹麦的状况并不了解，从而通过英国稿酬的状况来推算我的收入。我的英文译者或许挣的钱要远超过我这个原作者所挣的钱。然而，这些钱对我来说已然足够了。虽然生活所需已经足够，但不得不承认，我对钱还有着进一步的需求。

　　就我看来，如果继续这样写下去，对自己全无好处，于是我找到了其他的职业挣钱，可几次尝试都以失败告终。我曾向皇家图书馆提出过求职申请；奥斯特德还为我给图书馆的霍奇馆长写了一封热情洋溢的推荐信。在这封信里，他在探讨结束汉斯·克里斯蒂安·安徒生"作为诗人的功过"后，总结认为"他品行正直，思维缜密，很多人认为这不是诗人能具备的，但那些了解他的人都不否认这一点"。然而，这些话对于我的求职来说，并无任何益处。馆长礼貌地拒绝了我的请求，并认为我如此才华横溢，又怎么能沉浸在图书馆的琐事之间了此一生。

后来，我又与新闻自由协会取得联系，将我希望能像古比兹编那部著名的德国年鉴一样，编一部丹麦的通俗年鉴的想法告诉他们。因为当时的丹麦还不存在类似的年鉴。我坚信我已经在《即兴诗人》中显露了自己的才华，并且从我已经出版的数量不少的童话集中也可以看出我写故事的能力。当然，这个计划得到了奥斯特德的赞同和极力帮助。可协会的会员们却认为，协会难以承受这项工作所要花费的费用和才智。换句话说，他们认为我并没有胜任这项工作的能力。当然后来这本类似的年鉴还是出版了，并由协会赞助出版的，但编者不是我。

就这样，我满脑子都是另辟蹊径生存下去。幸而当时有一位年长的女士为我打开了她好客的家门，事实上，她的这个爱好比她身上所具备的一切良好品格更显而易见。通过我的书，她得到了极大的快乐，并像慈母一般对待我。这位女士就是如今已过世的老寡妇比尤格，娘家姓埃泽尔。不可否认的一点是，科林一直都在为我带来安慰和支持，但我只有在最艰难的时候才去找他以寻求帮助，这无疑是我羞怯的性格使然。我经历过真正的困窘，暂且不在此赘述。想不到的是，就像我孩提时代一样，每当困难来临，上帝一定为我打开另一扇窗。上帝即是我的幸运星。

当我某天在奈哈汶紧靠夏洛特坦堡的小屋坐着的时候，有一位风度高雅、面相和蔼的陌生人敲开了门。这个人就是已故的康拉德·兰佐·布瑞坦堡伯爵，出生于荷尔斯坦因，彼时正是丹麦首相。出于对诗的热爱，还有对意大利美景的向往，他希望能拜访《即兴诗人》的作者。在阅读丹麦母语版的《即兴诗人》后，他深受感动，并在亲友王宫中不断赞扬这本书。这位绅士口碑良好，品德高尚，文学素养也极高，有着极高的精神境界。在青年时代，他曾四处游玩，因为曾旅居西班牙和意大利一段时间，更有权评论我的书。于是，他决定亲自拜访这本书的作者。他安静地走进我的小屋，在表达谢意以及对书的欣赏之情的同时，要我去他家做客，同时，还坦承向我询问是否有任何困难需要他的帮助。我如实相告，说我为了生存必须要写作，这样的创作既不会有任何发展，还可能导致一定的生存困境。他亲切地跟我握手，并表示会以一个朋友的身份向我提供帮助。事实上，他也确实如此做了。我想，科林和奥斯特德在私底下一定和弗里德里克国王六世谈论过我。

重开的希望之门

弗里德里克国王六世在位的数年间，国家财政都会拿出部分钱来资助年轻的学者和艺术家到国外旅行。并且，部分没有固定职业的人还能获得一份被称为"赞助"的年薪。如，欧伦施莱格，还有在此之前的英格曼、黑伯格等，都曾收到过此类的年薪。当时，赫兹已经幸运地得到了这笔年薪，并使得他的生活变得相对稳定下来。当然，我也希望能和他一样有如此运气。结果这种幸运果然降临到了我的身上，我每年会被弗里德里克六世授予一年四十镑的年薪。

欢快和愉悦的心情从心底反映出来，我也不必像之前那样为生计被迫写作。如今，即使生病也会得到一份资助。这样一来，我就可以减少对周围亲友的依赖了。

从此，我的生活翻开了新的篇章。

第八章 ／ 生活的模样

上帝打开的窗子

从那天开始，我的生活就仿佛始终沐浴在春天明媚的阳光里一般，稳定感也随之而来。这时候回首过往，似乎更能清晰地看到上帝一如既往地对我的关注和帮助。一切似乎在一只巨手的指引下，向前进。这种信念越坚定，我就越是能看到心底的自信和坚持。

在小说《两个男爵夫人》中，我写入了这样的一种思想。如今我依旧坚信这个思想，并将其铭记于心。"英国海军在每艘船的缆绳上，无论粗细，都系着一根红线，表明它是君王的。而生活的每个人，无论大小，也有一根无形的线表明他是属于上帝的。"

到了这个时候，我的青年时代方才宣告开始，而我之前所过的都只能算是童年生活。过去，我只是在狂躁、凶险的大海中与海浪搏击，遨游于海洋之中。我生命的春天到了三十四岁时，才降临到我的身边。然而在明朗、温暖的夏天来临之前，天气永远还会有着许多变幻莫测。人生这种过程是必不可少的，不经历磨难如何能等到春天。

我的一位特别要好的朋友，在我之后的一次国外旅行中给我写过信，以他独特的文风道出了我内心的声音："是你那种敏感的想象让你相信，你在丹麦受到藐视。这完全是不真实的。你和丹麦都仍然更乐于承认，丹麦没有剧院。那个该诅咒的剧院！这是丹麦的剧院吗？难道剧院诗人和你扯不上一点关系吗?"

这些话是真实的,因为在很多年间我生活的很多痛苦都是剧院所带来的。有人告诉我,全世界剧院的人都很难伺候,这不过是再正常不过的现象了。从主要的临时演员到最重要的戏剧爱好者,几乎所有的人都会把你放到对立的天平上比量轻重。批评家们会在报刊上抓住某位舞台明星不放,如果一位称赞有加就会被认为毫无主见,只不过是学舌的鹦鹉。因此,也不必期望从他们的嘴里得到任何赞美的话。与其说这是他们能干的一件正事,倒不如说是人类演变出来的某种轻薄鄙陋的习惯。

那时候,人们的生活并没有把政治当成一个重要部分,而剧院就成了大家日常生活话题的重心。丹麦皇家剧院总算得上是欧洲最著名的一个剧院,其中有一些才华突出的天才人物。例如尼尔森正当壮年,演技出众,嗓音动听,折服了无数人。而莱杰尔博士,另一位舞台上表现突出的人物,从他的个性、天赋到音质,都特别适合演欧伦施莱格的悲剧。又或者是弗莱登达尔,他将一种现有的弥漫着文学与优雅的睿智的幽默带给了丹麦舞台。还有斯塔格,这位名副其实的绅士,颇具骑士风度,在表演喜剧角色时不时会露出一种粗犷的幽默气息。另外,黑伯格夫人、尼尔森夫人、罗森基尔德和费斯特等也都是剧院里会聚的天才演员。与此同时,在布侬维尔的领导下,丹麦的歌剧和芭蕾逐渐展现出美艳的身姿。

正如我刚才所述,丹麦剧院是全欧洲最著名的剧院之一,但这并不意味着"所有"主要演员都是同时代最具才华的艺人。至少某些人在我面前并没有表现出对诗人的足够的尊重。在我看来,丹麦的剧院一直缺乏严格的管理,而这正是一个个体融入群体所必须要具备的前提条件,也是必要条件。通过对几位演员的观察,公众对于剧院的管理总是抱怨连天,尤其是剧院选择的保留剧目，并且剧院的管理人员和演员也不过是差强人意。这是由人性中的不思变革导致的，与此相似的还有一些名气不如我的作家，都将经历相同的挫折。就算是欧伦施莱格，在很大程度上也会受到他们的忽视，或者说至少达不到我对他的重视程度。众所周知的是，就在他被起哄嘲弄的时候，演员们得到了赞扬。在国内，我甚至听到我的同胞们会以这种论调来谈起他们的天才。如果所有的国家都是这样，那么世界将会变得如此的悲哀。欧伦施莱格说过，若是孩子们与学校的同学隔绝了，当然就只能重复从父母那里听来的话。

当男女演员的天赋、与媒体的友情或大众的青睐度受到人们的重视时，他们才会把自己的地位上升到剧院的管理人员之上，甚至超越了作家。人们之所以这么做一定是怕演员拒绝演出某个角色或导致事情功亏一篑，否则就是担心他们演出前对剧本有意见，而对剧本的评价只能是在对剧本不知情的情况下，在咖啡馆里闲聊时进行。对于哥本哈根人，还会有一种典型的现象：当他们要去看一出新戏的时候，不会说"我正等着看演出呢"，而是会说"这戏估计好不了，嘲笑一下也无妨"。他们在嘘声中自得其乐。可并没有任何一位蹩脚的演员被人从舞台上赶下去过。受到哂笑的只会是诗人和作曲家，这些人就仿佛是孤独的罪人一般，观众们连绞刑架都准备好了。当哄笑响起后五分钟，就能看到很多美丑不一的女士们笑逐颜开，表情就像是西班牙妇女们正在观看一场血腥的斗牛表演一般。因此，一年中的 11 月、12 月对一部新戏来说，成了最危险的季节。因为中学生们在此之前忙于升学毕业考试，可这也正成就了之后最严厉的裁决。

大家都知道，国内几乎所有最主要的剧作家都是被嘘下台的，包括像欧伦施莱格、黑伯格、赫兹等人，更何况如莫里哀那样的国外最优秀的剧作家。

然而剧院对于每一位丹麦作家而言，依旧是最好赚钱的地方。就在我得不到帮助和资助的时候，曾试图以我的才华在这条路上谋生。可最终我给剧院写的歌剧脚本受到了严厉的批评，因此我转而试写轻歌舞剧。不得不说，那时候的作家可得不到科林当剧院经理时给到的那么多钱，甚至极其低。这一点我必须要加以说明，因为这就是当时的现状，永远无法回避。因此，有一位精明能干的商人担任剧院经理，这个人受到了人们的期待，希望他能将剧院的管理恢复井然有序的状态，因为经理就是剧院的会计师。人们期盼剧院能有所发展，因为他对此颇为乐观，也能顺利进入音乐圈子里。于是，他制定了剧本稿酬的付费方法。如果剧本的价值难以判断，可以根据长度来支付稿酬，具体可按每个小时一刻钟的周期来计算。因此每部剧首演的时候，舞台监督站在一边看表，看一个小时里演了几个一刻钟，然后计算时间支付稿酬。然而，一小时里的最后一刻钟是要免费交给剧院的，这正体现了商人的精打细算。因为每个人都会抱有必须要挣到能争取到的每一先令。可等我的轻歌舞剧《分离与相聚》卖出时，却深感吃亏。在剧院看来，刷本按单独题目分成了两部分，因此可以算作是两部歌剧，可以每一步单独上演。但因为剧院管理人员是诗人的权威，因此我将不能质疑权威的存在，还是让剧院的演员们去表达意见吧。

曲折的剧本

一个并不想饰演我剧中角色的大明星曾告诉我："很多很耀眼的明星都可以让你的戏大获成功，何必又要我来演那个男人婆呢?"有一位演员在排练的时候对我大叫："你的台词太难记了。"为此，我被弄得心烦意乱，躲到了一个角落里。随即，这些大明星们又说道："我们的话伤了你的心?你觉得我演得不好?老实说，我根本不想演。你加诸在这部剧的才华少一点，或许我会演得更好。你可以去跟别人说，就说我说你在撒谎。"就在这位艺术家正在滔滔不绝的时候，现在的公众也正在倾听。大家或许会认为我在说笑，因为这样的事不可能发生在现在任何一位青年作家的身上。在船上，如果对船长过多地干预，可能船就无法行驶下去。可是，这些人并不在剧院这艘大船上，但我却与剧院本身息息相关。因此，我不可能去为剧院招致麻烦。只有剧本被剧院所接受，我才能挣到更多的钱。而钱才是我生存的根本，没了它我无法生存。并且，正如卡尔·博格所说："看剧本不一定超过十个人，可听戏的有成百上千。"剧院就是一个大讲台。

后来，摩尔巴赫继任科林成为剧院经理。这是一位精力过剩，过分严格苛求的审查官。我相信，在他执掌剧院的时间里，凡是从他手里出来的拒绝或是接受的审读报告都将为我们提供最神奇的性格研究素材。后来他卸任不当剧院经理，黑伯格曾拒绝他儿子的剧本。为此，他还专门撰文阐述对青年才俊的责任问题。可一旦用这篇文章与他之前写的审读报告相比对比，就可以看出他的反复无常。显然，按照当时剧院的常例，我的作品被接受的可能性极低。于是，我经常收到剧院这样的客套话："该剧不适合本剧院。"剧院对于拒绝的理由向来都是吝啬的，通常他们真正想要表达的东西长篇累牍。其中，他曾口述一封信，语气温和地表达了拒绝的意思——那是他最擅长的技能：剧本只有等到夏天才能在剧院上演。

我创作的轻歌舞剧《斯普若格的隐形女人》在 1839 年夏天上演了，舞台背景使用的是为演出赫兹的《飞向斯普若格》而准备的背景，吸引观众的恰好是剧中的狂欢场景。这部剧因为受到公众欢迎，剧院把它列入了保留剧目。由于这出结构巧妙的轻歌舞剧在舞台上演出大获成功，因此比我预想的要多演了几场。可观众的认可并不影响剧院的管理层决策，我的新作还是一次又一次地被拒绝。虽然如此，我还是决意将法国的一个短篇小说《奴隶》改编成戏剧登台出演。我这么做是为了向世人证明，虽然剧院频繁拒绝了我的作品，但我还是要孜孜不倦、勤奋努力地产出新戏。

这是一出用韵体写成的新戏，一共由五幕组成。在写作有的段落时，我采用了帕鲁丹·缪勒抒情长篇抨击演说的形式，三或四句一韵。我坚信自己有能力让语言生动地展现在观众面前，就好像林间唱歌的鸟儿一样。虽然这出戏的主题我并不熟悉，但他却具有相当丰富的喜剧效果，并且因为我的抒情诗而光彩倍增。如果每个诗节都能被赋予音乐的律动，我相信我一定会努力让语言更具有整体的乐感，其效果也是令人耳目一新的。我感到，把剧本交给剧院前，这个故事已经汇成了我身心的一个组成部分。或许这次大家不会像上次我借鉴沃尔特·司各特小说主题时一样，批评我在舞台上糟蹋原著。剧本写成后，我读给几个好友听，并获得了这几个智者的称赞。我又读给几个希望能在剧本中扮演角色的演员们听，对方也表现出了极大的兴趣。尤其是我想说服成为主演的维尔赫姆·霍斯特，是对我最好又最具同情心的演员之一，对我表示了认可和支持。

就在弗里德里克六世的接待室里，一位来自西印度群岛的高官听说了戏的内容，觉得有损西印度群岛黑人形象。为此，他对我这出戏发起了猛烈抨击，并认为这出戏不适宜在皇家剧院上演。国王却答道："确实，但这出戏没打算在西印度群岛上演。"

事实上，剧本提交给剧院后，还是遭到了摩尔巴赫的拒绝。我们都知道，由他一手培养起来的舞台之花已经枯萎，而那些芳名远播的竟然是被他遗弃在野地里的野草。因此，被他拒绝对我并不会产生任何负面影响，反而对我产生一种慰藉。当时剧院还有一位担任国家枢密院议员的剧院经理，他个性耿直，情趣高尚，并热情拥护这出戏。另外，由于很多人听过我朗读过剧本，这出戏早已在公众间引起强烈反响。所以，剧院在经过慎重考虑后，决定上演。就在剧本被完全接受前，却发生了一件趣事。

摩尔巴赫是一个人品极佳、影响力巨大，但缺乏审美能力的人。他对我说，他想帮助我，可还没读过剧本。关于这部剧本，只有书面上的反对声音，口头上的却从未听到过。随后，他说道，我必须告诉你，这是一部由小说改编的剧。你也是一个小说家，为什么不改编自己的小说呢？我回答说，写小说和写戏并不相同，后者还包含戏剧效果。"这里有个舞会。""虽然这是个好主意，但我认为舞会应该出现在《新娘》这样的戏里。还有什么亮点吗？""这里有奴隶市场。"我说。"奴隶市场是个新鲜事物。老实说，是奴隶市场吸引了我。"最后我不得不承认，正是奴隶市场让剧本最终通过了剧院的审查。

峰回路转的首演

霍斯特在舞台第一次排练后，寄给我一篇写得情真意切的诗体文：

致汉斯·克里斯蒂安·安徒生

有一种奇妙的叮当声在我耳畔响起，就好像听到不远处轻柔的溪水穿过棕榈树宽阔的叶尖一般。在那里，我看到了庇荫在森林下迷人的自然美景、稻草田里晒太阳的稻草，还有在甘蔗地里奔跑的野兔，又或者是黑人兄弟简陋的小屋。只见衣衫褴褛的他们把门关上。磨房里像是挤压甘蔗发出的噪音时不时会传到耳边，监工们挥舞着皮鞭掠取着奴隶们的叹息。仿佛哽咽在喉，每当看到可怜的人们，我总会义愤填膺。而你的作品就如同一串美妙的音符，又或是隐形的翅膀。这些意义到底是什么？谁会想到前方的恐惧而面带笑容？在阳光毒辣的日子里，人们的欲望逐渐被焚毁，而荫蔽处却成了魔鬼的处所。万能的诗歌戴上王冠，将自然严酷的一面永久打入地狱。灵魂在棕榈树上方升起，就在监狱的围墙外恍惚间还能看到游荡的幽灵。哦，你就是一个优秀的诗人，我从你的作品中读懂我内心深处最真实的部分。我的心里再次把过往的记忆重新拾起，再一次融入温暖的阳光中。我正庇荫在你天才的光彩下。就在这约定俗成的微不足道的日常生活中，我在你的诗句中寻找到了灵魂的饲料。在你传达的思想里，我看到了变化多端的秘密，让我能在自尊、勇敢和真实的灵光中生活下去。你用你的硕果累累让祖国平添风采。

W.霍斯特

　　首演前的第二个晚上，我有幸被邀请将我的剧作朗读给克里斯蒂安王子和他的妻子听。我受到了他们亲切友好的接待，以及收获了他们热情赠送的一堆纪念品。

　　1839年12月1日，最具意义的这一天终于降临。演出海报张贴出来，演出前夜，我因兴奋不能入眠。人们正在剧院前排队买票。正值此时，皇家信使骑着马从街上飞奔而过。他们传来了一个令人悲伤不已的信息：凌晨时，国王弗里德里克六世已与世长辞。阿玛林堡皇宫刚宣布这一消息，人们随即就在欢呼克里斯蒂安八世的即位。皇城的四面城门紧闭，军队宣誓后入城。弗里德里克六世属于父权制时代，这使得从未经历过失去国王的人感到悲伤不已。

　　就在那两个月间，整座城市仿佛一间灵堂。克里斯蒂安剧院在国丧后首次开门，即上演了我的《摩拉托》——将它献给我们的国王。当然，这出戏的演出获得了他的首肯。

　　"这是一首关于战斗和胜利的赞歌，你发自内心与其达成协调，并诚实地为之向上帝表示尊敬。为此，我把这首歌献给我的国王。"

　　成功的首演收获了观众热烈的掌声。最初，这并不使我感到任何激动或者兴奋，只不过将我从长期的困窘和紧张中解放出来，让我可以更顺畅地呼吸自由的空气。接连几场的演出，每场都能收获观众的掌声。大部分人认为这出戏是至今看过最好的作品，而我真正的诗人生涯也自此拉开序幕。我过去的作品，无论是诗歌，还是小说《即兴诗人》、《不过是个提琴手》等，其重要性都不能与之比肩。总而言之，收获如此多的赞誉还是在之前的《步行记》首版时出现过。至今，我仅有两部作品得到正式认可，或许是一种谬赞。很快，《摩拉托》被翻译成瑞典文，并在斯德哥尔摩皇家剧院上演，大获成功。瑞典诗人瑞德斯特德为我的剧作写了跋语——帕乐梅寻求报复他的主人。在瑞典的一些小城镇上，巡演演员正上演着这出戏，而丹麦也由魏莱先生带队展开巡演，演到了马尔默。这出戏在伦德受到了当地大学生的热烈欢迎，甚至还有些人专门为此写了韵文向我表达诚挚的恭祝：

"你仿佛是丹麦美丽的天鹅，又是北欧的里拉琴，你唱出动人的旋律，使之成为时代的强音。你将的巴尔米拉建在帕尔纳索斯上（以前作为太阳神阿波罗和文艺女神缪斯的灵地——译注），把阳光和和平填满了空虚。我们的心灵在你的影响下变得更加美好，你在黑暗中将我带入光明。啊，诗人呵，你正是沐浴在绯红色晨光中的北欧神灵。"

此前，我拜访过在斯肯尼亚的兰格尔男爵。在那里，我受到了我们瑞典邻居的诚挚接待，对此我深表感激。我首次获得了国外的隆重欢迎，这让我至今仍旧印象深刻。伦德的大学生们邀请我参观那座古镇，并专门为我安排了节日宴会和演说，为我的健康祝酒。当晚，我还看望了几位朋友，并被告知学生们还为我安排了小夜曲的演奏。这让我有一点受宠若惊的感觉。我觉得自己仿佛身处一片热情的汪洋中，看见人群手挽着手聚拢过来，头戴着一顶顶蓝色的帽子。当然，我意识到自己还缺乏很多，因此总是表现得很谦恭。当然，被人们举起来的时候，我也并不过分拒绝。在他们面前，我不禁流出了激动的泪水。我自己内心坚持认为，自己还不配得到如此优待。虽然并不是每个人嘴角都携带有微笑，但满面都是友好与热情。与此同时，他们只是害怕一丝犹豫不决将会伤害我细微的神经。我清晰地记得他们的祝酒词："当你的祖国和欧洲各国向你表示敬意的时候，请你切莫忘记，第一个这么做的是我们伦德的学生。"他们强烈地表达了自己内心炽热的情感，这让我感动异常。我回答他们道："此时此刻起，我以我的名誉保证一定对得起他们授予我的殊荣。"那些距离我最近的人拉起我的手，我由衷地表达了对他们的感激和热忱。当我回到卧室，回味起这种兴奋而让人无法抗拒的激动感情时，自己依旧会喜极而泣。

赞誉与诋毁

我的几位瑞典朋友对我说道："别过分多虑，只要和我们在一起高兴就行了。"从他们脸上我都能读出非常高兴的情感，但我心头不禁涌现起一种庄重的思绪。当晚的这段记忆会经常在我脑海浮现，然而不被具有高尚情怀的人发现的是，这段我生活中的大事件将给我带来巨大的虚荣，使我长期沉浸于此。与其接受骄傲的滋养，不如将其连根销毁。《摩拉托》即将在马尔默上演，学生们还想到那里去看。于是我立马离开，避免在剧院再次出现。我的思绪带着愉悦感激的情感飞奔向了瑞典大学城，可那次将会是我与其之间的永别。丹麦如今已经传遍了青年学子那天所给予我的热情。正如他们所作的那样，我也回之以诚挚的感激。这种美好的敬意最终将融合于那座大学城中。

就在 1840 年 4 月 30 日这一天，瑞典报纸上有专文对安徒生的戏剧《摩拉托》及其所受到的热烈欢迎发表评论，那篇专文即名为《摩拉托新闻》。谈及由伦德学生发起的"美好星期五"活动，既是给予诗人个人的荣誉，也是对丹麦本身的赞誉。文中还提到了市政大厅举行的晚宴。对此，记者如是描述道：

"这里是邻国的首都，却传来了对民族最优秀的儿子的赞美之声，甚嚣尘上的批评之声也势必会因此沉寂。欧洲自有自己的思维，不会剥夺你作为诗人的资格。安徒生，作为一个诗人已不再独属于丹麦，还是欧洲的美好财富。我们热切地期望，现在由瑞典南方大学的青年学生给予他这种殊荣，并将这种荣誉传至国内，而不是当成锱铢必较的线索，引来无聊的是非。相反，应该将此当作是月桂花环做成带荆棘的花环。在此，我带着美好的感情与我们的诗人别过。我们在此保证，无论他走到何方，我们都会致以最真诚的祝福和情谊。"

因此当几位老友看到我时，显然十分激动，感激这份来自外界的尊重。对我，他们只有一个愿望，就是让我所有的快乐和思想飞向上帝，温柔且谦恭地向上帝祈祷，赐予我与之相匹配的力量和才华。

某些人对我绽放热情的笑容，而有的人却会给我嘲讽。显然，黑伯格就是其中的先驱。

在瑞典，我听到的尽是《摩拉托》的溢美之词，而国内却出现了一些批判的言论。他们说，我的剧情从别处借鉴，却不在扉页加以声明。这件事归咎于巧合，因为他们所要求的说明其实在手稿的最后一页已写明。但在付印成稿时，印厂却说纸张刚好凑够一个整数，如果要附加说明就必须要另外添纸，询问我是否将说明删掉。在征求一位诗人的意见后，他认为很多人都曾阅读过《奴隶》，并无必要强加说明。哪怕黑伯格在改编德国作家蒂克的《小精灵》时，也没有特别说明指出这本书的灵感源头。可人们以此为切入点，展开了对我的攻击。这些人逐字逐句地审读那篇法国短篇小说，并与我的剧本做出比较。有人将这篇小说翻译成丹麦文译本，要求《文选》编辑部尽速发表。当那位编辑告诉我这件事后，我请求他接受那些人的意见。

当我的剧本演出大受欢迎时，评论界却开始贬损它的价值。广泛好评让我异常敏感于这些不公平的评论，我已不再似从前一样具有那么强的承受力。我坚信，他们这么做的理由正是为了激怒我，再度把我降格为一个平庸之辈，而非出于对艺术价值本身的爱好。《每日故事》的作者在他最新发表的娱乐性中篇小说里赞美了《摩拉托》，同时又嘲讽了我在剧中提出的胜利精神，称其纯属无稽之谈。众所周知，黑伯格负责《每日故事》的出版，他自然而然地被认为与这篇中篇小说的作者有着亲密的关系。可就在戏剧《才干与狡诈》首演时，黑伯格的署名却出现在其上。可这部戏并不受欢迎，他很快又隐退幕后，声称该剧出自《每日故事》的作者之手，并将这位作者的作品集收入其中。

在我看来，这次的间接攻击一定是出自黑伯格之手，或者至少是他授意进行的。我深切地感受到他并不喜欢我，并且这种感觉逐渐变得明晰。我一直希望成为他的同道，并相信他不凡的能力，并且经常试图在活动的圈子里寻求与他接触的机会。可即使我谦卑恭敬地追随其后，我还是被这位曾经的丹麦明星拒之门外。至少，他给了我这样的确信。一旦我心生疑窦便很难化解，我以愤怒的眼神透过显微镜思索着每一位有心或无意的字眼。或许，我才是我所认为的那个最不公正的人。另外，与我关系密切的朋友们深受诗人黑伯格及其美学观点的影响，因此这也导致他们对我看法的改变。我经常试图因此自我放逐，觉得不会有人相信我。这是一次真切的创伤，并非忌妒或者虚荣，只要有人不断提起甚至赞美我的敌人，我便心痛不已。

幸而我的思维还算机敏，我展开了对《未带图片的画册》的构思和创作。单从德国的评论和再版次数来看，这本小册子是我所有创作中最为成功的一部。它甚至超过了我的童话故事，广为流传。最早一篇提及这本书的文章对此评价道："在许多的图片背后，包含着短篇和中篇小说的创作素材。一个真正有天赋才华的作者，有能力根据这些素材写出一部长篇小说。"事实上，我后来有部长篇小说就是据此写出来的。弗若·冯·戈伦承认，她的长篇处女作《养女》就是借鉴了《未带图片的画册》里"第三夜"的故事构思，它写的是月亮讲述"牧师花园里的玫瑰"。

献给无比珍贵的友情

在《未带图片的画册》被翻译成瑞典文出版时，有一篇献给我的一"夜"故事被增补其中。据我所知，这在国内并没有引起广泛关注，只有《哥本哈根早邮报》的西斯柏先生对这本书给予了好评。

但英国却出现了几种译本，评论界还对此给予了最高的评价——"一部坚果壳里的《伊利亚特》"。我曾见过一种装帧相当精美的英文版本，后来，还出现了配了图片的德文版的《未带图片的画册》。

正如上文所述，国内并不十分关注这本小说。相反，他们热衷于谈论这本书从别处借来的构思。显然，欧伦施莱格的《阿拉丁》也借鉴《一千零一夜》，黑伯格的《小精灵》借鉴了蒂克的童话。不过蒂克并没有很大的名声，因此没有人批评黑伯格的借鉴行为。

人们不断指责我借鉴别人的构思。这件事让我产生了一个创意，于是我开始创作悲剧《摩尔姑娘》，试图通过这本书让那些不公平对待我的人闭上嘴。与此同时，还可以借此维护我戏剧诗人的地位。我还打算利用这本书的稿酬，加上《摩拉托》省下的稿酬再次踏上出国的旅程。这次我计划不但去意大利，还会去希腊、土耳其。不可否认的是，我的首次出国旅行对我的精神产生了长足的影响。我认为，我能从生活和世界中学到更多更好的东西。因此，我全心全意期待着这次旅行，出于我在思想情感上对自己幼稚的评估，我希望能从大自然和社会中学到更多智慧。

作为剧院的审查员，黑伯格并不看好我的这个剧本。事实上，他根本不喜欢我进行任何相关的创作。在我的戏剧中，我为黑伯格夫人刻意设定了一个角色，可她却拒绝出演。我明白一点，就是如果她拒绝出演，将很少有观众愿意到剧院去看戏。而一旦这样，我将无法获得更多的稿酬以供我进行长途旅行。然而，我还是被她无情地拒绝了，我带着深切的伤痛离开了她家，找到几个朋友倒苦水。无论是我的诉苦被以讹传讹，还是因为作为大众偶像的她是不容抱怨的，总而言之，在其后的几年间，我成了黑伯格攻击的对象。他往往会抓住我的一些小瑕疵进行攻击。

然而，在公众看来，我还不配与他为敌。我内心如此确信，也如此承受。很快，他明确表示了对我的厌恶，虽然他夫人从未有过这样的表示。要是我现在说曾一度不满过她的举动，但愿她及其他人不要因此误解我的想法。这是我的请求，也是我必须要做的。当然，对于她的演技，我从未产生过任何质疑。可以说如果丹麦语与法语、德语同样在欧洲得到普及，她一定会成为欧洲最负盛名的艺人。她凭借着对所饰演角色的理解和表演天分，在悲剧表演中显示出了自己的才华，反而喜剧表演却资质平平。随后几年我慢慢地了解到，她是一位如此高尚且优秀的女士，一直对我十分热情，也会表现出一定程度的关怀。所以，刚才所说的情感不过是特定时期心境下的产物。话说回来，当时我确实抱有特殊的心境在看待事物。

暂且先撇开评价这种对我不公正的待遇是否正确。我受人厌恶，被人反对，并对不断遭遇的轻视与怠慢坦然处之。我对此备感耻辱，甚至与这些人发生过几次不愉快。如果继续留在丹麦，我将不会感到愉快，我再也无法忍受如此的境遇，我就要疯了。于是，我顾不得这部戏的命运，匆匆离开故土。就是在这种心境之下，我为《摩尔姑娘》写下了序言，明确而清楚地将我的病态情感表露出来，自然也会得到人们的嗤笑。如果我要把这个故事清楚、准确地表达出来，我不得不在此涉及所有的艺术派别，披露很多不为人知的事，并将很多不属于大众生活圈子的人介绍给读者。无论身处何种境况，我或是灰心丧气，或是怒发冲冠，后者或许更符合现实的情况。当时对我来说，可能最好的选择就是离开这个国家，而我的朋友们也都这么认为。

好友托瓦尔森从尼索写信来说道："只要能够，你就下决心离开这胡言之地……我希望你走之前，来我这儿一趟。要不然我们就罗马见。"

至于我那些诚挚友好的好友们则说道："看在上帝的分上，你离开一段时间吧。"就连奥斯特德和科林也催我开始国外的旅行。对于这件事，欧伦施莱格写了一首散文诗祝福我道：

"老者克莱斯特常说，如今的我已然不再去猎取诗意，可你却孜孜不倦地在寻找着。你现在立即前往，我盼望着你能带来令人满意的结果。到达希腊时，你要为我感受那美丽的天空、土地和水。可哪怕你变成了沃伦根人，也千万不要忘记身上流着的丹麦血统。就算你以这种身份归来，也无须在惨烈的战斗中为米克尔盖德国王浴血奋战。诗人的肉体不能用来换取最后的荣耀，而是要用思想为自己而战。你向我们展示你的力量，你向我们传达来自精神的歌曲。"

诗人霍斯特，我的好友之一，也开始了旅居外国的生活。他的诗《哦，你将失去我的故土》受到了人们的广泛谈论，他以直白、朴实、真诚且具有感染力的口吻表达了自己的感情。无论是对于国家还是对于家庭来说，国王弗里德里克六世的去世都可称为损失。就在第一首自然而优美的悼亡诗里，他将人们发自内心的悲伤感情充分表达出来。霍斯特就是当时的幸运诗人，不费吹灰之力，也无须别人推荐即可获得旅行资助。当然，这并不等于他毫无一丝悲伤之情。很多他在大学俱乐部的朋友为他专门举行了一个饯别会，使得我圈子里的青年好友们也为我举行了一次饯别宴会。这些人中除了年轻的学生，还有几位长者，如出版商瑞泽尔、科林、亚当·欧伦施莱格和奥斯特德——这些人正是照亮我困窘昏暗生活的一道光。就在我沉陷于离乡的巨大痛苦中时，欧伦施莱格和希勒若普唱起了歌，向我传达了亲密的感情。我于1840年10月再次游历意大利，随后去希腊和君士坦丁堡。在《诗人的市场》一书中，我对这段经历作出了详尽的叙述。

再次踏上旅程

我在出国途中，曾有几天住在荷尔斯坦因的兰佐·布雷登堡伯爵家里。这套属于他父母的房子我还是第一次来。在那里，我看到了景色优美的荷尔斯坦因，以及灌木丛生的荒野和沼泽地。虽然时值晚秋，天气却也是分外晴朗。我们某天去参观附近的缪司特多夫村的教堂墓地，其中埋葬了德国作家"西格弗里德·冯·林登堡"，他自称为缪勒·冯·艾泽豪。作为上世纪最受欢迎的作家之一，曾经拥有众多读者的小说家，年老时却被人逐渐遗忘。直到 1828 年 6 月 23 日去世，他从丹麦国王那里得到一笔补助金。如果他正如别人所评价的"天性敏感之人"，那么可想而知，他晚年依靠补助金生活的日子对他而言是如此的痛苦。我第一次坐上了火车奔走在马格德堡和莱比锡之间的铁路上，亲身感受到火车的速度，这成为了我一生中的一次大事件。这次旅行给我留下的深刻印记，这些我都写在了《诗人的市场》里。

我一定要去德累斯顿拜访门德尔松·巴托尔迪，早在一年前科林的女儿和女婿德鲁森先生就代他向我表达了问候。他们相遇在一次莱茵河的航程中，他们因为喜爱这位作曲家的音乐，便在听说门德尔松在船上后主动与其攀谈起来。当听说他们来自丹麦，门德尔松便问他们是否认识诗人汉斯·克里斯蒂安·安徒生。德鲁森夫人答道："我把他视为兄弟。"于是，他们共同话题的中心转移到了我的身上。门德尔松告诉他们，因为某次生病让人大声朗读

《不过是个提琴手》，从此便被这本书所吸引，继而对我开始感兴趣了。随后，他请求这对夫妇向我表达诚挚的问候，并表示如果我有机会经过莱比锡，务必过来看望他。可是，虽然我现在人在这里，但仅有一天时间。于是，我立马找到了他，那时候他正在音乐厅排练。我并没有表明自己的身份，而是说一位绅士由此经过希望能和他攀谈几句。他出来了，但从脸上显然能看出因为工作被打扰而显得有些恼火。他说："我真没时间在这儿跟一个陌生人聊天。"我答道："是您亲自邀请我来的，您说过，我不能经过莱比锡而不来看您。"

他立马认出了我是安徒生，并眉开眼笑地拥抱我，带我进入音乐大厅观看他的排练。当时他们正在演奏贝多芬的《第七交响曲》。后来，他虽然要留我吃晚饭，但我不得不离开了，因为我还要看我的老友布拉克霍斯。晚饭用过之后，我们立马乘上公共马车向纽伦堡进发———座我不得不去的城市。我向门德尔松承诺，如果回丹麦一定到此住几天，后来，我当然也实践了这个承诺。临走前，门德尔松拿出纸笔让我签名，我写道：

在管风琴鸣奏的教堂里，我们的菲利克司来到人间；只听见天使们口中说出的 "菲利克司"，音乐的圣火又重新在他身上燃起。

我第一次见到用达盖尔银版照相法拍出来的照片是在德累斯顿，听说这需要十分钟才能照好。与当时的其他东西不同的是，这种技术是一门新的艺术。在这次旅途中，我感受到了达盖尔银版法和铁路可谓当时的两朵奇花异葩。随后，我乘火车赶往慕尼黑拜会我的旧友们。

我在慕尼黑拜访了我的同乡布朗克、希勒若普、维格纳、动物画家霍尔姆、玛司顿德、斯多赫、考尔巴赫和诗人霍斯特。随后，我和霍斯特一同起身前往意大利。我在慕尼黑的几个星期里就是和他住在一起的。他是一位和蔼可亲、善解人意的人，也可以算是我真正的一位朋友。我们一起多次前往艺术家客栈，并享受巴伐利亚式的罗马生活，在葡萄酒的激发下我的灵感如泉涌。可在这里，我找不到任何家的愉悦感情，在这里的同乡也都并不真正喜欢我。他们就我作为一个诗人的特质所持的态度，与哥本哈根标准如出一辙。另外，他们却以另一种友好的态度对待霍斯特。所以，主要是我一个人去，有时候还是挺高兴的，然而这使得我更怀疑自己的能力了。出于我古怪个性的影响，我过分迷恋生活的阴暗面，沉浸在苦痛的记忆中，又会一遍又一遍地反复咀嚼。我更擅长于审视自己。

　　我在慕尼黑的几个星期，因为对同乡见面并不感兴趣，所以见了不少外国人，这些人不少都出现在我的《即兴诗人》和《不过是个提琴手》里。其中最著名的一位是肖像画家施蒂乐，他先来看我，随后便对我敞开了家门。就在他家里，我看到了科奈留斯、莱彻纳和著名的谢林，他们纷纷邀请我至家中做客。后来剧院经理得知了我，并邀请我坐在免费席上紧挨着考尔巴赫观看戏剧。在我的《诗人的市场》里，我对拜访考尔巴赫进行了描述。对于其他艺术家来说，他的艺术成就微不足道，但一旦把他放到艺术世界中去，则会变成一位伟大的画家。就在他家的一块硬纸板上，我看到了他临摹的《耶路撒冷的毁灭》和创作的《匈奴人的战斗》草稿。另外，我还看到了他的一些其他精美的素描，包括歌德的《浮士德》在内的精美的素描。我们今天都是能看到这些素描的。

　　那时候的我就好像一个失去了耐心的孩子，殷切盼望着与霍斯特一起出发前往意大利，让他也能感受到这个国家本身的美好所在。然而慕尼黑的同胞们，特别是布朗克和斯多赫不舍他离开。对此，他们的理由是要为他画肖像。很多天过去了，他还是没有告诉我准确的出发日期，我也只能放弃与这位诗人同行的计划。我决定独自出发，去领略那片我所热爱的、美丽的艺术国度。我们还是决定等他到罗马时我们再会合，一起出发前往那不勒斯。

我在 12 月 2 日离开慕尼黑，途经蒂罗尔，穿过因斯布鲁克和布伦纳罗山口，出发前往那座我所牵挂并渴望的、拥有我最珍贵记忆的家园——意大利。这次不同于有的人曾对我说的一样，"这或许是唯一一次幸运的机会"，我还是再度踏上了意大利的土地。此时，我内心中不断涌出异常激动的心情，郁结心中的哀伤瞬间消失殆尽。我向上帝祈祷，请求他赐予我健康和智慧的力量，以使我的诗人生涯能继续下去。

重回罗马

我到达罗马的时候，正好是 12 月 9 日。在《诗人的市场》里，我描绘出了这次旅途中的所见所闻所感。当天，我就在一户体面人家找到了一套很不错的公寓。公寓的面积不小，相当于把一整层租下来。我一个人先住在那里，等待霍斯特的到来。

然而，很长时间过去了，霍斯特还是没能赶来。于是，我不得不一个人在空旷的大房间里来回踱步，那时正值罗马的冬季，天气恶劣，四处蔓延了严重的热病，游客并不是很多，房租自然也不会很贵。

随着房间还附带有一个小花园，花园里长着一棵高大的果实累累的相橘树，墙根有一片玫瑰花正在盛放，我还能从那里听到从圣方济会修道院传来的修道士的歌声。这正是《即兴诗人》主人公同年住所的原型。

在罗马，我重新参观了林立的教堂和艺术馆，饱览那些价值连城的艺术瑰宝。我和几位相遇的老朋友一起在这里度过了圣诞夜。虽然节日气氛并不同于上次游玩，但终究是罗马的圣诞。紧随到来的狂欢节的气氛却显得与上次的大不相同，似乎有点儿不对劲，整个气氛缺少了初次来访时的那种祥和与美妙。大地颤着，台伯河水肆虐街道。随处可见划着船的人们四处逃窜，热病让整座城市蒙上了一层死亡的阴影。天气恶劣，冷风中还混杂着冷雨，并不好受。很多个夜晚，我就坐在大客厅里，仍有窗户和门缝中钻进来的冷风。壁炉里烧着淡薄的柴火，风吹乱了火苗的步调。我身子挨着火苗的部分还很暖和，但另一半却又寒冷不堪。我用披肩半裹着身体坐在那里，脚上也穿着长靴。在那段日子里，我连着好几个星期晚上牙痛得要命，那种痛也曾在《我的靴子》里出现过。

到了狂欢节前的 2 月，我还是没能看到霍斯特的影子。由于生病的缘故，身心俱疲。想到霍斯特是我一位诚挚善良的好友，我只能为他祝福。就这样，过去的一些记忆随即浮出水面来。就在那段日子里，我写下了很多短诗。

每天的天气都那么潮湿、寒冷，我开始收到家书。这些信与上次造访罗马时收到的一样，为我带来了很多噩耗：《摩尔姑娘》只上演了几场便悄无声息。正如我所料的那样，由于黑伯格夫人的缺席导致观众寥寥无几，剧院经理不得不撤台。根据新的规定，只有演出持续时间超过三个小时的剧本才能算得上是完整的夜场戏。如此一来，我便不能完整地从夜场演出中得到稿费。我的一位同乡收到一封信说，这出戏是被观众嘘下台的。虽然我知道这是胡说八道，但我听到这个消息还是会觉得不愉快，正中了传闻的目的。随即我得到确切的信息说，这出戏本身还颇受欢迎，只不过是没有满座罢了。本剧的主演霍斯特夫人演得很棒，也十分到位。并且，哈特曼的音乐也极具个性。然而缺陷在于舞台的表现方式实在太过糟糕，枯燥无味，纯粹是在消遣。剧本里描写的在阿尔汉姆布拉那一幕经典剧目在演出中变成了一部笨拙的滑稽戏。所有的这一切都会被观众归罪于剧本的作者。我还被人告知，扮演拉扎龙的优秀演员菲斯特先生充满了幽默气质，让整场的观众笑声不止。

可对我来说，没有比黑伯格对我积怨极深更糟糕的事了。他在哥本哈根被视为丹麦文学的神明与先知。而此时，他的新作《死后的灵魂》刚刚出版，这又引来了所有人的关注。据我的那位同乡说，我变成了"真正被取笑的对象"。就连我的一位知己好友也对我说，这部戏写得很好，里边散发着对我的嘲弄色彩。以上就是我所能听到以及知道的，但并没有详细告诉我黑伯格讽刺我的具体手段，也没有告诉我这部剧的笑点所在。每个人只是简单地描述道："安徒生成了真正的笑柄。"当我只知道被人嘲笑却不知道缘何被嘲笑时，也没有什么比这个更愚蠢的了。这些点点滴滴的信息就好像熔化了的铅，慢慢渗进暴露的伤口里。

直到回国后拜读那本书，我才发现根本没必要把那些话放到心上。黑伯格并不愿看到我功成名就，他的新作也把我的出名总结为"从斯肯尼亚到汉德斯鲁克"。换句话说，黑伯格肯定了我在他旅行过的地方"从斯肯尼亚到汉德斯鲁克"是成名了的。他并不喜欢我，因此在他的世界里我永远待在地狱。但在读过这部作品后，感觉他确实写得不错。于是我打算给他写一封信，感谢他这部戏将欢乐带给了我。但这不过是我的黄粱一梦罢了，梦醒后我方才醒悟，我的这种道谢或许会加深他的误解。就我被打进"黑伯格的地狱"来看，从最先听他朗读过诗作的人口中我得知，那时的我尚未被丢弃在地狱之中。显然，我是后来才被打入地狱的。

如前所述，我身处罗马，并不清楚那本书。但我却能听到射向我的枪林弹雨，感受到自己伤口的疼痛，殊不知这些箭都被抹了毒。于是，我再度旅居罗马又给我带来了上次一样的苦涩回忆。我深切地感受到，无论我如何热爱这座伟大的世界之都，无论这里如何吸引我，它都不是我的幸运所在。在那里，我度过了长久的阴郁且痛苦的生活，并不比1833年那一趟更甜蜜。我心病颇重，急切要离开罗马。

大约是狂欢节的时候，我才看到霍斯特。同行的人还包括我们共同的朋友康拉德·罗斯，现哥本哈根大教堂的牧师。我们一行三人于2月离开罗马，前往那不勒斯。曾有一个迷信的说法流传在罗马的外国人中：离开罗马的前夜务必去饮喷泉的水，以保证还能再度光临罗马。上次我离开罗马的时候，并没有饮过喷泉的水，这件事扰得我彻夜难眠。后来幸而有个看门人帮我拿行李，我和他同行刚好经过喷泉。我用手指蘸着喷泉的水尝了尝，坚信我将来一定能重回罗马。这次我果真又来了。然而这次临行前我并没有饮过喷泉水。但驿车出发后又突然改道，要去接一位修道院的牧师，我们又再次经过喷泉。于是，有了我的第三次罗马之行。这位牧师是唱诗班的指挥，十分有趣。在阿尔班诺，他脱掉牧师服，变身成为一个愉快的绅士。牧师为大家唱歌，让大家感到很愉快。他就是后来霍斯特的《意大利速写》中提到过的牧师。那不勒斯很冷，白雪覆盖了维苏威火山以及四周的群山。我发烧了，身心经受着煎熬。外加上持续几周的牙痛，让我变得脆弱而神经质。我尽力与疾病抗争，坚持与同乡一起来到赫尔丘兰尼厄姆。就在他们在这座挖掘出来的镇子里四处游玩的时候，我却只能在高烧中坐着。不过很幸运，我们上错了火车，并没有继续去庞贝，而是又回到了那不勒斯。我一回到住所就已经非常虚脱。于是在那位勤劳的那不勒斯房东坚持下，我验了血，因得到了及时救治，我终于从地狱的门口走了回来。一周后，我才感觉到体力大致得到恢复，便搭乘一艘法国战舰离开那不勒斯，往希腊前进。我听到在海岸线上，人们用意大利语高声唱着"欢乐万岁"。确实，我们只要能得到欢乐即好，欢乐万岁。

在希腊

不可否认，新的生活即将开始。读者或许不能从我的作品中读出我人生观的改变，但它的确促进了我的成长。我离开那不勒斯的时候，正是 3 月 15 日下午。我对这座城已经十分了解，并在这里结交了不少朋友。如今我即将离开，就仿佛将要告别整座欧洲的家园一样。我体会到青春的飞扬，内心中的闪光正如一泓忘情的溪水，洗濯了我曾经郁积的苦涩回忆。我深感自己的身心恢复健康，我无畏果敢的胸膛此时又重新挺起。

阳光洒遍了整座那不勒斯，维苏威火山四周修道隐士的茅舍围绕着云朵，大海也变成了一座磨坊的池塘。次日晚上，我被叫起来去观赏斯特龙博利火山地火的喷涌，被照得通红的海水好像正在燃烧。翌日清晨，我们经过墨西拿海峡中的卡律布狄斯旋涡，来到了斯库拉巨岩，观看海浪拍岸的景观。西西里低垂的悬崖峭壁，还在冒烟的埃特纳火山上还是覆盖着白雪，一切美景尽收眼底。

在《诗人的市场》里，我曾叙述了这次沿海岸线的旅行。在马耳他岛稍作停留后，我们花费了几个日夜在地中海上欣赏美景。地中海被夜色笼罩着，碧波荡漾，群星交辉，一切显得如同幻境。从维苏威火山迸射出的光线仿佛抛洒下的斯堪的纳维亚月光，偶尔还能瞥见一两处阴影。水面上还停留着嬉戏耍闹的体型硕大的海豚。船上一片活跃气氛，演奏音乐、唱歌、跳舞，应有尽有。我们一边玩牌，一边谈天说地。在这艘船上，有美国人、意大利人、亚洲人，有主教，有修道士，有政府官员，也有纯粹的旅游者，乘客并不单一。可大家都能在区区数日的海上生活中和睦相处。在这里，我找到了在家的自如的感觉，因此当在西拉岛下船时我感到了莫名的不舍和伤感。从马赛到君士坦丁堡的航线，通过西拉岛取道从埃及亚历山大港到雅典比雷埃夫斯的航线。为此，我必须要在西拉岛换乘一艘埃及船，我便成了除一位来自阿富汗西北赫拉特的波斯人外，离开"列奥尼达司"号船的游客。

西拉岛远看像一个帐篷摊，或者说一座大营房，在每家的房子前都有一片这样的大帆布。海滩上随处可见身穿红衬衣、白短裤，在阳光下晃动着红白相间身影的希腊人。开往比雷埃夫斯的希腊船通常在这儿检修。于是，我只能乘上了一艘刚好抵达的亚历山大船，它只在我们到比雷埃夫斯的那几天检修。我把这次旅行的见闻都写入了《诗人的市场》一书中，读者大可从中获得具体的细节。我再次无须赘述，一笔带过即可。

在比雷埃夫斯港，这艘船必须要停在这里接受检修。只见一艘小船立马划了过来，上边全是德国人和丹麦人，他们听说我要来，刻意把船靠近专程欢迎我。检修一结束，他们又回到比雷埃夫斯来看望我。上岸后我们雇请了一个身着民族服装的希腊仆人跟随我们一起穿过大片的油橄榄树林，出发前往雅典。其后，隐约间能看见雅典卫城的帕特农神庙的模糊身影。特拉沃司，身兼荷兰和丹麦两国领事，会说丹麦语。

我在这里新结交了一位朋友，他就是来自荷尔斯坦因的法庭牧师路斯，他的妻子则是一位来自弗莱登堡的小姐。他告诉我，他通过阅读原版的《即兴诗人》学会了丹麦语。同时，我还结识了同乡柯彭、建筑师汉森兄弟和荷尔斯坦因的罗斯教授。在这座希腊皇城里，我听到了四处回荡的丹麦语，品到了为丹麦以及我而开的香槟酒。

我在雅典停留了一个月。我的朋友们本来计划在我生日4月2日那天去拜谒帕尔纳索斯山。然而由于冬天的几场大雪，我不得不待在帕特农神庙度过我的生日。我在雅典新认识的朋友中，时任奥地利公使的普洛克西·奥斯腾斯是我觉得最喜欢且最有意思的一个人。此前，我读过他写的回忆录《埃及和小亚细亚》、《圣地之旅》，早已对他有所了解。

在特拉沃司引见下，我见到了希腊的国王和王后。我与他们一起远足了几次，觉得非常有趣。在希腊的这段时间里，我正赶上过复活节，我把这一段经历都详细记载在《和平的节日》里。

在我看来，希腊远比瑞士更有尊严，其天空也比意大利澄澈。我在这里领略到了自然风光本身的庄严感，并让我至今难忘。置身于这样的世界中，就好像身处世界大战中，所有国家都在这里战斗，都在这里陨落。这里每一条干涸的河床、每一座山冈和每一块石头都记录了无数伟大的记忆，我竟然无法用言语表达。在这里，每个人的日常生活变得微不足道。我百感交集，思绪复杂交错，但一个字也无法写出来。我有一种要写诸神大战，战败、抛弃和驱逐的故事的冲动。在犹太行吟诗人的口中，我得到了创作的灵感。我想用真实的叙述方式表明这一主题，可这又与很多其他诗人在创作同类主题作品时的描写手法迥然不同。事实上，我在大脑里构思这个创意已经很多年了，只不过从未形成真切的形象罢了。我经历了众人口中传说的每个寻宝者必须经历的遭遇：他们原以为找到了宝藏，但宝藏却突然失去。我并不清楚我能否拥有让宝藏重见天日的能力。我明白，我一定要学习更多的知识，为此我勤奋读书，在创作冲动的指引下仔细选择要读的书。

每每大多数评论家批评我知识结构不完善时，我就会更加努力地读书。当然虽然每个人都会说读书，但人与人之间的理解却大相径庭。一天，我在某位好为人师的老妇女家里，她对我说，人们说我读书少是不无道理的。"看来你对神学一无所知，在你所有的诗作中，从来没出现过哪怕一个神或女神。你必须要读一些像高乃依和拉辛写的那种神学方面的作品了。"

危险的选择

我开始动笔创作《亚哈随鲁》古波斯国王是在雅典的那段时间，希腊人称亚哈随鲁为薛西斯，《圣经》译注第一部分里以斯帖的丈夫。为此，我广泛涉猎，还做了大量的笔记。以上最初都是在雅典搜集的资料。很快，我又把它抛诸脑后，可写作的欲望并没有被我遗忘。很长一段时间我把自己从这篇创作中解放出来，并安慰自己道：即便是暂时放弃，也不阻碍创作能力的增长。

4月21日，我再次乘船从比雷埃夫斯回到西拉岛，并搭乘从马赛驶向君士坦丁堡的"拉姆西司"号，一艘法国的蒸汽船。在爱琴海上，我们遭遇了风暴，这使我脑海中再次浮现出沉船和死亡。然而，当我想到所有的事情都将成为往事，内心又恢复了平静。周围的人正在号啕大哭、哀告不止时，我却静静地躺在床铺上。恍惚间听到船体传来一阵阵爆裂的响声，但我还是沉沉地睡下了。一觉醒来，我们安全抵达了士麦那湾。自此，我又看到了世界的另一面。当我第一眼看见这座城市的时候，确实心生畏惧，与小时候在欧登塞走进圣卡努特教堂时心情一样。在这里，我会想起血洒大地的耶稣基督，想起了荷马，这里成了世界上所有诗歌的源头，蕴藏着永恒的艺术魅力。这是亚洲的海岸向我布道，俨然这是人类所建造的教堂里最动人心魄的布道。

士麦那看起来壮观宏伟，这里的房子都是日耳曼式红色屋顶的建筑，其中还夹杂着几座尖塔。在威尼斯式的狭窄街道上，时不时会经过一只鸵鸟或骆驼，这时路人只能躲在房子里，把屋门打开。街上人来人往，戴着面纱的土耳其妇女，只能看见她们的眼睛和鼻尖。那些戴着黑白相间帽子的犹太人和美国人，有的看起来像一口倒扣的锅。还有飘扬着代表各自国家国旗的领事馆。一艘正冒着烟的土耳其蒸汽船正停靠在海湾里，船上挂有一面带有一弯新月图案的绿旗。

正当我们离开士麦那时，已然是黄昏时分，新月高悬在特洛伊平原阿基里斯墓地的上空。早上六点，我们乘船抵达达达尼尔海峡。靠近欧洲的一边是一座有着红色屋顶的小镇，布满了风车，一座美丽的要塞坐落其上；靠近亚洲的一边只有一座窄小的要塞。这时，对于我来说，亚欧大陆之间的距离就像从赫尔辛基到赫尔辛堡一样。船长说，这也不过是三里格左右，一里格约合三英里。随后，我们经加利波利半岛进入了马尔马拉海。这座带有日耳曼式忧郁格调的加利波利半岛，很多老房子都带着凸窗，还有木制的阳台。被悬崖围绕着的半岛，崖壁低垂，景色中暴露着张扬的野性。海面上无风无浪，可晚上又是大雨倾盆。本是北欧的寒冷天气转移到了这里。翌日清晨，围绕在雨中的君士坦丁堡，这座辉煌壮丽的城市变成了像威尼斯一样的海上城市。鳞次栉比的清真寺，一座壮观过一座。还有精美优雅的土耳其宫殿。

'东升，把阳光洒向亚洲的海岸，幽暗的柏树林还有斯库台尖塔。这景色是如此辉煌壮丽！海湾里来回穿梭着很多小船，海面上飘荡着连绵不绝的笑声、叫声。来人正是来帮我拿行李的可敬的土耳其人。

在君士坦丁堡，我足足玩了十一天，心情不错。我被丹麦公使邀请到他距离君士坦丁堡几英里远的乡间别墅做客，可我更愿意留在城里。在这里的丹麦领事，一个叫罗曼尼的意大利人照顾我。君士坦丁堡所有的尖塔都点亮了，整座城市变成了由无数小灯织成的网，光彩夺目，灯火通明。大小船只全都挂满彩灯，我此时正置身于如此灿烂的东方之夜中。傍晚时分，奥林匹斯山沐浴在落日的金碧辉煌中。这一刻，我看到了一幅最具童话色彩的画面。

我原计划经黑海和多瑙河回国，但听说罗马尼亚和保加利亚的部分地区数千名基督徒被杀，安全堪忧。于是，我们同行的人都放弃了这次计划，唯独我坚持要这么做，但其他人都劝我改道希腊和意大利回国。于是，我陷入了两难的境地。我相信，我并不是人们口中常说的那种勇者，但真正让我恐惧的却是一些小的危险。反而到了大难临头，而我又不得不得到一件东西时，我又会变得坚定异常。并且，这种意志力会日渐增长。虽然我能听到自己全身因为害怕颤抖的声音，但我还是去做我认为正确的事。我应该这么思考，一个天生的胆小鬼如果已经明白什么事自己应该做的就应该与之抗争，而不必为自己先天的弱点而愧疚。

我有一种想去了解这个国家的内陆地区的强烈欲望，我想到那里去看看广袤的多瑙河流域和沿岸鲜为外国人知晓的自然风光。这让我手足无措，我能想象出可能会发生的最可怕的事。思前想后，彻夜不无眠。次日早上，我找到了斯多默男爵，希望他能给我一些意见。他鼓励我去冒这个险，特别是有两位军官也和我同道去维也纳送急件，如果有必要，可以与他们同行，求得沿途保护。于是，我决定了从多瑙河走。心意已决，我便义无反顾地决定这么去做。我坚信，我忠诚信仰的上帝会保佑我的绝对安全。

我于 5 月 4 日晚上登上了停靠在土耳其宫殿外的那艘船。然而，就在次日清早起锚时，我得知那艘即将要与我们会合的奥地利大蒸汽船于前夜在黑海的大雾中触礁沉没，这真是一个巨大的不幸。我们正在风光旖旎的博斯普鲁斯海峡上航行，又经历了浓雾和巨浪的考验，之后船抛锚在了科斯腾斯稀城外。船整整一天的时间都停靠在罗马皇帝图拉真修建堡垒的旁边，这座堡垒现在已经荒废。在那里，我们乘坐一辆白牛拉的装满篮状编织物的大车出发，途中还穿越了一片经常有野狗游荡的不毛之地。一路上，我们还经过位于多瑙河下游与黑海之间的多布罗加。这是两片墓碑都被毁坏的墓地，这里曾是一座很大的集镇，被俄国人焚毁于 1809 年的战争。

危险之旅

    我们走了很多天才走出了俄国人与土耳其人生死决战的遗迹。一幅多瑙河流域的风光图逐渐在我脑海中被勾勒出来，图中，可以清晰地看见苦难的村庄与颓败的堡垒。我还仿佛看到了整片的废墟或堡垒、要塞。船刚一靠近有无数尖塔的路斯楚克，骚乱的迹象就很明显了。在人头涌动的岸边，两个身穿法兰克服装的年轻人正被扔进多瑙河。两人一起朝岸上游去，但只有一个人上了岸，而另一个人却在要上岸时被人用石块砸。然后，他调转方向朝我们的船游过来，不断向我们求救："救命，他们要杀我。"船停在了河中央，我们把他拉上甲板。随即，我们在甲板上发射了信号，并得到来自岸上的回应。一位从前的本地帕夏（土耳其高级文武官员的尊称）保护着那位可怜的法兰克人离开了。

    次日，从船上我们可以看到覆盖着积雪的巴尔干山脉。第三天晚上，据说暴乱竟然延续到了山脉与我们之间。我们听说，有一个全副武装的鞑靼人在从维丁经该国向君士坦丁堡送信途中遇伏被杀。我相信，这种命运并不会就此停止。第三个人眼看着护卫被劈成了两半，自己只能逃跑到了多瑙河。他就藏在苇草丛中，等待船只出现。他身裹羊皮从泥里冒出来。在昏暗光线的照耀下，他这样一个武装到了牙齿的人显然已经足够吓人了。他同我们一行逆多瑙河而上，整整一天的路程。我们的船停靠在土耳其人坚固的堡垒维丁，经过彻底熏蒸消毒以后才能上岸。之所以这么做，是为了防止君士坦丁堡流行的鼠疫传播。那时候，住在当地的侯赛因帕夏送来了登载最新消息的报纸。因此，从德国人那里开始，我们培养了对这个国家的良好印象。

逐渐地，我们看到了塞尔维亚像一座原始森林出现在我们眼前。当时，我们的小船沿多瑙河航行了很多里，在铁门这段，因为水流湍急，所以花了好几天的时间。对此，我把关于它的详细描述记录在了《诗人的市场》里。我们在老奥尔索瓦接受了检疫。过去，这里的建筑仅仅是为瓦拉几亚（旧时欧洲东南部一公国）农民，以及与农民境况差不多的旅行者准备的，几乎所有的房间地面就是床铺，饮食状况并不好，而如果有酒就非常幸运了。我和一个英国人同居一室，他叫爱因司华兹（他兄弟是个诗人），正在从库尔德斯坦回来的归国途中。

《诗人的市场》英文版在英国出版后，爱因司华兹应《文学报》编辑之约，发表一篇关于我们检疫期间生活的回忆录。他说道，我"特别擅长剪纸。无疑将欧洲之旅的所有景色，甚至于缪路易斯的素描以剪纸的手法让其跃然纸上"。

检疫结束后，我们穿过遮掩在茂密栗树林下的军事边界线，浏览了很多古代罗马遗迹，有焚毁的桥梁、塔楼，还有崖壁上的巨大的"图拉真碑刻"。身着艳丽服装的瓦拉几亚农民，变成了成群结队的奥地利士兵和山洞中宿营的吉人赛人。眼看着一幕又一幕如画的风景从眼前飘过，每一幅画都不尽相似。可一旦我们上了船，画中的风景就变成了拥挤的人群，挪动都很困难。他们的目的地都是佩斯，要去那里参加最大规模的博览会。漫漫旅途，彻夜难眠让我更有机会去了解匈牙利农民的生活。进入乡村，地势逐渐变得平坦起来，景色也不如先前一般富有变化。当我们临近布拉迪斯拉发（原为匈牙利首都），发现景色又变得美丽了。当经过底比斯古希腊城市到达维奥蒂亚（古雅典的劲敌）境内时，一片火海映照在我们眼中。我们在多瑙河上度过了二十一天，直到在普拉特靠岸，进入皇城。在那里，我拜访了一些老朋友，并立即取道布拉格和德累斯顿踏上归国的旅程。事实上，这次旅程中，我从意大利经希腊、土耳其到汉堡，行李只在奥地利和德国边境被检查过两次。可就在我回到丹麦进入哥本哈根之前，行李却被检查了不下五次。第一次检查是在进入荷尔斯坦因时，第二次是在阿洛松，第三次是在费恩岛上岸时，第四次则是在斯拉格斯下驿车时，最后一次是在抵达哥本哈根时。那时候的规矩正是如此。

在汉堡，我刚好遇到那里举行盛大的音乐节。在我吃饭的时候与几个同乡相遇，在看到我正颇有兴致地与友人们聊起富有魅力的希腊和富裕的东方世界时，其中一位来自哥本哈根的老妇人对我说道："说得好啊，安徒生先生，这次旅行你可收获不少。你看到的东西有我们小小的丹麦可爱吗？"我给了一个肯定的回答："是的，我确实看到了许多比丹麦更美丽的东西。"她却大声嚷嚷道："不知羞耻，你并非一个爱国者。"

我在欧登塞时，还看到了那里举办的圣卡努特博览会。一位来自费恩岛的可敬女士说："很高兴你能在漫长的路途中安排访问博览会。我总是这么描述道，你是喜欢欧登塞的。"真有趣，我又变成了爱国者！

来到斯拉格斯城外，那个我曾经上学的地方，我遇到一些老熟人，因此产生了一种神奇的感觉。在我上学期间，我经常去看望那位善良的巴斯霍姆教长。这位教长每天晚上都有和夫人从花园后门走出去，沿着玉米地边的小路一起散步的习惯。很多年过去了，当我走在斯拉格斯的大街上时，还是能看见这对正在沿着玉米地边小路散步的年老夫妇。我被这种奇妙的景象深深打动。虽然我早已离开故土，可这种景象仍旧一年又一年地在重复。横亘在我们之间的这种巨大差异，极大程度地震撼了我的思想。

感恩的心

8 月中旬，我终于回到了哥本哈根，上次的焦虑、痛苦感没有紧随其后。当看到那些我所喜爱的朋友时，我内心充满了喜悦，并得到了他们诚挚的祝贺："归国时刻，就好像是包含在一朵花里的旅程。"

随后，我的《诗人的市场》出版了，它按照德国、意大利、希腊等不同的国家分成几个章节。虽然国境不同，但都住有一些我必须要感激的人，我把他们的名字嵌入了这本书的每个章节中。诗人就像一只鸟儿，要将全部奉献出来。因此，我应该像小鸟一样，把歌献给每一个我爱的人。这是我大脑里突然浮现出的单纯的想法，仅限于抒发自己感恩的情怀。在我的作品集里，我删除了所有原有的献词。虽然读者最终会理解这些献词的重要性，但我还是删除了在《诗人的市场》里所有的献词。在献词中，我表达了对我朋友们的诚挚敬意和感谢之情，可这些献词却成了我之后很多麻烦的来源。

人们如今业已能大致了解这些献词的意义了，但在当时它们却得不到理解。人们仔细研究献词，并把它作为我虚荣的证词。他们认为，我罗列这些名字以及我们之间的关系的目的，是为了炫耀这些重要人物与我的亲密关系。然而，读者们阅读这本书后，除了几家报纸的报道，我并没有看到任何一篇真正的评论。而字数太多成了很多人批评的重点，甚至于有位精明的且斤斤计较的人对我说，"你该按章节出版这本书，这样读者可以慢慢消化。书自然也就更有反响了。"

　　对于《诗人的市场》，哥本哈根的评论向来都充满了非理性的色彩。有的人认为我夸大其词，过分浮夸，描写简直糟透了，譬如说我描写在士麦那看到的新月，竟然连月亮四周笼罩的一圈儿蓝色光晕都描写出来。对于自然，我们丹麦的评论家们向来少于观察，就算有些地位的《文学月评》也指责我在一首诗中对月光中彩虹的描写，并以此证明我想象力的无稽。我曾向奥斯特德抱怨过这些评论。有位现在已是教长的先生，我想那评论多半出自他之手。在听到我的抱怨后，他说："你竟敢创造出月亮彩虹这样的描写。"我答道："是的，那确实是我亲眼所见。"他问："在哪儿？"我答道："有天黄昏在西桥看见的。"他大笑着说："你确定？在表演哑剧和魔术的剧院里吧!"他言外之意就是我说的是卡索蒂的剧院。"不是剧院，是在天上，就在属于上帝的天上。我就是在那儿看见的。"现在，奥斯特德也已经能理解这样的现象了。

　　无论来自口头还是书面的愚蠢或聪明的批评，都是我必须要忍受的！我成了唯一的替罪羊，得不到人们的理解。在我写《诗人的市场》时，想要把文风变得多样化。于是，在描写纽伦堡的风景时，我将"假使我是个画家，就要把这座桥和这座塔画出来"作为引子来切入主题。随后，为了铺陈一个新的思路，我又说道："但我并非画家，我是个诗人。"在这本书中，我希望能够尝试一种抒情的文风。可这却引来了外界对我虚荣的评论声，我想哪怕是最温和的人也很难忍受这种武断的侮辱。

　　可是，《诗人的市场》拥有众多读者本身也就证明了这本书的成功。我某天正在对睿智的史学家芬尼·麦格努森说，我们彼此之间并没有真实地了解过。有一天，这位平时不苟言笑的人却在街上拦住我，向我致以最诚挚的问候和友好情感，并给我的书以高度的评价。随后，他表示对公众没有充分意识到这本书的价值感到很困惑不已。当然，除了他以外，国内很多知识界精英，像奥斯特德和欧伦施莱格都持同样的看法。他们就这本书给我以热情的鼓舞和赞赏，并致以真诚的谢意。

就在这本书在德国印了几版后，瑞典文译本出现，随后又出版了装潢精美的英文版，并引起了英国评论家的强烈反响。英文版本印着一幅作者肖像，分成三卷，它由理查德·本特利在伦敦出版。出版后，英国的报刊纷纷发表评论，给予高度赞扬。甚至还有英国出版商把一套精美的英文版以及我早期的作品一起赠送给克里斯蒂安八世。德国也发生同样的事。对于我在国外所赢得的赞誉，国王感到非常高兴。我了解到，他曾跟奥斯特德和其他一些人说过，他对于国内反对之声不断，总有人不厌其烦地抓住我的弱点不放，抹杀我作品的真正价值，取笑并轻视我的创作活动觉得非常奇怪。这是我从奥斯特德嘴里听到的，对此我表示欣慰异常。

不被认可的小人物

跟我最亲近的好友中，只有奥斯特德一个人能明确而坚定地承认我的诗歌天赋，并给我极大的鼓励。他坚信我必将很快在国内得到认可。听到这样的话，我所感到的来自在国内受到认可的喜悦之情，并不亚于现在为在国外获得认可所感受到的。我们常常在一起谈论我究竟为什么才会导致自己经历如此长时间的奋斗。归根究底，大概是因为我出身贫苦，比其他人独立。当我名扬海外时，他们仍旧记得我是一个四处乱跑的穷小子。在我的传记《丹麦的诸神》中，作者也基本写出了部分原因，我不理解，也没有运用像其他作家使用那样的方式方法来获取我的朋友以及其他人的认可。

奥斯特德甚至歉疚地承认，其中还有一些其他的原因，譬如说《文学月评》对我的严厉态度和恶意，《死国的来信》对我的蔑视，以及当时的报刊上评论所持的腔调。总而言之，最主要的根源是那些一直希望能给我施压，并试图让我低头于权威的公共舆论。在这些所有的一切共同作用下，形成了一个现象：我们更容易接受荒诞不羁的事物。我知道厄运难逃，有的笨拙且愚蠢的攻击是在所难免的，或许其中也会有一些出于善意写的文章。有一段时间，我一直被欧登塞的报纸称为"我们这个镇的孩子"。无论读者是否对此感兴趣，他们谈起我来就是废话连篇。甚至于会把我在国外收到的信的一部分刊登在报纸上，这种行为确实很可笑。譬如说，我某次从罗马写信回国，提起我在罗马教皇西斯廷的礼拜堂见到克里斯蒂安王后的事。还补充说，她的样子神似哈特曼的夫人。于是这封信就上了费恩岛的报纸，出于隐私的顾虑，他们如此刊登："克里斯蒂安王后看起来像某一位丹麦女士。"当然，得到的一定会是读者的一片笑声。有很多次我都要经历这种由于笨拙的友谊所带来的误伤。

从此以后，我逐渐害怕与那些愚蠢的编辑讨论。至今为止，这件事仍让我心有余悸。哪怕我已经谨慎如斯，还是会不小心制造出一些笑柄。

有次，我外出旅游，就在驿车停留在欧登塞邮局的半个小时间，有位编辑过来问我："您现在出国吗？"

我给出了否定的答案。

"那么，您不想出国吗?"

我回答："这得看我是否能挣到钱。我现在正写一部戏，无论成功与否，我只想出国旅行。"

"那么您的目的地是哪儿?"

我答："还不确定。或者是西班牙，又或者是希腊。"

可当天晚上的报纸却登出来这样的内容，汉斯·安徒生正为剧院写一部新戏，无论成功与否他都会出国，不是西班牙，就是希腊。

当然，读者完全有理由发笑。一份哥本哈根报纸竟然可以对一次或许不存在的旅行大加谈论。在他们看来，我这部戏已经写了并被剧院接受，也成功了，问题的关键是我决定是去西班牙还是希腊。人们嘴里传来了嘲笑声，但被嘲笑的人却丈二和尚摸不着头脑。为此，我变得更加敏感，然而并不懂得把这种性格隐藏起来。如果有孩子把石头扔向急流中游着的狗，我们并不能武断地认为他残忍，因为对他来说这不过是有趣的事情。人们嘲笑我，并没有人站出来保护我，我没有报界的朋友，因此往往被嘲笑也只能自己忍着。然而，人们不断重复强调，我在我所在的圈子里听到的全是赞美声。可他们什么也不知道! 我的唠叨并不是为了抱怨，只不过是不希望看到任何揣度影响到我喜爱的朋友们身上。因为我坚信，即使我身上经历什么重大的变故或者不幸，他们不会竭尽全力去使我避开毁灭性的灾难。这是我的过错，一个诗歌天才所必需的另一种同情。

可让跟我亲近的朋友觉得有意思的是，哪怕是国外最挑剔的评论家，对我的作品给予的都是好评。如弗里德里卡·布莱梅承认过，在我的书中，他发现了一种令她惊讶不已的洞察力。就在我们在哥本哈根会面的地方，曾有人说过我是被宠坏的孩子。她觉得她必须要把一些好听的话传达给他们:

"说出来你们都会感到惊奇，在瑞典，从斯肯尼亚到最北端，安徒生可谓家喻户晓，几乎家家都有他的书。"可他们却给出这么可怕的回复："别让他太得意了。"

在我的《摩拉托》在剧院演出时，克里斯蒂安八世作为国王首次去剧院看我的演出，当时我在正厅前座正坐在托瓦尔森旁边。当幕布落下，他对我耳语道："国王正冲你鞠躬呢。"我回答："不，是冲你鞠的躬，他不会给我鞠躬。"我抬头往皇室包厢看去，国王又再次鞠躬，真的是冲着我的。然而我认为这可能是一个错误，因为我觉得这个鞠躬正为那些对我的无情指责提供了重要的契机。我平静地坐在座位上，次日，我去拜见国王，为我所受到的不同寻常的礼遇当面表示感谢。他还拿我在剧院时开始不接受礼遇开我的玩笑。数日后，克里斯蒂安八世将举行社会各界参加的盛大舞会，我得到了邀请。

我在一位老教授家的客厅里告诉主人舞会的事，他问道："你去那里做什么？"随即，他又重复道，"你去那里做什么？"

我玩笑似的答道："我是那个圈子里最受欢迎的人。"

他显然很生气，说："可那显然不是你的圈子。"

他的话并没有成功激怒我，我所能做的只是微笑应答："国王在剧院的包厢里向我鞠躬，我想我理应去参加舞会。"

他大叫起来："虽然他确实对你鞠躬了，但并不意味着你能把自己推到舞台前来啊。"

我严肃地回答："有属于我那个阶层的人参加那个舞会，我有的学生会参加。"

"谁?"

我提了一个年轻学生的名字。

他答道："是啊，确实如此。那可是郡议员的儿子。请问你又是谁的儿子呢？"

我愤怒地说道："我是一个修鞋匠的儿子。我是经过自我奋斗，在上帝的帮助下，才有现在的地位。因此，请你尊重我。"

然而，我从未收到他的任何道歉。

如果要避免人们说出伤害我内心的话，这是很困难的。我们不希望做出任何对人不公正的事，也不希望伤害任何可能伤害过的人，即使是善意的也不希望。但要在这本书里要求我做到这一点是如此之难，所以我尽量把心里的苦闷倒出来，最多只能剩下一丁点。因为在我长途旅行回国并出版《诗人的市场》后，即使他们对我进行诋毁的、傲慢的评论并没有消失，但他们对我的看法却有所改变。自此，我开始面对逐渐趋于平静的水面，我也将不断地求取进步。在前方等待我的，必将是我一直期待的，奥斯特德所欲言并安慰我时说的话——丹麦国内对我的认可。

第九章 ／ 我的政治经历

坐上"宫廷前座"

　　丹麦政治高速发展的时期存在着优劣之分。如今，人们不受约束地高谈阔论，这与过去的交流方式相比有了很大的改观，特别是遇到一些时兴的话题事件。过去更多地是把一些鸡毛蒜皮、不足为道的小事上升到哲学的高度来看待，似乎在培养自身的哲学大家风范。但是对于我个人来说，既不认为我有参与这件事的必要性，或者可以说觉得自己也不具备这样的能力。存在于我们这个时代的诗人如果把自己和政治扯上了关系，那将是一个灾难，这一点我坚信。利用政治手腕和智能将诗人们卷进政治泥潭并且让他们不可自拔。淡如炊烟可以用来形容诗人们的创作作品，当人们阅读后未曾在阅读者的脑海里留下不可抹去的印象。即使在品读当下得到了高度赞赏的评价，但最终也飘散逝去，犹如炊烟一般。控制欲望充斥着所有人的大脑。或许很多人不曾记得，理论和实际往往存着巨大的差距，主观美好的意念在现实中也许就是无法切实可行的。可曾记得站在山脚下抬头所看到的风景与站在山顶一览的开阔风景是存在着差异的。具有自己的信仰并且坚持到底的人都应该得到尊敬，不管他是以何种身份出现。只要心存美好，都是最难能可贵的。对于政治前程，我并没有多少追求，也并没有想过从这方面实现任何价值。在过去、现在乃至将来，所赋予我的神圣使命感在我灵魂深处不曾改变过。

　　在我所接触的丹麦上层社会人群中，我极其幸运地遇到了很多真诚、善良的人，他们关注我良好的个人素质，给我融入他们社交圈的机会，在休闲别墅中体验到他们的乐趣和绚丽多姿的生活内容，在宁静的山林间放松身心，得到真正意义上的灵魂释放。在这里让我体验到了回归自然的感觉。我的很多作品，包括《两个男爵夫人》这部小说都是在这样的环境下创作成型。小动物们环绕四周，活泼可爱，足长且红的鹳鸟闲庭迈步。不闻政治、不近论争，黑格尔哲学更是不知为何物。身处自然之中，心中容纳不下除了自然之外的其他。自然成为我的宣讲者，身心都体验到了神的感召。

我与丹尼斯约尔德一家相识是源自于斯坦普男爵夫人的介绍，前者来自于吉塞尔菲尔德，后者来自于尼索。圣诞节是在丹尼斯约尔德的古老别墅中度过的，别墅古老经典，日耳曼风格充斥着整栋别墅内外。年华逝去的丹尼斯约尔德公爵夫人魅力依然不减，是女性中的杰出者。我所受到的礼待如同高贵身份的宾客一般。她的墓地选择在了一片高达的山毛榉树下，这片树林是她最为热爱的地方。在威尔海姆·莫托克的盛情相邀之下，我离开吉塞尔菲尔德，来到了这位财政大臣的庄园，位于布瑞根特福德的庄园是那样的令人向往。在得知他心爱的妻子已逝，我默默虔诚祈祷。我的生活洒满阳光离不开与他们共处的那些美好家庭生活。

有托瓦尔森的相伴，我在尼索度过了几段美好的时光。花园里的工作室是他们为了托娃尔森专门修建的。不管他是一个平凡的人，还是一个艺术家，我都是在这些时光中真正走近他。我将细说我在尼索所度过的这些日子，那是一段具有特殊意义的日子。

在不同的生活圈中穿梭，对我产生了很大的影响，但是我也逐渐地习惯这样的生活，不管是在皇帝权贵身上，还是在平民百姓身上，紧密地联系着人类的各类高贵品性。人们的优良品性都是共同存在的。

我更多的时间是与哥本哈根的约纳斯·科林一家相处度过，在他的家中，他的儿女都已成家，并且孩子们也在成长中，与哈特曼的友情日益深厚。他具备作曲家的天赋，家中打理得井井有条，令人向往，温馨幸福，这些都要归功于他能干可人的妻子。同样，她热情似火，善良纯洁，招人喜爱的她也有着出众的才华。日常生活我离不开科林，奥斯特德则是我的每部作品最好的良师，他总能提出建设性的建议。正因为这样，我们越走越近，了解也不断深入，感情稳固可靠。他对我的重要性甚至影响到了我的性格，我会在后面道来。

　　每天晚上我都会去俱乐部，这是固定的节目。同年，我获准能坐到有铁杆和正厅前座分隔的"宫廷前座"。要知道，"宫廷前座"是有一个不成文的规矩，为剧院贡献一部戏的作者是被安排就坐在楼下的正厅位置，如果坐在前座那么就代表是拥有两部作品的作者，"宫廷前座"也就意味着是提供了三部的作者。要知道，这表示三个晚上都演出，都围绕这些短剧或者是能撑满一晚全场的三部戏。

　　一般情况下，只有朝中要臣、外交使节、高级政府要员才享有"宫廷前座"的资格。就算是能坐在这个区域中的一位既是演员也是作者的诗人同样也被人告知在这片区域中出现的大多是贵族，需要保持低调谦虚。如今，我和托瓦尔森、欧伦施莱格、卫斯等人也得到坐在这里的资格，这是一份荣耀。为了方便与我交流，托瓦尔森经常与我邻座，在戏剧上演的同时，我能为他解析剧中所呈现的各类情节。除了已经去世的他以外，还有欧伦施莱格也经常挨着我坐。每当我和这些名人们同坐一排时，我的内心就会被谦卑感充满，但我是虔诚的。这样的夜晚有很多，别人并不会意识到这一点。

欧伦施莱格

　　人群中的欧伦施莱格表现得特别放不开，默默地站在一边。他那善良纯洁的性情只有脱离了人群之后才能表露出来，这是他特有的性情，让人很愿意和他亲近。他的重要性在斯堪的纳维亚可以称得上是无人不晓，他的创作天分与生俱来。在他的晚年时期，比年轻人都要高产很多，体现了他常青树的品质。我将自己创作的第一首抒情诗诵读于他听过之后，他对我的作品表示有极大的兴趣，虽然他并没有作出一些明显的表示，但是只要我受到了大众与所谓评论界的抨击时，他一定会不遗余力地成为我的辩护者。一次，我受到了一顿狂轰滥炸的攻击后，情绪非常糟糕。他走向我，并给予了我温暖的怀抱，安慰着我说不用理会那些人的论调，真正的诗人正是如我一般。他向我诉说起了他心目中的诗和诗人，还说到了在丹麦诗人需要面临着的各种评判。他温和的语言安抚着我的内心，告诉我他是高度认可我这样一名讲述的诗人。我明白，有些人在我的作品中发现了严重的拼写错误时，毫不留情地表现出了对我的轻视。但欧伦施莱格却会表达他不同的看法，他认为这些错误正是一种无伤大雅的小纰漏，不影响大局，又何必苦纠于此。他认为改动的必要性都不大。关于他的个性，他与我之间是如何建立日益深厚的友谊我会在后续的篇幅中再陆续进行一些介绍。

　　在《丹麦的诸神》一书中，欧伦施莱格与我共有的一个特点有被传记的作者提到。导言中是这样阐述的："成为诗人或者艺术家的人如果仅是以自身冲动作为出发点，并由此所产生的强大力量的情况，现下趋于罕见。诗人与艺术家早就离不开他们所生存的环境与个人经历，并不是仅以本能影响所唤起的信念。思维的撞击发散、各类环境的存在以及个人经历都成就了这个时代的我们。可以说除了安徒生与欧伦施莱格之外，在其他的文坛作家身上是不存在这样的现象。正是这样的情况，才更能够解释在国外前者能得到赞誉，后者在丹麦却受到了猛烈的抨击。国外与丹麦人之间存在很大的差异，我们仍然是拘于过去老旧学士的守旧学院派。国外已经厌倦了学院派的墨守成规，已经趋于一种古老文明的方向发展。"

托瓦尔森

还记得我有提到过 1833 年、1834 年在罗马第一次见到托瓦尔森，1838 年的秋天，在丹麦上上下下所有人的渴望之下，他来到了丹麦。他所在的船还没完全靠岸时，圣尼古拉塔就已经有一面旗帜在风中飘扬迎接着他。那一天成为了国家的节日，在特瑞克若纳和朗格里尼之间的水面上，装饰着三角旗和鲜花的众多小船都在游走。具有自己标志的旗帜可以看出是哪些画家和雕塑家制作的。那些画着希腊女神雅典娜的旗帜一定是学生的。还有个诗人在旗子上画上了神马珀伽索斯的金像。现在还能在托瓦尔森的博物馆里看到这个富有暗示性的雕带装饰。欧伦施莱格、黑伯格、赫兹和格兰德维格都能

——从画中诗人的船上认出。站在横贯船体座板上的我左手抓着桅杆，右手不停地挥舞着帽子。

迎接托瓦尔森的那天因为布满大雾，直到船离城很近了，人们才看到它。马上有人鸣枪作为信号，立刻就出现了大量人群涌向海关大楼去迎接他。和欧伦施莱格同行的还有黑伯格，他是当时的领袖人物，这些诗人都是由他决定邀请谁或者不邀请谁。拉森广场庞宾就停着他们的船。诗人们等待着欧伦施莱格和黑伯格的到来，逐渐听到了船抛锚时才会鸣放的加农炮炮声。我估计在我们来之前，托瓦尔森就已经不在船上了。热烈的欢迎仪式歌声伴随着微风阵阵飘来。我十分想参加，尝试动员其他人把船划过去，但是得到的反应是："我没听错吧。我们都还在等欧伦施莱格和黑伯格呢！"这时又有人说："他们要是还不来，仪式就要结束了。"一名诗人指着那面有珀伽索斯像的旗子说道："他们要是不来，我是绝对不会在这面旗子下航行的。"我一边摘下旗子一边说："摘下旗子放在船上不就解决了嘛。"黑伯格和欧伦施莱格同我们会合后，换至我们船上。

说这是一次适合亚历山大的游行再合适不过了，《丹麦人民杂志》上的描述都无法与之相比。岸上成为一片欢乐的海洋，托瓦尔森坐上马车去到早已准备多时的阿马琳堡别墅。人流如潮，但凡能扯上点亲故的，都拼命地往前挤。广场上站满了旅行者，持续一天一夜，他们就为了看看极负盛名的夏洛腾堡红砖墙，更是因为托瓦尔森就住于此。艺术家们在夜晚演奏着小夜曲，人人手中火把的火光欢快地跳跃着。人们在植物园的树下，不管是男女老少，大门一敞开，人群就向门内涌进。托瓦尔森是那样令人敬仰，慈祥和善，一一跟认识的人拥抱、亲吻、握手。他就像天使一般，周身环绕了神圣的光环，当我见到他的时候，我兴奋得心跳加速。我在海外受到过他周到的接待，他还曾经深情地拥抱着我说过"我们这份友谊将长存"。此时此刻，人群中全是崇敬他的人，所有人的目光都聚焦在他身上。我不想引起人群的注意，不想被他们认为我是一个炫耀自我的虚荣者。理智战胜了激动，我默默地退到一边，在人群中远远看着他。直到过了几日，看他的人逐渐减少，我才登门拜访。他仍然保持着他淳朴、真诚、善良的品性。我们热切地拥抱，而他则疑惑地问我："怎么今天才看到你？"诗歌音乐会是专门为了迎接诗人而举办的。在音乐会上，黑伯格以外的每一位诗人都向在场所有人朗诵了自己为回国艺术家创作的新诗歌作品，每一部作品都充满了赞美。我的诗中以伊阿宋取"金羊毛"的故事表达了托瓦尔森为丹麦带回来的是"金艺术"。来自社会各个阶层的人士都出席了这场盛大的欢迎仪式，现场气氛热烈无比。在晚宴与舞会声中，音乐会圆满落幕。年轻的普加德小姐获邀与托瓦尔森共同跳了一曲波洛奈兹舞。我第一次在丹麦大众人民的生活中体会到了节日的夜晚，也看到了丹麦人对于艺术的热爱。

托瓦尔森是学生俱乐部的荣誉成员之一。为此我还写了一首颇受欢迎的诗。其中一段我记得写道："在十月的时候，你变成一个学生的想法会得以实现。正如人们常常说到的，'在开拓向前的时候，你会面对泥泞荆棘'。如果有人问，'从荷马那儿，你得到了些什么？'人们想看的不过是一本大书，可你却用泥雕把伊利亚特的遭遇展现出来。"从那之后的每天，我要不就在他的工作室里面遇到他，要不就是在聚会上。我们在尼索的斯坦普男爵夫人家中住了好几周。他在这里被照顾得很好，就像他是属于这里一样。他过得很开心，经常也会参加一些活动。在男爵夫人家里，他像贵宾一样受欢迎。他热情开朗，幽默风趣。他不允许自己的艺术生活被麻烦不断的现实所打扰。

托瓦尔森的工作室在古老护城河的花园里，紧挨着斯坦普男爵夫人在尼索的别墅。这是斯坦普男爵夫人为他修建的。我在一个清晨走进他的工作室内。他在为自己制作雕像。我本想向他表示问候的，他似乎并没有发现我走了进来，精神高度关注在他的塑像上。他不时走近作品两步，又退后两步凝视着他的作品。把两排光泽洁白且牢固的牙齿合上。我放轻步伐，静静地走出工作室。他在午餐时表现得比平时更为沉默。我们设法打开他的话匣子，他却平淡地说："我今天早上说了比这几天加起来还多的话，可是有谁听了呢？"他又接着说，"我知道安徒生早上来了，我就说了不少拜伦和我之间的故事，可是半晌没听到任何回应，我转头一看根本就没有看到人影。原来我一个人对着墙壁念叨了半天。"

我们请他把故事再讲述一遍，他却显得很随意地说道："在罗马的时候，我为拜伦制作雕像。他一脸耷拉着坐在我面前，表情和平时有所差异。我跟他说，您需要坐着不动，但是却不能板着一副脸。他回复说，'我就是这样的表情。'我只能无奈地按照自己的想象为他制作了雕像。作品完成之后，没有人说与他本人不像。可是拜伦看了之后却说完全不像，他应该是一副痛苦的表情。原来他要的是痛苦的感觉。"托瓦尔森说完之后脸上露出了诙谐的表情。

沉醉地听音乐是这位大艺术家在饭后钟爱的消遣。不过只要男爵夫人搬出了桌子，请他一块儿玩落托数卡牌戏中一种靠机会成为赢家的游戏时，就引起了他更大的兴趣。这个游戏的规则是先让一个人从众多的号码盘中抽出其中一盘，再有其他参与游戏的玩家将手中的牌按照盘上的号码一一排列，谁的五张牌能先排成一行，谁就获胜。（译注：在尼索地区，这个游戏是所有人都会玩的游戏。）不过我得说明下，他们的筹码不过是几个杯子，所以他得赢，大家也都让着他。这个大艺术家会如此痴迷这个游戏是大家都没想到的。我对这个游戏并不感兴趣，更多的是在林间漫步，沐浴着皎洁的月光。

但他们仍然会叫我一块儿去玩游戏。

只要托瓦尔森觉得谁遇到了不公平的待遇时，他一定会支持谁，并且热情很高，态度亦坚决。假如是不怀好意的不公平待遇，他会狠狠地抨击这样的嘲弄，不论被抨击的人是什么身份地位。

我在与托瓦尼森相处的这段日子里还创作了很多童话。他听我为他朗读这些童话时显得非常感兴趣。我的童话在那时还不是那样的著名。傍晚时分，大家都坐在房间里，打开门欣赏着花园景色时，他经常走到我身边，轻拍我肩头问我："有没有尝试过把这些童话讲给孩子们听？"他称赞我写童话的方式总是那样的自然，说真理往往能从我的童话中体现出来。他听我的童话故事不曾感到过厌烦，哪怕是一次又一次地讲述同一个。我经常在他制作他认为最具有诗意的作品时讲《陀螺和球》、《丑小鸭》等我创作的童话故事。

我还有一个本事能为托瓦尔森带来很多欢乐，那就是即兴创作小诗和歌曲。当每个人都在称赞他完成的霍尔堡胸像的泥塑模型时，我用即兴作诗的方式点评他的作品。下文就是我的即兴创作作品：

这一天，霍尔堡永远见不到，

他灵魂的捆绑将被我打破。

但存在于坚硬的泥雕里，死神如是说，

托瓦尔森称之为凤凰涅槃。

我在一个清晨走进了他的工作室，当时他正在为哥本哈根大教堂创作着装饰用的泥塑浅浮雕《通向各各他之路》。他问我："你认为大约生在1世纪初期的彼拉多穿上的这件衣服合适吗？"斯坦普男爵夫人站在一旁大声叫了出来："这还需要问吗？再合适不过了！"

托瓦尔森又重复问了我一遍。我答道："我想您既然问了我的意见，那么我应该告诉您真实的想法。我觉得彼拉多这样的装扮不像罗马人，而像埃及人。""你和我想的一模一样。"托瓦尔森一边说着一边把模型毁掉。"不，他毁了一件伟大的艺术品，你要为此负责。"男爵夫人对着我又叫了起来。"不碍事，我会再创作出一个更为伟大的作品。"托瓦尔森打趣地说道，转身继续创作他的雕塑。哥本哈根大教堂现在能看到的那个浅浮雕的彼拉多就是在这个时候创作完成的。

他最后一个生日是在尼索度过的。剧院特地为他排演了黑伯格的轻歌舞剧《四月愚人》和霍尔堡的《圣诞舞会》。大家在就餐时还进行了即兴创作。当天清晨，趁着托瓦尔森还没起床的时候，男爵夫人安排人来告诉我一个有趣的计划。如果我们用火钳、刀叉、瓶瓶罐罐演奏成音乐，让托瓦尔森在这样的音乐声中醒来，他一定很开心。现在我们缺的是一首有趣的歌。我马上寻找灵感，即兴创作。创作完毕，笔还在手中，我就先尝试唱了起来。旁人也利用手中的各种工具发出嘈杂的伴奏，合唱起《高贵的男爵之说》：

来吧，唱起这支短歌，

为我们咱们的人所唱；

托瓦尔森是我们亲爱的朋友，

还有那欢快跳动的火焰。

大声歌唱，

自豪地唱着，

任此歌声

传遍世界。

世人所传唱的赞歌他已听了太多，

我们用赞美依旧但是俏皮的歌曲。

端起你的酒杯，

抬起你的头颅，

来上一杯。

伟达的人儿，

我们逐渐停止琴声。

歌声也慢慢接近尾声

在今天的诞辰，

祝愿幸运常驻！

唱起来！跳起来吧！

哐、嚓！

祝托瓦尔森

长寿！万岁！

我们敲击着火钳欢快地边唱边跳，软木塞不停在瓶口摩擦出声。托瓦尔森睡衣都顾不上换，挥着睡帽，就跟我们一块儿边唱边跳："让我们欢快地起舞吧！"

这位老人生命力旺盛，神采奕奕。他生前最后一日的晚餐，我就坐在他的身边。在哥本哈根的皇冠公主大街上，斯坦普家还有一栋用于过冬的别墅。当天还有欧伦施莱格、桑尼和康斯坦丁·汉森一同共进晚餐。托瓦尔森兴致特别高，不停地和我们分享着《海盗船》的各种滑稽的趣事，并且提议明年夏天要去意大利走走。这是礼拜天的晚上，霍尔堡的悲剧《格里赛尔迪斯》将在皇家剧院首次登上舞台。比起待在家里，托瓦尔森更想去剧院看演出，但欧伦施莱格想和斯坦普一家待在一起，托瓦尔森问我想不想去。虽然我很想去，但是我没有当晚首演的免费门票，打算次日去看。我出门前与他握手告别。他接着就在摇椅上假寐。我出门后转身回头发现他在向我点头微笑，不曾想到这居然是见他的最后一面。

整晚，我都待在诺德饭店里，第二天清晨，饭店的使者告诉我："昨晚真是发生怪事了，托瓦尔森就这么突然去世了。"

我忍不住大声呼喊起来："托瓦尔森！托瓦尔森！这怎么可能呢？昨晚我们一块儿共进晚餐呢。""别人说是在剧院里发现他死了。"侍者答道。"他一定是什么病发作了。"我说道。我相信侍者是不会拿这种事说假话的。我不由得感觉到焦躁难耐，马上拿了帽子就出发往他家赶。进到他家，看到他被横放在床上的遗体，房里不知道从哪里来的这么多没见过的陌生人。地板被人群鞋上所沾的雪花打湿。房子里的气氛压抑，谁都没有出声。床边是不停哭泣的斯坦普男爵夫人。我心里沉痛不已，身体僵硬得无法动弹。

托瓦尔森下葬礼是国丧的规格。前来参加葬礼的人们都身着黑衣，所有人都脱帽致哀。全世界都安静了。不懂事的孩童们也手牵手一排站开。夏洛腾堡是送葬的起点，大教堂里，国王克里斯蒂安八世等着迎接灵柩。管风琴演奏着哈特曼的《葬礼进行曲》，仿佛很多伟大的风中的神灵也在送葬的行列中。我专门为托瓦尔森的离去创作了一首安魂曲，由哈特曼谱曲。一路送行的学生们唱着我所写的这首曲子：

哦，灵柩旁，满是悲痛的人儿，

你说，是你让他出现，

他是我们国家无上的荣耀，

为我们带来了绝妙传世的艺术。

哦，用诗歌来向他道别，

以耶稣的名义道一句：走好。

第十章 ／ 永不放弃

夏天的热情

　　1842 年的夏天，《梨树上的鸟儿》获得了巨大的成功，那是我为丹麦夏日剧场所创作的作品。它也被皇家剧院收录为保留剧目。黑伯格夫人看过剧本后，表示很有兴趣并且决定担任女一号。这部剧很受观众们的喜爱，所配的乐曲主旋律也悠扬动听。虽然这部戏剧在一次冬演中意外被喝了倒彩，但它经受住了考验，很多观众质问了他们无理行为的原因。他们说剧本内的剧情就是一些琐事，如果就这样轻易得到了成功，不是太便宜了安徒生。或许他们代表的是一些反面的声音。他们喝倒彩的那晚我并不在剧院，所以不了解现场的情况。第二天与一些朋友聚会，我因为头痛所以脸上的表情不太好看，女主人以为我因为剧院昨晚的事情难过。她主动走向我安慰道："不要为了昨晚的事情难过，也没几个人喝倒彩，观众们都是很支持你的。""喝倒彩？居然有人这样做！"她看我这样的反应才知道，原来我并不知道这件事。

　　第二场演出的时间我在家里度过。几个好朋友在戏剧落幕之后马上一个接一个地到我家里来，几个人前后的说辞行为就像一幕搞笑剧本。第一个到的人说和昨晚一样，嘘声是忌妒我的成功，其他人都是真心对剧本赞赏，而且还只有一个人喝倒彩。刚说完，第二个人进了屋，我同样问了他，他说："就俩"。接着来的第三个人说，不超过三个。哈特曼是我最淳朴、真实的朋友，对于前面几个人说的内容他并不知情。我请他用个人名誉发誓，说出今晚到底多少人喝倒彩。他右手按着左胸答道："五个以下。""哦！好吧！我知道问你们也没用了。"他们这样子活脱脱地就像《温莎的风流娘儿们》里那个欢乐、肥胖、爱吹牛口无遮拦的骑士一样，又像那莎士比亚剧本《亨利五世》第一、第二部里的约翰·福斯塔夫。

哈特曼为刚才所说的感到抱歉，他真诚地说道："其实真的是有一个人喝倒彩，大家都觉得那是个非常讨厌的人。"

第二天收到了芭蕾教练布侬维尔寄给我的一首名为《诗人之树》的诗作品，这篇作品后来成为他的回忆录中的附录。我的作品在他这首诗里被提及：

我们从你的"梨树"上感受到了夏天的热情，不过，他们还没尝到果实所带来的丰收。或许几年之后，这棵树上所结出的果实就能再次让我们品尝到清新的果实香甜。所以你的内心不能被失望占据，你的叹息中不能充满忧伤。那些的得到过上帝恩赐的人，他们都是你的恩人，你难道不应该向他们表示感谢吗？你从啼那得到的是那样多，做人不能忘恩负义。

致我亲爱的友人汉斯·安徒生——散文诗

你最真诚，忠厚的朋友奥格斯特·布侬维尔

1842 年 11 月 13 日写于哥本哈根

在几家报纸版面上出现了对于《梨树》的讽刺，并且又将《诗人的市场》拿出来嘲讽了一番。欧伦施莱格这次强烈地表达了自己对于这两首作品的赞美，另外，黑伯格在自己为了知识精英们所创办的报纸上作出了关于平日里我如何处理日常事务的评论："在戏剧的牢笼中困住这样一个小生命，只会被当作在炫耀学问，因为它不好也不坏。没有过人之处，并且单纯稚气。往往剧院里面是需要这样中等姿色的剧本，它只要起到逗乐观众的效果，就不会出现过大的失误。但是我不得不说，从这部戏中，我并没有发现任何表达美好的内容。"

那时候，我和黑伯格还称不上是朋友关系，我们也不是剧作的合作伙伴。他的才华和能力是得到认可的，那么他作为我作品的抨击者，我只能坦然接受这样的现状，毕竟他有时也代表的是公正。所以，这些小攻击圈所带来的负面影响我都必须忍受着。他在评论中还提到："当公众们多看了几遍《梨树上的鸟儿》这部作品的演出，自然而然会更公正地看待剧中所提到的上帝能看到的那条小路（但上帝怎么会纡尊降贵可来能这条小路呢），针对那些不精明、不强大、不能带给姑娘任何幸福的嫁妆，提出毫不留情面的批评。实际上，《梨树上的鸟儿》并没有那么复杂，只是一部单纯的剧作，随着鸟儿生命结束时震耳欲聋的锣声，观众中发出了巨大的喝倒彩的声音，这就是强烈的反证明。所以，除了能带给丹麦人与往常不同的感受以外，它不能带来更多其他的东西。"

黑伯格在十年后成为了这家皇家剧院的导演，剧目上仍然能看到这部戏，但是却一直没有排上演出的时间表。幸运的是他在俱乐部剧院里安排了上演这部剧。他对我态度友好的转变，让我无比感动。观众们在观看了这部剧之后，纷纷表示了对剧本的喜爱，并且发出阵阵喝彩。从此，这部剧目成了不可缺少的剧目之一。

"伯乐"去世

　　第一位资助我的伯乐在 1842 年 10 月 8 日去世了。不久之前，我们还经常一起聚在伍尔芙家中，《凯尼尔沃思》就是我们共同合作的，但是我们的关系并不算亲密无间。我们都喜欢独自生活着。但是大家都喜欢经常去拜访他，我想，大家也会喜欢来和我见面。我像鸟儿一样热爱自由，想在全欧洲飞上一遍。可是他的旅途最远只到达了罗斯吉尔德，和朋友们之间就像家人一样。在大教堂的管风琴上，他即兴演奏过。谁也无法改变他不想走向更远处的想法。我从君士坦丁堡和希腊游历回来后去探望过他，他与我开玩笑说道："你走的这些路程还没我的远呢，虽然我和你一样在皇冠公主大街游览了国王公园，但是我没有花很多钱。如果你非要旅行不可，我建议到了罗斯吉尔德就足够了。在这里，你可以等着人们开始走向星际。" 我在《凯尼尔沃思》第一次上演时收到了他寄给我的一封信。全文用的是典型的卫斯风格："在哥本哈根的这些愚笨的观众是无法明白我们的这部作品中第二幕结尾的真谛所在的。" 《凯尼尔沃思》是卫斯生前最后一部剧作，同样受到大家的喜爱，我认为剧院应该把这部剧安排在纪念演出目录中。主题是他亲自定的，部分脚本也出自他手。他的作曲在我心目中是对这个世界的馈赠，为了纪念他不朽的艺术灵魂，应该将这部在他生前没受到重视的作品推向舞台，以此向他献礼致敬。我想，天堂里的他应该也会感到欣慰。但我的建议并没有得到采纳，上演的却是出自莎士比亚之手的悲剧之作《麦克白》。在我的印象中，卫斯并不是专门为它做的曲，这并不是他最典型的音乐创作风格。

在卫斯下葬的那天，我和一同去的几位悼念者到达灵堂之后，我感觉到他的胸口并没有完全变凉。我觉得很奇怪，央求医生看在上帝的分上再给他做一次检查，看是不是有还阳的可能性。医生也配合地又检查了一会儿之后，告诉我确定他已经死了，不会再醒过来。但大家都在议论，明明死了，胸口却还有余温，确实有些异常。他们不同意我说的把他动脉切断的提议。此时，欧伦施莱格激动地走到我面前说："你出的什么馊点子，你是想让卫斯被大卸八块吗？"我立刻反驳道："难道你想他在坟墓中醒来吗？你死的时候难道愿意这样吗？""我！"欧伦施莱格无以回答地往后退了几步。在阿莱斯·卫斯的墓边，我们为他唱起了我所作的哀歌：

虽然他因为疲倦，进入坟墓寻求安宁，但是他强大的精神灵魂却仍在引领着我们。他在这个世界孤独地游走，直到死神为他合上双眼。他的孤独让他的心灵饱受着煎熬，从现在起，他的痛苦即将结束。他的爱将会在他的歌中依然大放异彩，歌里唱着"熠熠星光"。

他用管风琴带来的神奇力量让我们的思想能远离尘世喧嚣。他留给了我们美妙的音乐珍宝，北方精神在他音乐里深深地体现。他为我们留下了丰厚的财富，虽然他的肉体老去，但他的灵魂永生年轻，他是上帝的骄傲。安息吧！阿莱斯·卫斯，我们为你流下沉痛的眼泪，我们的哀思寄托在歌声中。

出书让我获得了一些稿费，平日我也习惯节俭，我想用攒下的这笔不多的钱去巴黎看看。1843年1月底，我离开了哥本哈根。

再游欧陆

在当时的局势下，我只去了费恩岛和荷尔斯坦因的一个公国。普鲁士在1864年占领了它，但1920年又将北部归还给了丹麦。这次冬季的旅行让我感到很满意，把一路上听到的人们对公路、铁路状况变糟糕的内容创作为诗歌。一路上都不太好走，速度无法提起来，弄得人和马都身心疲惫。经过一路的颠簸，才抵达了布雷登堡这个我喜爱的地方。兰佐伯爵非常热情地欢迎我，并说我一定要在他的古老城堡里面多住上几日。暴雨在春天里毫不停歇，太阳的光芒也有些烤人。百灵鸟在草地上欢快地嬉戏着，发出了轻快的叫声。我走遍了我所知道的地方，每天晚上的聚餐都像过节一样气氛融洽。

一直以来，我都不问政治，更没有考虑过要受到什么政治待遇。有一次听到有人争论关于公国还是关于王国的主题，那是我第一次留意到政治话题。我不清楚两者之间的联系，我毫不犹豫地在题赠《诗人的市场》时写下了"致荷尔斯坦因的罗斯教授——我的同乡"。但我很快从我的同乡们处意识到事情和我想象的有很大差异。我第一次听到一位女士称呼国王为"安瑟·赫尔佐克"。"你为何不称他为国王？"话一出口就体现出了我对政治的一无所知。"他是我们的君主，并不是国王。"她对我说道。不过兰佐伯爵热爱丹麦国王如同他也热爱丹麦人一般。他尽地主之谊将我们招待得很好，还时常用国王的口吻调侃几句。听起来有几分意思，不过幸好并没有流行起来。

众所周知，汉堡的一切在一场大火中毁灭，就连临近阿尔斯特的城镇也遭到破坏。虽然现在很多地方还是一片废墟，但是已经可以陆续看到一些新修的建筑物。不少的地方仍然堆积着很多烧焦的木头碎屑，以前的当铺不见踪影，只有一排排用砖新砌的小商铺在向游客贩卖物品。想找到个旅馆是难之又难。不过，丹麦当时的邮政局长霍尔克伯爵邀请我住到他家。于我而言，是非常幸运地得到了一个舒适美好的地方。

斯贝克特的能力非常出众，我和他在一起度过了不少美好时光。那段日子里，他开始为我的童话完成配图，那是集创造力、幽默、优美于一身的画作。在英文和德文的一种版本中可以看到这些作品。有些让人感到失望的是，德文版把《绿小鸭》作做《丑小鸭》的译名。并且法文版的书名竟然也是按照德文版的翻译而来。

狂欢节的最后一天我们才到达杜塞尔多夫，因为那时候吕内堡荒原内还没有通火车，我们只能沿着崎岖不平的公路从汉堡经奥斯纳布吕克抵达，并且还只能乘坐速度很慢的邮递马车。因为狂欢节还没过去，我们得以见到了罗马人，一个个都盛装打扮。但听说最热闹的狂欢游行城市是在科隆的街头，杜塞尔多夫只是因为天公作美的快乐游行。一对小男生打扮成骑兵模样牵着马往前走，看起来就像他们是骑着马；对面坐着个滑稽的"纳尔哈拉"，这些场景看起来都是那样的有趣。听说这场狂欢节的游行是艾奇巴赫组织策划的，我与他只算认识，但我非常尊重他。其中还有来自杜塞尔多夫学校的校长们，我在第一次访问罗马的时候认识他们，并且关系非常熟络。

我还遇见了一个来自欧登塞的一个小孩，他叫班荣，是我的小老乡。他刚开始画画就是画的我的肖像。从来都没有人给我画过肖像。虽然这第一幅肖像看起来有些可怕，像是在强光照耀下的一个人的影子，又或者像是一个被压在一堆纸里面的人，并且因为压了很久，打开的时候已经成了木乃伊。虽然我的第一张肖像是这样，但是瑞泽尔却从班荣手里买下了这幅肖像画。班荣在杜塞尔多夫成长成为一名名副其实的艺术家，圣徒卡努特被谋杀在欧登塞圣阿尔班教堂的绝世画作就是由他描绘完成。但是，我在画作里面发现缺少了一个本应存在的一个角色。我所说的是"虚假的布雷克"，我认为他应该被当作是艺术精灵出现在画中。我感到很奇怪，为什么班荣对于这位在费恩岛人尽皆知的人物居然完全不知道。显然现在是不可能把他补到画中了。

经过德国科隆和比利时的列日，最终到达了布鲁塞尔，因为铁路还在修建中，我一会儿坐马车，一会儿又坐火车。我观看了《最爱》，他是由阿里查德主演的，由意大利歌剧作曲家多尼采蒂创作。艺术画廊里全是一些肥胖臃肿的金发老女人，脸部无明显轮廓，服装也不出彩，都是鲁本斯的作品。在高大的教堂边，精神都能得到一种升华。古老的市政厅里充满各种记忆。当年，在市政厅能遮挡太阳的背阴处，埃格蒙特就是在这儿被砍了头。尖尖的塔顶被精致的装饰品装饰得满满当当，看起来就像是童话故事里美丽的布鲁塞尔花边。

火车从布鲁塞尔驶向蒙斯，我斜靠在车窗上看窗外的风景，谁知道门居然没有关紧，窗户也开着。还好邻座反应迅速地一把拉住了我，不然就会看到头朝下掉下去的我。俗话说，大难不死必有后福，法兰西大地上吹拂着一片春风，一片绿油油的麦田，阳光温暖和煦，我看见了巴黎教堂第一任基督教主教——法兰西主保圣人。走过新挖的壕沟，不一会儿我就身处位于香榭丽舍大街的瓦卢瓦饭店房间里，正对面就是图书馆。

在《巴黎评论》上，玛米埃尔发表了一篇评论文章，是关于我的作品《一个诗人的生活》。我的一些诗作被马丁翻译成为法文版本，还写了一篇赞颂我作品的诗作发表在《巴黎评论》上。自此，我的名声就被传播到了巴黎的文学界。能受到巴黎文学界的热烈欢迎让我受宠若惊。每次去维克多·雨果家登门拜访，都会得很好的接待。我为此感到十分幸运与荣幸，因为在欧伦施莱格的《回忆录》里他写到他到巴黎都没见到过雨果。维克多·雨果邀请我去法兰西剧院观赏他的新作《承包指挥官》，这是一部悲剧作品。这部戏遭到观众的一片骂声，还有人编导了讽刺这部剧的模仿滑稽剧，在一些规模不大的剧院里上演。他的妻子是典型的法国女性，有着能迷倒异国人的独特魅力，十分美丽动人。玛米埃尔把我写的一首短诗《致维克多·雨果的妻子》翻译成为法文，她那时候应该只是把我当作一名单纯的诗人。

致维克多·雨果的妻子

从丹麦到法国只需要几天的行程。这里有大片的山毛榉，金色的麦浪涌动着。这里拥有美丽的海岸线和托瓦尔森，驱逐了的第谷·布拉赫。它就像北方王国里的里拉琴一般，我的母语是丹麦语，而这里是我的故乡。天国里有我的缪斯，我的灵感常常从她那里获得。维克多·雨果是个伟大的人，我尊敬他，崇拜他。这首诗歌，就是我献给您的花束。您的丈夫是伟大的，您是他青春的爱人，让他从这束花束和您的唇间，知道他在北方是多么受人敬仰。从他的诗歌里，我熟悉了缪斯的言辞和眼波，他的诗歌就像我的缪斯一般。

我的到来受到安切罗特夫妇的热烈欢迎，我在他们那儿遇到了路易斯·布兰卡等很多来自法国的艺术家与作家，与此同时，还遇到了很多来自其他国家的名人。瑞尔斯特德是来自德国的作家，同时也是批评家，马丁内斯·德·拉·罗萨则是来自西班牙。在我还不认识马丁内斯·德·拉·罗萨的时候，就和他聊得很投机，他优雅的谈吐给我留下了深刻的印象。我向安切罗特夫人询问这位绅士是谁，她惊讶于她忘记为我们引荐了。她先告诉我："他是马丁内斯·德·拉·罗萨，是一位诗人，也是一位政治家。"安切罗特夫人把我俩拉到一起相互做介绍。不一会儿，马丁内斯·德·拉·罗萨向老雅尔迪伯爵表示了问候，并向到场的所有来宾表示弗里德里克六世对西班牙人是如何的友好。那时他请教国王，应该站在国内政治阵营的哪一队里。最终，他支持的队伍没能成功，国王还邀请他来丹麦。所有人的话题都转移到了丹麦，他是参加了克里斯蒂安八世的加冕典礼的年轻外交官。我们都觉得丹麦人的本性不坏，但是却有着独特的性格。我们在谈论弗里德斯克斯堡和在城堡里举办的声势浩大的晚宴时，讨论得神采奕奕。他说，四周环水的哥特式旧城堡坐落在茂密的橡树林里，教堂里也是高贵华丽，政府高官们的衣服都是丝绸质地，不是金色就是白色，头戴别着羽毛的帽子，天鹅绒礼服长长地拖着，只能把长袍搭在胳膊上才能不影响行走。他幽默地说，这是他亲眼所见的，开始以为是丹麦人的风俗习惯，我说这情景确实是加冕典礼时能看到的场面。

我觉得，不管是在日常行为还是在生活起居方面，诗人拉马丁都像法国人中的王子。我的法语很糟糕，为此我向他表示歉意，他却以典型的法国式礼貌向我表示他为自己不能正确理解北欧的语言而感到自责。据他所知，很多振奋人心的文学作品出自丹麦文学界，那里是具有孕育诗作的富饶土地，以致远古的金号角比比皆是。他听我讲解了关于"特尔哈塔运河"的情况，还说他非常想途经丹麦去斯德哥尔摩。他让我感到非常吃惊的是，他作为一个法国人，对丹麦民族和地理知识相当地了解。他的妻子是一个热情、开朗的人，性格坚强，让人觉得值得信赖。从她的眼神中，可以看到忠诚智慧的光芒。拉马丁在我离开巴黎之前还为我写了一首诗。

即使已过正午，快活的大仲马还会赖在床上，每次去拜访他，都是如此。纸、笔、墨都放在床头，他的新戏正在创作中。一天我去拜访他，看到他正在床上进行创作。他招呼我稍等片刻，说缪斯正赋予他灵感，一会儿就好。他在写的同时，嘴里还不停地大声念着。我坐了一会儿，他从床上一跃而起，大喊："万岁！第三幕完成了！"他和他妻子并不住在一块儿，他住在香榭丽舍大街的王子饭店，妻子住在佛罗伦萨，接过他父亲文学衣钵的儿子小仲马在他的住所中居住。大仲马说："真实的我过的就是快乐单身汉的生活。"

他在一个晚上带我去了好几家剧院，看到了舞台之外的情景。我们在皇家宫殿和德亚泽特、阿纳斯聊了一会儿，牵着手从五彩斑斓的林荫大道走向圣马丁剧院。大仲马问我："他们一身的短装打扮是要上去吗？"幕布后呈现在我们眼前的一幕幕就像是《一千零一夜》里面的故事一样。后台挤满了人：跳芭蕾舞的、表演合奏的姑娘、操作舞台的机械师。我被大仲马领着在人海中穿梭。沿着林荫道回去的路上，一个年轻人叫住了我们。他虽然年轻，但表现出很沉稳的样子。大仲马将他介绍给我："他是我在十八岁时所生的儿子，他现在也年满十八了，但不像我当年那样有了儿子。"这就是后来在文坛名声大噪的小仲马。

大仲马还将女演员拉歇尔介绍给我认识。我没有欣赏过拉歇尔的演出，大仲马问我是不是需要去拜访她。那时，我很想欣赏一次她的演出。法兰西剧院在一晚安排了她主演的《费德尔》，我在大仲马的带领下来到后台。他能够不费吹灰之力就把我带到舞台的侧厅，但是这里不像其他剧院一样，他让我稍作等待，一会儿才回过头来带我去见今晚的舞剧皇后。这个房间是用屏风隔出来的。只摆着几张凳子和一张桌子，桌子上放着食物、饮料，都是提供给演员恢复体力的。年轻的拉歇尔就坐在桌边。一位法国作家曾经说过，拉歇尔是一个可以把莱辛和高乃依的大块大理石演绎成栩栩如生的雕像的人。她面容姣好，体态轻盈，给人一种年轻的感觉。不管是在她的家中，还是这里，我都觉得她像画中人那样忧郁和深沉。她给人的感觉就像是悲伤的刚刚流下泪水的年轻姑娘，思绪还沉浸在过往中不可自拔。她和我们有一搭没一搭地聊着，从她的声音中透出男子般的深沉。她和大仲马不停地说着，全然忽略了我的存在。直到大仲马向她为我引荐时，她转过身来，似乎才意识到我的存在。

　　大仲马是这样为她介绍我的："他非常崇拜你，他还是个不折不扣的诗人。刚刚我们在上楼的时候，他告诉我，他从没有想到过，他会在法国见到那位说着一口流利优美法语的美丽女士，他觉得自己内心激动不已。"她听完，客气地回应了几句。我也因此鼓起勇气与他们一同交流起来。我自己亲眼见过，也听别人说过很多世上的奇闻异事，但是却没见过拉歇尔这样的。我将新作品出版所得到的稿费全部换了来巴黎看一次她演出的机会，主要就是为了看她。但是请原谅我的法语说得并不好。她微笑着对我说："不论何时何地，只要法国女士听到你刚刚那富有骑士风情的话语，都会夸你法语非常棒。"我告诉她，她在斯堪的纳维亚极负盛名。"如果以后我有机会去圣彼德斯堡，一定要去你们哥本哈根，你要做我的保护人，可不能推辞，因为我在那里除了你不认识其他人。不过我们还得多熟悉了解彼此，因为你说你是为了我才来到巴黎，那我们应该经常聚聚，我邀请你来我家里做客，我们家每周四都会招待很多朋友，你不用感到拘束。"说完她伸出手向我们表示邀请，亲切地对着我们点了点头，接着就在离我们不远的舞台上出现了。瞬间，她的表情呈现出和刚才完全不一样的状态，回到悲剧女神的角色里，身边传来了观众的阵阵掌声与欢呼声。

我不太习惯法国式的悲剧表演，或许与我是斯堪的纳维亚人有关系吧。但在拉歇尔表演中浑然天成，让我们觉得其他人都只是在效仿她。法兰西的悲剧女神非她莫属，其他人不过是世俗的凡人。看过拉歇尔的表演之后，让我们觉得悲剧的表演就应该像她这样。现实、真理都在她的表演中展现，只不过与众所周知的北欧方式有所差异。

　　她家装潢得高贵奢华，虽然在整体布局上有一点不那么自然，但总的来说还是很高档的。蓝绿相间色调的外间里摆放着几尊中等大小法国作家的雕像，整个外间光线非常柔和。具备沙龙功能的客厅里，深红色是桌布、窗帘、书柜的主色调。她有一尊非常出名的钢质雕像，是一位英国人为她刻制的。她身上的黑色衣服就像是雕刻上去的一样。来参加沙龙聚会的大多是艺术家们、学者们，大家都表现得非常绅士，据说其中还有些人是有爵位的。仆人们热情地接待着客人，为客人们送上茶点，当然在这样华美的别墅里，连仆人们的衣着都是华丽不已的。这并不是典型的法式接待，更像是德国式的接待方式。我问拉歇尔是否能用德语交流，她立马用德语答道："阅读不存在问题，洛林可是我的出生地，我这儿还有不少德文书呢。"说着指向一处。我顺着看去，是格里尔帕策的《萨福》。我们继续用法语聊天。我看过她扮演席勒作品《玛丽·斯图尔特》里的那位苏格兰皇后玛丽，将帝王的威仪、震慑力演绎得生动不已，令我十分难忘。她在与伊丽莎白一同出场的那幕里表现出了更加强大、威严。

　　"伊丽莎白"的名字从她口中说出的时候，她表现出了一种非常蔑视的表情，这种蔑视的表情所表达出来的情绪比任何形容词形容的效果更为强烈。她在最后一幕的表现让我着实惊叹不已，所表现的状态是那样的真实与平静，如同真正的北欧、德国艺术家那样。可是法国人却非常反感这样的表演。她告诉我："我觉得一个人在最伤心欲绝，马上就要与朋友们永别的时候，是不应该咆哮如狂风暴雨一般。在我看来，这样的表达才是真正地表达出了那份情感，虽然法国人不太喜欢这样的表演。"那些精装的书籍整齐地摆放在华丽的玻璃书柜里，在沙龙里成为重要的装饰品。一幅描绘伦敦剧院内景的画挂在墙上，画中是她正站在舞台前面接受观众向她抛献的鲜花和花环。一个小巧精致的书柜放在这幅画的下面，里面放满了歌德、席勒、卡尔德龙、莎士比亚等艺术家的各类上等诗作。她向我了解了很多德国与丹麦的问题，也问到了两个地方的艺术与剧院。面带笑意的脸上仍有着一丝不可抹去的严肃，频频向我点头，示意我继续说。我的法语不够流利，经常为了找能准确表达意思的词汇而不得不停顿。"没关系，慢慢来，你的法语虽然并不是很好，但是很多比你法语流利的人，他们所聊的事物却并不能引起我太大的兴趣。最重要的是你说的内容我都能够理解，同时你也因此引起了我的兴趣。"我们最后一次告别的时候她为我在纪念册上写下临别赠语。

法国人阿尔弗雷德·德·维尼集诗人、小说家、剧作家三者名号于一身。他迷人的个性感染着我。他的妻子是一位英国女士，两人身上将各自民族的优点表现得淋漓尽致。他凭借自身的学界地位与优厚的收入能自由出入贵族沙龙。我在巴黎的最后一天晚上快 12 点的时候，和他一起爬了无数个台阶，来到我位于瓦卢瓦饭店顶楼的房间。他用他所有的作品作为分别纪念品赠予我。我从他的眼神中读出了真诚的友谊，他深情的话语让我潸然泪下。

法国雕塑家大卫的性情非常自然率性，经常与他相聚总让我想起托瓦尔森和比森。虽然我们开始真正了解彼此是在我离开巴黎前的最后几天，两人有一种相见恨晚的感觉。他想在大纪念章上刻上我的胸像，问我是不是能在巴黎多停留几日。我对他说："你并不了解我诗人的一面，也无法确定我能否对得起这份荣誉。"他拍着我的肩膀，面带笑容地望着我说："我还未读你的书，已读了你本人，说你是诗人再合适不过。"

我是在博卡尔梅伯爵夫人家中见到巴尔扎克的。我第一次在一位老夫人脸上看到那种深情的表情，并为之吸引。博卡尔梅伯爵夫人活力四射。另外一点引起我关注的是，在罗浮宫里有她的肖像。大家都围在伯爵夫人身边，她一一为大家做介绍。没想到《奴隶》的作者雷博夫人也在其中，我告诉她我的作品《摩拉托》里就借用了她《奴隶》里的故事，并且在演出时获得了成功。她听后非常感兴趣。从那时开始，她就像我的一位特别的女性守护者。在晚上我们交流自己的写作体会时，她不时地纠正我错误的法语发音，他叫我重复练习发音有偏差的地方。她充满了母爱，如母亲般慈祥，她天赋异禀，有极强的洞察力。

刚刚提到过我在博卡尔梅伯爵夫人家中遇到了巴尔扎克，他风度翩翩，衣着考究，行为优雅，唇红齿白，是十足的绅士。在这个圈子里，他话不是很多，但却给人带来快乐的感觉。一位女诗人把我和巴尔扎克都领到沙发上坐在一块儿。她在我俩之间，想通过表示自己微不足道，来维护自己的地位。我扭过头在她身后看到了巴尔扎克一脸嘲讽的表情，脸上的表情还带有一点夸张的感觉，我们两人第一次见面时就是在这样的情况下。

有一天，我在罗浮宫里面一个人晃悠的时候遇见了一个人，从外貌轮廓和走路的样子，让我觉得很像巴尔扎克，但是衣服又脏又破，鞋子、裤脚沾满了泥土，头上的帽子也是耷拉着的。这种形象的他着实让我吓了一跳，他对我笑了笑。我和他擦肩而过的时候，一直觉得不可能会有这么像的两个人。我忍不住转过身追上他问："你是我认识的巴尔扎克先生吗?"他笑着露出了一口白牙，说："明天要去圣彼德斯堡的人才是巴尔扎克先生。"他按了按我的手，对我点头后就走了。从按我的手是细而软来判断，他一定就是巴尔扎克。或许他装扮成神秘人来了解巴黎，为创作收集素材，或者他只是长得像巴尔扎克，而并不是他本人，因为我的举动，让这个陌生人觉得寻到一点乐趣。过了几天，我和博卡尔梅伯爵夫人聊起了当天发生的事情，她说巴尔扎克已经去圣彼德斯堡了，并请夫人向我致意。

我又见到了海涅，他在我上次去巴黎与他见面的时候就结婚了。他虽然身体虚弱，但是精力不错，对我自然而热情。所以这次见到他，我心里很坦然。他将我的童话故事《坚定的锡兵》翻译成法语讲述给他妻子听。他带我见到他妻子时说，《坚定的锡兵》就是我写的。见他妻子之前，海涅问我是否打算出版自己的游记，我告诉他不会。于是他接着说带我去见他的妻子。他的妻子身材娇小，是个甜美可人儿，从巴黎来。一群孩子在房间里玩闹嬉戏。海涅告诉我这些都是邻居家的孩子，他们没有自己的孩子。我和她一同与孩子们玩了一会儿，他就在隔壁为我创作了一首诗。

前文我提到了很多结识的朋友，想到一些还需要补充的朋友，比如：加尔克布雷纳这位作曲家；盖斯，他是《音乐报》的编辑；物理学家安培，他走遍了丹麦、挪威、瑞典。我的巴黎之旅能充满乐趣都离不开这些朋友们，是他们不断增强了我的信心。我从来没觉得自己在巴黎是个陌生人。在这些伟人家中，我受到的接待都是最好的。他们一直认为我的作品是值得他们期待的，并且他们似乎从这些作品中觉得没有看错我。除了他们以外，还有那些在伊斯特德之战中牺牲的莱索、奥拉·莱赫曼、克里格、邦特恩、希恩，他们与我都是同乡并且才华横溢。对了，别忘了还有每天在家都能看到的狄奥多尔·科林。

我在巴黎看到我的好几本作品有了德文版本的译作，并且销量不错。我非常开心，表示读者们认可我、关注我，我感到了莫大的鼓励。我知道有一个德国家庭，家中涵养深厚，魅力无限，很喜悦地阅览了我的德文译本作品，还看了一本书中的导言，里面有关于我的简单内容，对我很感兴趣。他们写信给我，表达了阅读之后的兴奋心情并致谢，还邀请我在回程中去他们的家中做客。如果不着急，我可以在他们家里小住几日，他们必定热情款待。在这次旅行中，我是第一次收到这种情感真挚、表达自然的信件。我刚到巴黎就收到了这封信。相较于1833年我收到的那封从家乡寄来的问候信则有着莫大的差别。他们也在信中提及了此事，他们知道我从第一次信中收到了怎样的问候，所以他们迫切地希望他们所寄出的热忱善良的、来自德国大地的信能给我带来愉快的问候。我将此收录进了作品，并且接受了邀请。在德国，我乐于访问这样的家庭，他们也接纳我。想来他们喜欢我，不仅只把我当作一个诗人，更是当作一个真正的人。

我现在想讲述一件不寻常的事情，有一家人，家境富裕，思想高深，他们住在萨克森州。这个家的女主人读了我的作品《不过是个提琴手》后表示这本书给她留下了非常深刻的印象。于是她发誓，如果她这辈子遇见了一个贫困的但具有音乐天赋的孩子，她一定不惜一切培养他成才。音乐家维克听她说完后，马上就给她领来了两个穷孩子，是一对兄弟。他告诉她这两个孩子都非常有音乐天赋，请她兑现她的誓言。她在与丈夫商讨后确实实现了她的誓言，让两兄弟在她家里吃住，受到最好的教育，还送进了音乐管理委员会。弟弟演奏的时候，向我们传递的是幸福和快乐。我想他们现在应该在德国哪个大城市剧院的管弦乐队里。或许有人质疑我的书存在与否，那位夫人读过与否。只要这样的孩子与这样的善良夫人相遇，就会发生这样的事情，不过这事是真实存在的，同样他们也确实与我的作品有所关联，我为此感到十分开心。在国外，我还了解到了很多像这样的事情。

我顺着莱茵河从巴黎回到丹麦。诗人弗莱里格雷斯刚获得一笔由普鲁士国王颁发的津贴，他就住在那里的小镇里。他会作画配图，自己诗作的配图都是自己完成，这方面非常吸引我，我很想和他一起交流。莱茵河边有几个小镇，我到处打听他的消息，有人指了一处圣戈尔的房子给我看，告诉我在那里可以找到他。我走进屋子里看到他坐在桌前写作。突然被一个陌生人造访，他仿佛感觉到被打扰。我还没来得及做自我介绍，才说到我如果不来向他表示敬意的话，那么我途经圣戈尔会觉得有事情没有完成。"你是个好人。"他并非很愉快地说，接着问我是哪位。我说："我们拥有共同的朋友，那就是查密索。"他听到这个名字之后，喜出望外，激动地马上从桌前跳起来，一把勾住我的脖子说："你一定是安徒生没错了！"我们紧紧地拥抱着，眼神中能看到他无比地兴奋。他迫不及待地问我："你能在这里住几天吗？留下来我们好好聊聊。"我告诉他："因为我还有另外一个同乡急着赶路，所以我只能在这里与你共度两个小时的美好时光。""你知道你有很多朋友在圣戈尔吗？为何我这样说呢，因为我就在最近向很多人诵读了你的作品《奥·特》。我夫人就是这其中你的朋友之一。不过，我还要告诉你，我和我妻子能结婚可离不开你的功劳呢。""你的小说《不过是个提琴手》让我们开始书信交流，最终开花结果。"他把他的夫人叫了过来，并向他夫人介绍了我。两人虽是第一次见面，但是却感到那样的熟悉，如同昔日老友一般。两个小时的时光很快就过去了，我们即将分别。临行前，他送给我一份手稿。"我为你作了这首诗，已经有段日子了，一直想寄给你，但是听说你去旅行了，就打算你回去之后再寄给你。现在好了，我们见面了，那我就亲手交给你！"我收下了这份美好的礼物。

当天晚上，我抵达了伯恩，在伯恩待了一晚后，第二天去拜访了莫里茨·阿尔恩特。虽然当时他年事已高，在后来非常仇视我们丹麦人，但在当时，我只是知道他是个诗人而已，歌曲《这就是德意志》就是他创作的作品，悠扬而很有威力。

　　虽然他老了，但是他仍然高大，一头银发，神采满面，用瑞典语跟我交流。他在当年因为会说瑞典话，为了躲避拿破仑的迫害才逃往瑞典。他身上还有着一股朝气，就像年轻人一般。他对我有所了解，因为我来自斯堪的纳维亚而对我增加了几分兴趣。在交谈过程中，进来了一个我不认识的人，他说了自己是谁，但是我们都没有能够听清楚。这是个年轻人，英俊帅气，全身皮肤被晒得黝黑。他在屋子里安安静静地坐着。当阿尔恩特老人准备送我走的时候，他才站了起来。这时候，老人认出了他，兴奋地大叫："你是艾玛努埃尔·格贝尔。"

　　没错，这名年轻的诗人来自吕贝克，德国大地到处传唱着他的新作。他与弗莱里格雷斯一样，也获得了普鲁士国王颁发的津贴。他正打算去圣戈尔看看佛莱里格莱斯，方便的话，会住上几个月时间。这么巧能遇到一位年轻的同行，我打算过会儿再走。年轻的格贝尔英俊挺拔，身姿健硕，富有生气，与这位老当益壮、神采奕奕的老人站在一块仿佛让我感受到了老一代和新一代的诗歌。但他们同样具备青春的活力。老人从地窖里拿出了还漂着碧绿香车叶草的莱茵河葡萄酒。为了纪念五月节，同时赞美春天，这就成为了我们的"五月节美酒"，并且这位吟游的老诗人让我上路时带上一首他为我写的诗。

　　我记得有位英国作家曾经说过我是个幸运的人，这一点，我也必须承认，并且很感激这一生能幸运地遇到这些幸福。我很幸运能与这么多高贵完美的人相识。面对这些，我的心情都充满了感恩，就像之前我所讲述的贫穷、屈辱与压迫一样。那些认为我所说起这些荣誉与喜悦是在做虚荣的自我炫耀的人，我不得不告诉他们，他们的想法是多么的荒谬。

大获成功

正如我所谈到的这些，在国外，我获得了不少荣誉与认可。或许丹麦人想知道的是难道我在国外没有受到过攻击吗。我如实地说，没有。我没有听到过其他国家的人对我进行的攻击，在国内也没有过人告诉我有其他国家的人对我发起过攻击，所以攻击从何而来？唯一存在的一个例外是在德国发生的，但是从丹麦发起。当时我人在巴黎，一个名叫波阿斯的德国人那时候正在斯堪的纳维亚旅行，他因此创作了一本书，并且在书中提到了对于丹麦文学的一些看法。

关于我的那一段在丹麦的报纸上有登载，大意是说不管我是以一个诗人的身份来评价，还是从个人角度来评价，都不怎么样。克里斯蒂安·温塞尔和好几个丹麦作家都对此抱怨不已。波阿斯所讲述的大部分内容都是发生在哥本哈根的那些琐碎生活小事。虽然他的书被不少人关注，但是并没有人承认为他提供过一些线索。霍斯特在《祖国》发表过声明，表示自己与波阿斯没有任何关系。所以他在书里所提到的他和波阿斯一起去过瑞典旅行，并且还在他哥本哈根的家中做过客，这些因为霍斯特发表的声明就更加无人信了。我曾经听说过，这个年轻人以前在哥本哈根的时候花了很多时间在一些小集闭的年轻人身上，经常跑到他们家里。他所写的丹麦世人的事迹都是从这些年轻人的随口聊天中听到的。但不可否认的是有些内容也确实是真实存在的。就像他说过，在丹麦人里，有部分人觉得我很可笑，并且在提到我的时候，对于我无论从诗人角度，还是从个人角度，口气言辞都不那么友好。但有意思的是，他说的这些内容引起了我在国外的一个同乡的注意。另外，路德维希·蒂克这位德国的作家根本不把他所塑造的我的这种拙劣印象放在心上。我坚信，在德国还是有很多我的读者，我留给他们的印象都不错，根本不会受到波阿斯所说的这些内容的影响。我觉得如果一年以后，波阿斯再去哥本哈根就会感觉到人们对我的评价和之前相差很大。在这一年的时间里，形势大大改变，我出版了自己的《新童话集》，并且在丹麦本土终于获得了肯定，这样的状态一直持续到现在。从那以后，我没再抱怨过什么，我慢慢地收获本就应属于我的认同、称赞与喜爱，或许说得到的还有更多。

丹麦人认为我所有的创作作品中，最好的莫过于童话了。所以我需要多交代一些关于童话的内容。童话刚开始面世的时候，并没有那样受欢迎，就跟我之前说过的一样，等到人们认可是到了后期。

《哈茨山游记》中的《不伦瑞克》是第一篇正式为我带来收入的童话作品。它具备了戏剧性，也具备了一些反讽刺的意思。这本书中还收录了《海的女儿》。在 1846 年，有批评家注意到《吕内堡荒原的小精灵》是以童话风格的形式予以呈现。

1835 年，就在《即兴诗人》出版的几个月之后，我的第一本童话集正式出版。大家认为这本童话集价值不大。之前有提到过，人们对于我写童话表示遗憾，觉得我好不容易在诗作上往前迈了一大步，结果又折回去创作童话作品。本以为我开创了自己的一片新的创作天地，可是结果却是一片谴责之声，并没有得到我之前所想的认同与赞许。有几个一直以来对我作品评价不错的朋友都给我建议说别再进行童话创作了。他们一致认为我没有童话写作天赋，并且我们生活的时代似乎与童话作品有所出入。甚至有人说就算我一定要写童话，也要先学学法国童话是如何写的。《文学月评》从来都不对我的童话作品做任何评价，包括到现在也当我的童话作品不存在一样。1836年，《丹诺拉》是唯一一篇关于我的童话作品的评论，是由编辑约翰尼斯·尼科莱·霍斯特所发表的。当时这篇评论让我焦躁不安，但是现在想起来觉得是件很可笑的事情。

他在评论中说道："这些童话对于孩子来说并没能给予一个良好的方向指引，充其量也只是能让孩子当故事听听。如今评论家们也不能保证这些童话不会给孩子们带来伤害。至少不会有人敢说，当孩子们读到后面的情景会让他们的感觉变得敏锐。睡梦中，一位公主骑着一只狗到了一个士兵那里，这名士兵亲吻了公主。公主醒了之后，认为这是一段迷人的梦境，并且把这个奇怪的梦讲给别人听。"《豌豆上的公主》被这位批评家批判为毫无情趣可言，不具备文雅性，让人无法接受。他认为这篇童话会让孩子们觉得公主这样高贵的女士是非常脆弱的，很容易感到悲伤。这位批评家劝我以后别把时间浪费在这些为孩子所创作的童话作品上。可是，那些生动活泼的童话影像就那样活灵活现地在我脑海中出现，如果我不把它记录出来，就无法停息。

我把当我还在孩提时代时所听到的所有童话故事都根据自己的印象记录并写了出来，这些内容最后成为我的第一本童话作品集，用最朴实自然的语言来进行叙述。至今，我耳边仍然回响着它们所发出的悦耳的声音。不过我很清楚我用这样的语言会遭到这位评论家的发难。所以我称这本童话为《讲给孩子们听的童话》，它既是写给孩子们看的，也是给大人们看的。《小伊达的鲜花》是我的原创童话，收录在我第一本童话集里面的最后一篇。但是有人挑毛病说这篇童话和德国作家霍夫曼的一篇作品非常相似。不过，在《步行记》里我自己也曾这样说过。

写童话的思绪无法停止，我之前说过的这些童话作品，有人对此表示过喜爱。正是因为有着这些友谊的支持，让我能更好地展示才华，创作更多的童话作品。我的第二本童话作品集在次年出版。没过多久，第三本也相继推出。我所创作的童话故事里就属《海的女儿》最长，它被收录在第三本童话作品集里。《海的女儿》吸引了很多人的关注，随后出版的童话集也开始逐步引起大家的关注。从那以后，每年圣诞节，我都会出版一本新作品，逐步地也成为了一个固定的模式。每年的圣诞舞台上不可或缺的就是我的童话作品集。

我的这些童话作品和以往的童话不一样，它们能带来新鲜、变化的感觉，让听腻华丽辞藻的童话的人们感到耳目一新。于是约根森小姐和费斯特先生尝试将我的童话故事在舞台上面进行讲述。刚开始人们还不太习惯，但到了近几个月，人们非常痴迷于这样的童话。这种讲童话的方式取得了成功。德国一位很著名的美学家对此给了极高的评价，在和我谈到关于在舞台上讲童话故事时，他说丹麦的人民肯定具备较高的文学涵养与品位，他们对于迷人外表并不感兴趣，而是能领略到童话的核心精神。我本来想说并不是因为我的童话精彩，观众们的掌声是送给那些讲故事的著名演员们，却没能说出来。

我在前面有说过，我将第一本童话集取名为《讲给孩子们听的童话》，是为了能在一开始就给读者们留下正确的印象。作品中，都是以我给小朋友讲故事的口吻进行表述。我也逐步了解到，不管是哪个年龄阶段的人都是接受并且喜欢这样的文字风格的。孩子们对于童话里花花绿绿的装饰喜欢不已，对于成年人来说，则更关注童话故事背后所阐述的深刻寓意。我想，每一位童话作家的创作目标都是为了把童话变成大人和孩子都能喜欢的作品。这为他们打开了童话创作的大门，找到了童话的精髓。所以，在我第三本新童话集出版的时候，把"讲给孩子们听的童话"这句话删去了。能够得到大家对这些作品的真心喜爱，我已经很高兴了，不应该奢望过多，不知道以后的每一本新作会不会都能得到这样的肯定。

在丹麦所有的媒体中，我的《新童话集》得到了《祖国》的肯定和称赞，这是来自第一家媒体的肯定。《丑小鸭》、《夜莺》等作品都收录其中。之后我在国外得到高度评价的报道也是由《祖国》刊登的。1846 年，报道称："在《雅典娜》这本英国文学界极负盛名的评论刊物中登载了关于英文译本安徒生童话的评论，'关于这本童话作品，可以评价为非常富有想象力，就像一个小精灵发出了让人身心愉悦的音乐一样，又像韦伯在《奥伯龙》中所描述的美人鱼的丈夫小鬼之王，也像李斯特即兴表扬那般轻柔缓和。写到英国伦敦的那些段落有些过于直截了当和尖锐了，毫无文雅可言，高雅的读者不适合阅读这般充满魅力的描述。世界可以老去吗？有些人抱怨，诗人这个人群会退化得精神失常，把生命都浪费在先人坟墓中那些保存得完好精美的宝物，殊不知那些宝物迟早有一天会重见天日的'。"

童话的支持者

在同一份刊物上国内国外的评论形成鲜明对比。在丹麦，那位极富才华的穆勒是第一个给予我的童话肯定评价的人。在当时，他是唯一一个敢发表文章对我的童话作品作出评价的人。《丹麦的诸神》这部作品中，不少篇章都是由他完成的，他给予我相当高的评价。不过他对于我的评论并没有得到丹麦民众的支持。人们不赞成他的观点，觉得他的很多观点都没有跟上时代。但是，众多人中，他是唯一赞同我的人，他发出了支持我的声音。我的童话作品得到了国内国外的好评，让我感到一股强大的力量，能够与任何反对的声音抗衡，哪怕可能会面对一些侮辱。脚下的大地异常坚实，我的心里透进灿烂的阳光。我精神愉悦，拥有十足的信心，我坚定地要在童话写作这条路上走下去，去探寻童话的本质与精华，不过更多的还是得关注那些能带给我灵感与创作思维的源泉。如果有人跟随我童话创作的轨迹，我想他们能看出我的进步。我的童话作品中，主题越来越鲜明，或者说内容越来越自然健康。

在悬崖峭壁上攀援需要披荆斩棘，我也在摸索中走出了自己的一条道路。现在的我已经能够得到丹麦本土文学界的认可，并拥有自己的一席之地。对于我来说，能在自己的祖国内得到认可和尊重，要比任何讽刺批评的意义深远得多。我的内心十分明亮，感觉前途一片美好，心情平复之后慢慢意识到之前自己经历的不管是创作上的，或者是生活上的苦难，对于今后的发展来说，都是必经之路。

我的童话故事在欧洲被翻译成了很多个语种版本，光德国就有不少版本，并且加印了很多次。英国、法国也是如此，有的在今天还在出新版本。还有很多其他语言的版本，例如瑞典文、荷兰文、比利时文、日耳曼语等。这足以证明，我听从上帝的引领，比盲目听从那些评论家所谓的学习法国童话等相关的建议要好不知道多少倍。拉·封丹对一个法文版本的童话给予了颇高的评价，写了一篇评论为《虚构的不凋花》的文章。我的成功如我的希望一般并没有给本土的文学带来什么影响。不过不少国外的读者觉得对于他们国家的文学来说，我的作品具有很大的文学价值。这不得不让我想起了1853年，朱利安·舒密特这位才华横溢的评论家在莱比锡对我的童话提出的评论中，提到了他非常喜欢我的《未带图片的画册》和《童话集》。他认为根据现代的写作方式来说，诗人们就应该从幻想中发现各种自然的美丽，并描绘出一个吸引人的现实世界。在人们得到精神享受的时候，明白很多事物是我们人类与自然所不具备的，有很多的细节都需要我们去了解、去探索。

　　1835年到1852年之间，我陆续创作了不少童话作品，一版再版，并且还有插图版本的童话合集。我经过慎重考虑，把后来出版的童话作品称为《故事》。我觉得我后面创作的作品取名为"故事"比"童话"更为适合。

　　梅耶博士早在1846年的时候就对我的童话非常感兴趣。只可惜他的这篇能为丹麦文坛争得荣誉的文章并没有引起多少国内的关注。但他却为我的童话作品在德国文坛争得了一些地位。

　　梅耶博士为我的作品作出的评价非常中肯，让我感到了莫大的荣耀。我会努力用时间来证明这些评价与肯定是我应该获得的，我也相信我能做到。人们一直都认为，我始终在他给我指引的方向努力着。

第十一章／友情永存

来自瑞典的友情

在这个时候，我结识了一位朋友，她给了我很多精神力量，也对我产生了重大深远的影响。虽然之前我提到了很多对我来说产生了很多影响的公众人物，但没有谁能够比得上我即将要谈到的这个人，她对我产生的影响极其大。因为她，我可以超脱自我去体会艺术的神圣，并领悟到上帝赋予我作为诗人的使命。

我记得是 1840 年，我住在哥本哈根，一天我在一家饭店的住客名单中发现了一位名叫珍妮·林德的客人，她来自瑞典。我在瑞典的那年得到了瑞典人民热情友好的接待，我知道在斯德哥尔摩，她是最重要的歌唱家。我觉得如果我现在去拜会她，不知道会不会有什么不妥当。虽然在那时，她的知名度在国外还没有特别高，但我想就算是在哥本哈根，应该也没多少人听说过她吧。对于我的拜访，她的接待很礼貌，不过很拘谨，严重点可以说是有些冷漠。她告诉我她是和父亲来瑞典南部旅行的，顺路在这里住几天。临别时，她和我之间还是很陌生的感觉。她留给我的感觉很普通，并且消散得很快。

珍妮·林德在 1843 年的秋天再一次来到了哥本哈根。珍妮·林德有一位朋友，碰巧，她的这位朋友是我的朋友布侬维尔的妻子。布侬维尔是个芭蕾舞教练，他的妻子很迷人。布侬维尔向我转达了珍妮来到哥本哈根之后托他向我表达的问候。他说珍妮很想与我见一面，她读过了我的作品。布侬维尔要我跟他一块儿前去见她，并要我说服她在皇家剧院进行演出。

于是，我和布侬维尔一块儿去拜访珍妮，这次她对我没有上次那样陌生了，热情地握住我的手，和我谈起我的书，还谈到了我们共同的好友弗里德里卡·布莱梅。我和布侬维尔问她有没有考虑在哥本哈根上台表演，她说怕自己会很紧张。她说："在瑞典，大家都对我很友善，我从来没在瑞典之外的国家演出过，如果在哥本哈根表演遭到了观众的嘘声，那多不好。我不敢答应你们呢。"我对珍妮说虽然我没听过她的演唱，所以不能评论她的音质，但是可以向她保证的是，只要她的歌声不差，演技还行，在哥本哈根就能得到成功，可以试一试。

珍妮被布侬维尔说服了。这一举动能为哥本哈根人带来莫大的喜悦。在《罗伯特》中，珍妮·林德饰演爱丽丝，她的演出水平可以说是艺术家的展示，她的歌声充满活动又不失甜美，亮丽的嗓音征服了在场所有观众的心。她的表演自然而真实，清晰明快的每一个音节让人充分感受到了她的魅力所在。珍妮·林德在一次音乐会上演唱了几首瑞典的歌曲。她极富女性魅力，天赋异禀，在她的表演下，这些民族歌曲都变得格外超凡脱俗，神奇到让人忘却置身于音乐厅中。哥本哈根无人不为之倾倒。很多上流人士不认识这位在当时还不那么出名的演员，所以选择去听意大利歌剧。这是很正常的情况。但凡是听过她演唱的人，无不热爱有加。

丹麦学生为珍妮·林德演唱了小夜曲，她是第一个享有这种礼遇的女歌唱家。布侬维尔邀请珍妮住到他家去，他们一家人待她十分友好。在一个下午，布侬维尔带她与戏剧老师尼尔森先生在弗里德里克斯堡大街见了一面，这是尼尔森的住所。夜幕降临，大街上灯火通明，并且响起了阵阵歌声，珍妮为此感到十分惊奇。我唱了一支歌，霍德特也唱了一首，她为了表示感谢，也唱起了歌曲。她在唱完后迅速地躲到一处黑暗角落里，并且抽泣着说："我必须继续努力，打起十分的精神投入工作中。当我下次再来哥本哈根时，我会比现在唱得好得多。"

她在舞台上是一位著名的艺术家，让台下的所有人痴迷称赞。但在自己家里，她却是一个优雅贤淑、简单朴实的小姑娘，聪明而善良单纯。她在哥本哈根展现出了她精湛的演技和迷人的艺术个性，这些都是圣洁艺术的象征，成为了丹麦歌剧史上的大事件。我也曾亲身感受过这样的感觉。我在她回斯德哥尔摩后没多久，收到了弗里德里卡·布莱梅的来信，信中特意提到了珍妮，称赞她是一个优秀的艺术家。在这个时代里，所有艺术家都是伟大的。和她一块儿谈论艺术，你才能感觉到她是多么的伟大。她痴迷于艺术并且对于艺术有很深的理解，当和她谈论艺术的时候，她的眼中闪烁着光芒。但和她谈论上帝和宗教时，你又能感受到她对宗教的神圣向往，她的眼眶中有眼泪在打转。她是一名伟大的女性艺术家。

我在第二年去了柏林。一天，梅耶贝尔这位歌剧作曲家来探望我，我们不经意间聊起了珍妮·林德。原来梅耶贝尔对她也非常着迷，听过她演唱瑞典歌曲。他问我珍妮的演技与独白能力如何，我描述了当时她吸引了多少人，还描述了她饰演爱丽丝时表演的几个细节。梅耶贝尔告诉我，他们打算邀请她来柏林演出，但是还没有最终决定。众所周知，她真的受邀请来柏林演出，并得到了柏林观众的喜爱。她是在德国享受到了名扬全欧洲的荣耀。

当她1845年秋天再次来到哥本哈根时，公众们对她的狂热已经到了无法想象的地步。所有人都想见识这位极负盛名的天才歌唱家。人们彻夜排队就为了买到一场她演出的票。同样她去欧洲其他国家或者美国演出时，也遇到了同样的盛况。像我们这样的早期崇拜者，感觉到她比以前更加伟大，我们看到了她饰演更多、更出色的人物角色。由她虚造的"诺玛"真实体现了艺术的表现力与形象，每个姿态都能成为雕刻艺术家最不可挑剔的模特。她的一举一动都是艺术的体现，并非是在镜子前的搔首弄姿。她的表演一直保持了真实新颖。玛丽布朗、格里希和施罗德·德夫林特夫人三人所饰演的诺玛都表现得高贵逼人，而珍妮·林德对这个人物的艺术塑造境界在她们三人之上。她对人物把握得深刻真实，给我留下了很深的印象。

诺玛因为受到了伤害，所以也曾在瞬间产生过想杀死背叛她的情人之子，但是当她看到孩子们那种天真纯洁的眼神，她马上放弃了这样的念头。所以她并不是一个疯狂的意大利女人，而且她还表现出了她的善良，为了一个无辜的竞争者而作出了牺牲。当合唱队合唱到"诺玛，你是一个庄严神圣的女牧师"最后的结尾处，就轮到珍妮的独唱了。珍妮·林德在哥本哈根都是用瑞典语言表演她的独唱部分，其他演员用的是丹麦语言。两种极其相似的语言相互交织，无人感受到什么不和谐，都陶醉其中，融合得是那样的自然。在舞台上出现如此真实的表演还是之前从未有过的。她向观众们完美地诠释了在帐篷里成长的自然之子的纯良天性，并且从她的一举手一抬足都展现出来她那与生俱来的高贵与优雅。她的演出带给人们愉快、感伤、感触良多，仿佛置身教堂一样，让人感到了圣洁。人们从她的艺术表演中看到了上帝，通过她的艺术呈现，与上帝近距离接触，神圣感油然而生。

在门德尔松写给我的信中，提到了珍妮·林德是一位千载难逢的艺术家，并且极具个性。我们同样有这样的感觉。在舞台上看到她的感觉仿佛有幸尝到了一杯圣酒一般。欧伦施莱格看完她的演出，双眼泛光地说"我作品中沃尔堡的表演人选非她不可"，还为她创作了极富深情的一首赞美诗。托瓦尔森在第一次看她表演时就觉得她的头顶闪烁着天才的光环。我借机在正厅前座介绍两位相互认识。托瓦尔森绅士地对她鞠了个躬，行了吻手礼。珍妮·林德面露羞涩，一脸绯红，并且回吻了托瓦尔森的手。因此，我感到有些担心，因为我了解这里的公众，他们喜欢没事找事挑刺儿，脾气古怪。

她在舞台上所表现出的卓越才华，没有任何东西能遮挡她的光芒，不过她在家中的个性展现是例外。在家中，她还原为一个孩子。灵气与灵性展露无遗，是她的另外一种力量。她很享受在家中的感觉，无所顾忌。她内心深处渴望有一个安定的家，她同样也非常热爱她的艺术。她很明白在艺术王国中自己肩上的使命，并且愿意为艺术而献身。她那虔诚高贵的内心没有因为人们的崇拜而变得骄纵。在她准备起程离开哥本哈根的时候，她和我谈到她并不因为自己有这样的天赋与才华而感到兴奋不已。很多个晚上，她都为了表演歌剧和音乐会而忙得无法分身。当她知道有一个协会是关于"照顾被忽视儿童"的主题时，她去了解了这个协会的现状，但因为资金不足，运作起来捉襟见肘。我也告诉了她关于这个协会我所知道的情况。珍妮·林德听后说道："我打算在哪天晚上我没有安排演出的时候，专门筹办一次募捐义演，门票卖双倍的价格。"她一直是反对涨票价的。她说到做到，在义演演出时，她表演了《沼泽中的露西娅》与《自由保护》的一些唱段。《沼泽中的露西娅》打动了很多人，让沃尔特·司各特本人都为之惊叹。除了她，还有谁能将人物塑造得如此真实优美。这场义演募集到了不少善款，当我告诉她这笔善款可以为这些孩子解决好几年的生活问题时，她激动得热泪盈眶，说道："太好了，这样的演出太具有意义了！"

我像兄长般照顾着她，每当得知一些关于她的情况时，都会感到喜悦无比。她在哥本哈根的这段日子住在布侬维尔家，我每天都会去探望她。临行前，她在皇家饭店设宴，邀请了所有给予过她帮助与支持的人。除了我之外，每一位到场的来宾都收到了她赠予的一份纪念品。她赠予布侬维尔的是一个刻着"献给芭蕾教练布侬维尔，在我的第二故乡丹麦，他待我如父亲一般"字样的银质酒杯。布侬维尔笑着说："这下，所有想做珍妮·林德兄弟的人恐怕都愿意争做我的孩子喽！"她笑着回道："过奖了，如果是这样的话，我会选择安徒生先生做我的兄弟。"她面对我走过来，问我："您愿意吗？"我们高举手中倒满的香槟酒，为她的兄弟们的健康干杯。

当她离开哥本哈根回到斯德哥尔摩之后，我们以书信来往。在我内心，她是我的挚爱。稍后会提到我们之后在英国和德国见面的情形。我们之间的情谊如果记录出来是一部关乎心灵的艺术作品。自从结识了珍妮·林德，我逐步走进了神圣的艺术殿堂。她让我明白了要达到更高的艺术造诣需要超脱自我。在那段时光里，任何书、任何人都比不上珍妮·林德所带给我的创作灵感和深远影响。所以我才会为此写下这么多文字以记录与她之间的故事。

我发现生活与艺术的轮廓在我脑海里日渐清晰，我感到非常欣喜，并且内心深处的暖流源源不断。在度过那段阴郁的岁月之后，我一直运势不错，灵魂深处得到了宁静与平稳。这次平和与丰富多彩的旅行与生活结合起来，让我改变了曾经只有通过出国才能减缓的内心苦难的感受。现在能平静地留在国内，不是只有国外才能抚平我内心的焦躁了。我天性喜欢结交天下朋友，喜欢走遍天下，希望与朋友之间以诚相待。

再游德国

"旅行是生活的一部分。"

我在 1844 年的夏天再次来到了德国北部进行走访。我受到现任奥尔登堡公使冯·爱森德切和他的妻子的邀请,在他们家中小住几日。夫妇两人非常聪明有魅力。我经常收到兰佐·布雷登堡伯爵的来信,多次邀请我去他优美的荷尔斯坦因公国拜访。后来我去了,这次的旅途虽然不长,但十分具有趣味性。

沼泽地在夏天是最美的,我看到了它的富饶。很多挂着铃铛的奶牛在与肩齐高的草地里走着,仿佛像来到了瑞士的山谷一般,是那样富有田园风情。在斯托河岸的森林环抱之中,布雷登堡就坐落于此,前方就是易泽豪。在这条小河里,凭借着与汉堡相通的蒸汽船交通,拥有几分活力。住在城堡里就如同住在自家一样自由惬意,四周风景如画。在这里我可以专心地投入到创作与阅览中,自由如天空中翱翔的鸟儿,又如水中的鱼儿,并且还得到了城堡中人们对我无微不至的照顾。

因为和兰佐伯爵一同进行了几次短途的旅行考察,所以对于荷尔斯坦因的风光有所了解。但是,因为伯爵的身体日益衰弱,我最后一次来到布雷登堡的这段时光,也成为了他有生之年度过的最后一个夏季。一日在花园里,他深情地握住我的手,像是预感到自己将要走到生命的尽头,对我说道:"安徒生,我年轻的朋友啊,我想我知道了上帝的想法,我们这是最后一次相聚了，恐怕我时日无多了。"我从他的眼神中看到了异常凝重的神情，我不知道对他说些什么。当时，我们旁边是一个小礼拜堂，后面的篱笆丛间有一扇门，他推开后一个花园展现在我们面前，一处绿草覆盖的墓地就在一个长凳的前面。他告诉我："下次当你再次来到布雷登堡时，请到这里来看我。"第二年冬天，他就在威斯巴登长眠了，我失去的不仅仅是一个朋友和保护人，更是失去了一颗高贵美好的心灵。

我是 1831 年第一次到的德国。那次去了哈兹山和瑞士的萨克森地区，那时候我最大的心愿就是见到歌德。很多人向我描述过歌德是一位极具才华的绅士，虽然哈兹山距离魏玛并不远，但是我没有介绍信，且当时我还没有被翻译成德文的诗作。我想他可能不会见我，所以我想等我的作品翻译成德文之后再去拜访歌德。当《即兴诗人》成功为我在德国建立了知名度时，歌德却已经离开人世。巧的是，我在从君士坦丁堡回国途中在门德尔松家与歌德的儿媳弗洛·歌德结识，她未嫁入歌德家前叫波格维切。她告诉我她坐火车过来是专程为我而来。她高贵大方，对我也十分热情友好。她说她的儿子瓦尔特在小时候就把我的作品《即兴诗人》改编成了一部戏剧，并在歌德的家中表演过，并说瓦尔特有一段时间一直想着要去哥本哈根与我见面。他认识的一位丹麦人为他写了一封介绍信，虽然那位丹麦人并不理解为何年轻的小歌德为何如此欣赏我。

如此说来，我也有朋友在魏玛了，我非常想去拜会这位年轻的小歌德、席勒、维兰德和赫尔德。这片幅员并不算辽阔的地方光芒却十分耀眼神圣。因为这里有马丁·路德、瓦特堡的歌曲节，还有很多高贵伟大的记忆。我是 6 月 24 日抵达的，碰巧是现任公爵的诞辰，全城都表现出了贺寿的氛围。剧院里上演的是一部关于年轻王子、世袭大公受到人们真心拥戴的新歌剧。后来，我才意识到我所见到的这些盛大的场景对我所造成的深远影响。我在这里结识了非常多的朋友，这里在我看来是我在德国的第二故乡。

我手中的一封介绍信是写给杰出的老大臣缪勒的，他是歌德的挚友。因此我得到了热情的接待。第一次去就巧遇了博路·德·马科内，我是在奥尔登堡与他结识的。这会儿他也刚到魏玛，打算来谋个职位，所以暂住在缪勒家中。有些朋友就算只是相处了几天，也能相互了解并且结下深厚的情谊。在这些日子里，博路已经被我认定是一生的朋友。他不仅照顾我，还介绍我结识了很多善良的家庭。刚来的时候觉得有些孤独，因为弗洛·冯·歌德和她的儿子不在，但是经过博路的指引，我发现自己与魏玛各阶层都建立了交往，也被众人所接纳，于是觉得并没有那样的孤独了。

现任大公和公爵夫人给我留下了非常深刻的印象，他们非常热情地接待了我。我是经人引荐给他们的，他们邀请我共进晚餐。在此之前一会儿，因召先拜见了世袭大公与公爵夫人，荷兰公主是公爵夫人婚前的身份。那时，我与缪勒大臣以及埃克曼一起驱车前往他们当时所住的埃斯特堡高山茂密森林边的狩猎小屋。离小屋不远时，马车停下了。一位年轻人走过来，眼神流露着高贵与温柔，一脸真诚的表情向我们问道："请问，安徒生有同行吗?"见到他一脸兴奋的样子，我连忙握住他的手。他说："见到您很高兴，请稍等。"

马车继续行驶起来，我向车中其他人咨询刚刚说话的年轻人是谁，缪勒告诉我他是世袭大公。这么说来，我已经见过世袭大公了。没过多久，一行人与屋中主人们相聚了。屋中舒适如家，不管何时都是一样。我所看到的都是温柔、欢乐与活泼。

用过晚餐后，大公邀请所有客人来到旁边的村庄。本村的与附近村庄的人都聚拢过来，为他们敬爱的，并且现在回到埃斯特堡来的世袭大公共同庆祝生日。涂了油脂的柱子立着，上面的方巾与丝带飘扬着。高大的椴树下，人们跳起了欢快的舞蹈，有人拉着小提琴伴奏。人们脸上洋溢着幸福满足的笑容，四处都是节日的欢乐。由此可以看出大公与他的夫人是真心相爱并且喜结连理。一个人如果在宫廷里待久了，会觉得不开心，会为了拥有一颗跳动的心去暂时地忘掉命运。萨克森·魏玛的卡尔·亚历山大的内心高贵完美，在过去的这些年里，我一直沉浸在那些幸福而庄严的时光里，并且坚定了自己的信仰。

国王的座上宾

我第一次去德国的时候就去过几次埃斯特堡，那里十分美丽，从公园眺望，可以看到哈兹山。世袭大公带我看了一棵刻着歌德、席勒和维兰德的名字的树。朱比特也用雷声的楔子在一根树枝上刻下了自己的名字。一块儿同行的有女作家弗洛·冯·格罗斯，说她的笔名可能被更多人所熟知——爱玛丽·温特；老大臣缪勒向我们描述了歌德在世时的那些岁月，一边讲述《浮士德》，还一边进行精彩的点评。埃克曼忠实单纯得就像个孩子一般。正因为有这些人的相伴，我在埃斯特堡的每个夜晚都非常精彩美妙。

每人轮流朗读了自己的作品，我还用德语朗读了童话《坚定的锡兵》，我之前想象的墓地中卡尔·奥古斯特的墓是在歌德和席勒墓的中间。在缪勒带我到墓地之后，才发现原来和我想的不一样，卡尔·奥古斯特的墓是紧紧挨着他妻子公爵夫人的墓的。为此，我写下了："公爵为自己建造了一个犹如彩虹的七彩光环，他存在于太阳与倾泻的瀑布之间。"卡尔·奥古斯特和公爵夫人身边都是那些最能理解和评价伟大的人物的王室成员。灵柩上的月桂花环早已枯萎，只有墓碑上那"歌德"和"席勒"的字样永垂不朽。生前他们已是深交知己，死后，能一同安葬在此。这样的地方深深地刻在了每个人的记忆中。在这里，你默默发出的一声祈祷只有上帝才能听到。

即将分别，我在小卡尔·奥古斯特留言册里写下了一些话：

（魏玛）

心之向往的地方如此朴实无华，就像图林根森林里的那座城堡，给人以温馨舒适，在那里，有幸福的家庭生活。四周都萦绕着大理石光彩，但让我印象最深的是那心灵的帝王之室，一缕耀眼的光芒从那儿散发出来。

她是公主，是母亲，开心快乐地带着她的小儿子玩耍，骑在她背上的儿子就像个骑士一样策马奔腾。她开心笑着，其乐融融，眼神中无法掩饰地流露出了母亲的光辉。她开心不已，这时，天使也为她歌唱那颗安静忠实的灵魂，并为她祈祷。

孩子，你出身高贵，你的眼睛犹如大海般蔚蓝，你的微笑充满魅力。你拥有父亲的爱心、不受束缚的思想与他努力奋斗的精神。知识是一座明亮的灯塔，永远为你亮着。童话世界里丰富多彩，你将看到所有的自然与各种各样的心灵。

哦！图林根森林，你拥有如此崇高伟岸的名字，拥有属于全世界的声音。路德在这里演讲，歌德在这里歌唱。这里拥有令人惊奇的一切。这个家庭一直在与命运做着抗争，上帝会一直保佑着它得到最大的幸福。图林根森林里的那座城堡是心灵向往的地方。

即将离开魏玛的时候，我总感觉就像以前在这里住过，它像我心爱的家园，现在即将离开，心中那股难以割舍的感情涌上心头，莫名地惆怅起来。马车一边行驶着，我看了看城门，水车边的桥，这个小城和小城里的城堡……我想以后都不会再有让我这样难忘的旅行了。这段时光如此美好，即将成为过去，但会留在我的脑海中。后来我写信寄到这里，回想起来还有一种魂回故里的感觉。在这里，我的诗人之路洒满了阳光。

我现在要向莱比锡出发，有一场美妙的诗歌晚会在罗伯特·舒曼家即将上演。查密索在一年前把我的四首翻译成德文的诗谱了曲寄给我，让我感到惊讶而荣幸。当晚，他们邀请了弗洛·弗雷格来演唱了这几首诗。她深情的演唱让人无限陶醉，克拉拉·舒曼为她伴奏，他们的合作给人带来了无限的快乐。听众只有诗人与作曲家。晚宴上，思想交流的剧烈碰撞让我感到时间过得如此之快。1845 年 4 月，罗伯特·舒曼写了一封信寄给我，信中也谈到了那个美妙的夜晚让他非常难忘。

我在德累斯顿又见到了热情洋溢的老朋友们，挪威画家达尔是个绘画天才，也是我半个老乡，他笔下的瀑布与桦树林将挪威山谷里的景象传神地展现出来。沃格尔·冯·沃格尔斯坦为我画了人物肖像，并且收藏在他的皇家画像集里，让我感到无上荣幸。赫尔·冯·卢蒂乔是剧院的经理，每晚都为我在导演包厢里安排看戏的座位。弗洛·代肯男爵夫人是德累斯顿上层社会中最高贵的女士之一，她对待我像亲生儿子一样，母爱满溢。因此，我经常去她家中拜访，和她的孩子们一块儿玩耍。我觉得这里是个美好、光芒无限的世界，生活美满幸福。

埃德蒙德是博路的哥哥，他是个军官。有一天，他从特兰德特回来了，并且在夏天待了好几个月，他邀请我一起去，在那山间里，空气清新无比，在这里的几天十分快乐。不管我去到哪里，对于新认识的朋友都只看我的优点，他们都对我评价不错。经代肯男爵夫人介绍，我获邀来到著名的天才画家雷兹奇的家中。他的作品中，有歌德和莎士比亚的肖像画，作品极其富有想象力。他十分好客，有一处别墅就在迈森附近被常春藤覆盖的小山上。这里具有田园风情，景色开阔，令人心情舒畅。他在妻子每年生日的时候都挑一幅最好的速写作品作为礼物送给她。多年积累下来，她收到的速写作品都可以出一本画集了。万一哪天他离开人世，他的妻子仅凭卖画都能过上无忧无虑的生活。他的每幅作品都构思独特，其中最吸引我的作品是那幅《出埃及》，画中呈现的是夜景，画中所有的人、物都在沉睡，月色、树木、灌木丛，玛丽和那头驮着她的驴。唯一醒着的是圣婴基督，他圆圆的脸庞照亮了周围的一切。他有一幅素描是根据我为他讲过的一个童话，童话中描绘的是一个躲在老妇人后面的年轻姑娘，表达的是透过古老童话的面具所窥探出的美丽并且永远青春的灵魂。雷兹奇的天赋与与生俱来的美感无人能及，所有的人物都体现着他丰富的想象力。

　　梅耶·塞瑞和他迷人的妻子住在瑞士萨克森地区的麦克森，他们邀请我去他们的庄园中享受德国的乡村生活。他们热情好客，那里的采石场、巨大的粉末火炉等无一不体现出工业活动的景象。世上可能再也找不出比这两夫妇更热情好客的人了。他们喜欢邀请很多有才华有趣的朋友在一起。我在他们家待的一个多礼拜中，遇到了科尔，他为我们讲述了他旅行途中的各类经历。我还遇到了哈恩伯爵夫人，她就是著名女作家伊达·哈恩。当时，她的小说和游记正流行，我们交流的时候谈到了天主教的信条和她的作品。

她说她的父亲非常爱到处玩，庄园里总是看不到他，他经常和朋友们结伴远游。她虽然和富裕的哈恩伯爵结了婚，但没过多久就离婚了。从那以后，她不断地发表诗歌、小说和游记。虽然很多人都讨论、指责过她的作品里充满了贵族的主导地位和令人不得不瞩目的特质，但从她脸上完全看不出她受到过的这些指责所带来的影响。我们在麦克森相处得非常愉快，她身上充满了女性魅力，个性迷人，并且她一直非常自信。拜斯托姆男爵是一位令人愉快的绅士，他们经常一同出游，并且住在一起，很多人都把他们当作一对，上层社会的人们也是把他们当做夫妇接待的。

曾打听过他们秘密结婚的原因，有人说她可能会因为再婚失去前夫的抚恤金，如果没有这笔钱的话，她将生活困难。很多恶毒的嘲弄都指向了这位女作家。但是人们从她的作品里面看到的是一个写作的女性，一直为天主教不停地做宣传。但是我认为她的人格高尚，并且才华出众，遗憾的是没有将上帝赐予的才华培育出灿烂的花朵。但是我和她非常默契，相交甚好。因为《不过是个提琴手》里的黑玻璃和我的童话故事，她把我当作一个诗人看待。她还在一个清晨把我带给她的这种感觉写在了一首诗中。

谁不喜欢在备受欢迎的地方待着呢。我在德国的短暂之旅非常快乐，他们都没有把我当外国人看待。大家都认为我的作品体现出了真实感情的价值。在这个世界上，不管是多美的形式，或是用智慧让人留下的深刻印象，都抵不过发自内心的情感和真实的自然天性，这也是最能被人接受与理解的。

"野天鹅已经飞得够远了，它把头枕在荒野的怀抱。"因为我在柏林最亲密的朋友查密索的去世，我已经有好几年没去过柏林了，这次我是经过柏林回国。经过柏林时，我见到了他的孩子们，因为和他们的父辈是朋友，所以跟他们在一起，我感受到自己在逐渐衰老，还好我的心态年轻。我记得最后一次见到他儿子的时候，他们还在小花园里嬉戏，现在都成为了在普鲁士服役的军官，戴着钢盔，挎着军刀。真是时光飞逝，变化就在不经意间发生，我们失去了多少，又得到了多少。"当我们的至爱亲朋离开的时候，我们不用觉得太痛苦，他们在上帝那里成为了我们最爱的人，他们在天国与我们之间架起了桥梁"。

我认识的新朋友塞维格尼公使邀请我去他家中做客，他和他的家人热情地接待了我。在他家的时候，结识了思维敏捷、天赋异禀的弗洛·冯·阿尼姆，也可以叫她贝蒂纳，她被广为人知的称呼是歌德的贝蒂纳，弗洛·塞维格尼和她和莱门斯·布伦坦诺都是姐妹。我第一次见到贝蒂纳的女儿们是在塞维格尼公使家，她的女儿们都非常聪明伶俐。最小的女儿还创作了童话《月亮国王的女儿》，极富有诗意。美丽的小姑娘们牵着她们的母亲走到我面前，问她有什么要对我说的。贝蒂纳碰了碰我的脸说："没什么过不去的。"说完走了，没过多久又回来了。她是那样的迷人并且富有创造力。和贝蒂纳交流了一个多小时，他们滔滔不绝地谈论着，极富激情，我像哑剧演员一样看着他们表演。

入夜已深，大家都陆续散去。她没有坐马车回家，而是跟我一块儿走路。符腾堡原属于德国西南部，现属于巴登—符腾堡州。她挎着王子的胳膊，我带着她的女儿们一块儿走着。过了几天，我去她家拜访，她在家中表现出完全不同的风格个性，当然依然是光彩夺目的，并不只有表面的机智，更多地让我感受到了她的学识渊博与热情真诚。

她的作品读起来朗朗上口，她绘画的本事鲜为人知。她把刚发生的一幕速写出来，一个年轻人被葡萄酒散发的难闻气味熏死了，她用速写表现出来的是一个半裸露的男人顺着梯子往地窖里爬，她把地窖里的酒桶画成了妖魔鬼怪的样子。酒神巴克斯的祭司们把这个男子当作祭品杀了。她的作品让我们大吃一惊，我知道她也曾向托瓦尔森展示过她的素描作品，也令托瓦尔森感到惊讶。

H.C.奥斯特德为我写了一封介绍信，介绍我去拜访魏斯教授，这给了我一个深刻了解美好幸福家庭生活的机会。虽然我们都离乡背井，但是我们却都拥有美好的情感。当我们在他家的时候，所有人的眼睛都明亮如灯笼一般。他的家人都美丽善良。我结交到了很多新老朋友。我又见到了罗马的可奈留斯、慕尼黑的谢林、德累斯顿的莱克，还有挪威同乡斯蒂芬斯。自从我那次去过德国之后，这是第二次见到莱克。他的眼神仍然那样聪明智慧，仍然让我感到如亲人般亲密。

德国朋友在我临别德国之前为我写了一首诗，并且唱给我听。诗文是由克勒克特创作的，他在德国非常受大众喜爱。一年前，他就把他的童话作品《德国童话》第二部赠予我表示敬意，他就像孩子那样纯真。他把第一部分赠予了莱克。我一直珍藏着他的作品，把它当作是来自柏林的献礼。

我从斯德丁波兰西北部回到哥本哈根时，虽然天公不作美，阴霾密布，但是我的心情却非常愉快，精力充沛地去探望我那些亲密的朋友们。没过几日，我又出发去费恩岛拜访莫托克·哈维特菲尔德伯爵，在他位于格罗若普的别墅中度过夏日时光是件非常美好的事情。我在那儿收到了兰佐·布雷登堡寄给我的信。说他正与克里斯蒂安八世国王夫妇一同在费尔游泳。他告诉国王夫妇我在德国过得非常开心，在魏玛宫廷享受了非常正式隆重的接待。他告诉我国王夫妇对我都非常关心，希望我有机会去风光旖旎的费尔矿泉疗养地，和他们一起享受富足开心的日子。兰佐遵照国王之托向我传达了他们的热烈邀请。

比尔纳兹奇在他的短篇小说里描绘过哈里格斯美不胜收的美景。我在

《两个男爵夫人》里也描写过那里的风景。阿姆罗姆沙丘密布，那里的风景也是非常美丽迷人，我能在这本书里写出如此美妙的描述都应感谢国王夫妇的盛情邀约。他们对待我亲切无比，让我非常开心。我也期盼着能再次与兰佐·布雷登堡相聚畅聊，可这却是我们最后一次相见。

刚刚开始闯荡哥本哈根的时候，我还是一个穷小子，二十五年过去了，我现在能与国王王后聚在一起，这个日子值得庆祝。我对国王、王后一片赤诚之心，现在我拥有了一个深入了解他们的机会。通过这次机会，我觉得我非常热爱他们，周遭的人、景都深深地刻在了我的脑海中。我感到自己像是站在了一个比较高的角度，能让我回顾过去的二十五年。我对于走过的这些路感到知足，现实往往能够超越那些最初的梦想。

我第一次看到狭长海湾是从费恩岛去到福伦斯堡，峡湾周围满是悬崖。这是由冰川侵蚀而成的，边上的森林和斜坡如在画中一般，美丽异常。荒野中没有太多的变化，除了云，感觉不到其他的物体在动，我们缓慢地在荒野中穿越前行，深深浅浅地行走在沙地上，动作重复不变。帚石南丛中有一只长相奇怪的鸟儿发出了单调的叫声，听起来像是它要睡着了。越走越艰难，越走越慢，快到荒野尽头的时候已经是寸步难行，前面就是一片沼泽地。下过雨没多久，地上的泥又稀又软。连绵不断的雨把玉米地、草地变成了水城，堤堰变成了泥潭。很多地方，我都只能叫农民顶住轻型马车，免得滚落到堤堰下的房顶上。马蹄也经常深陷在泥潭里。一个小时能前进两里就算万幸了。

最后，我们终于到达了达格布尔，北海景色尽收眼底。沿着海岸线，分布着不少岛屿，岛屿外围都是一座座的堤防。人们用一种特殊的稻草来加固堤防。海浪就只能侵蚀这些稻草。我们花了不到一个小时就到了费尔，因为正好赶上涨潮也顺风。相比一路上的艰难前行来说，这里已经犹如仙境一般了。浴场在岛上最大的威克镇上，荷兰式的建筑风格。房子全部是草屋顶，靠山而建，并且只有一层。这些就是镇子给人留下的最大印象。在这个季节里，游客非常多。与皇亲国戚、王公贵族相关的一切都给小镇带来了人气与节日气氛，最明显的就体现在主街道上。

每户人家里都有游客居住，经常有些熟悉的面孔从客厅和山墙的窗户上探出来。空中到处飘着丹麦国旗，音乐四处回荡，就像是在举行某个节日庆典一样。王室成员住在一栋单层建筑里，离海岸不远。从打开的窗户能看到有几个女士在窗户旁来回走动。她们看到是我就向我打招呼："安徒生先生，欢迎你的到来。"帮我搬行李的水手们立马向我脱帽鞠躬表示敬意，他们并不知道我是谁，只是一路猜测着我的身份与地位。刚刚那些向我表示欢迎的女士们是奥古斯腾堡年轻的公主们和她们的母亲公爵夫人，因为她们的招呼，让我突然成为了重要人物。

因为我是新到的客人，所以格外引人注目。一位仆人看到我在一张桌子前坐下，连忙走过来邀请我与国王同坐。虽然晚宴已经开始，但当国王听说我已经到了，就特意给我留了一个位置。和我同坐的一位同乡说，他也想和国王共进晚餐。国王下令为我专门另作膳食。住在岛上的那段日子，我每天都是与王室成员们共享餐食，每个晚上都一起度过，那段日子十分快乐，无忧无愁，充满诗情画意。在岛上与王室成员们的亲密相处给了我与他们亲密接触的机会。我们平时看到的只有皇冠和华服，但他们的私人生活比丹麦国王夫妇的更为迷人。他们拥有上帝所赐予的阳光，他们让我的内心也得到阳光般的温暖。

到了晚上，我经常会给他们朗读几篇童话故事，国王与王后似乎最中意的是《夜莺》和《养猪人》，他们有好几晚都反复让我为他们朗读这两篇。一天晚上，一位大臣与年轻的奥古斯腾堡公主正在玩耍，写了一手韵体诗。我正好在场就为他补充说："你的这首诗里面有些诗韵需要修改，比如这里你应该说……"说完我就即兴创作了一首，逗得大家哈哈大笑。国王夫妇听到这边的笑声过来问发生了什么事情，我在重复念诗的时候，又即兴创作加了一段。这下在场的人都想即兴发挥。没办法，我不得不根据每个人的个性特点为每个人进行即兴创作。于是他们发现了我有这样的才能。正在与国王玩牌的尤阿尔德将军问他是不是唯一没有作诗的了，为何不从他的诗中挑上一首来朗读。我为了避免为他作诗，只好回答说："国王和国人们都知道将军很会写诗。"

王后卡罗琳·爱玛莉接着问我："你还记得那些我想过的或者我感觉到过的一些事情吗?"我想了一些与她相配的诗句便回复她说："陛下，为了让您能保存下来，我会把它写下来，明天拷贝一份送给您。"她反复说了好几遍："我觉得你会记得的。"每个人都要我即兴为他们写诗。迫于无奈，我只好写了下面这首《送神歌》，后来收录在我的《诗集》中。

祷告

他为我们带来了暴风雨中的安全，他为我们驱散了尘世生活中的阴霾。每当国王遇到悲伤时，我们都希望他能给国王带来信心与力量，为丹麦带来永远的和平与安宁。愿他将胜利的花环高挂在我们的旗帜上，同样也将爱挂在每个人崇高的心愿中。就算所有的帝国都遭到了末日的审判，丹麦还能依然像大海中的百合一般亭亭玉立。

国王与王后要去哈里格斯的最大岛屿，我一同前往。岛上那些长满绿色苔藓的北欧文字让我们知道这里曾是一块陆地，只是经历了下沉。海啸让这片陆地变成了岛屿，并且撕碎成了很多块，镇子与村民们都被海啸所吞没。时光流逝，很多岛屿碎片逐渐消失。很明显，五十年后的这里可能将不复存在，只剩下一望无际的大海。现在的哈里格斯岛已经是个平坦的小岛，只有几只羊在草地上吃草，茂密草地里面的叶面还十分锋利。涨潮时分，得把羊赶到阁楼上。这个离海岸只有几里远的小岛被海浪不断地冲击和侵蚀着。

我印象中，比尔纳兹奇的小说里把这里的风景描绘记录得非常细腻，让我钦佩不已。那些关于特定场景的描述，让我置身于现场的时候感觉到小说与现实两者完美地融合。我知道自己不会比他记录得更好。我在《两个男爵夫人》中也对这里的风景进行了描绘，但是同样的风景在不同的诗人眼中是呈现不同的姿态。

在厄兰岛上发现了一个小村庄，里面的房子与房子之间挨得很近，紧密地挤在一起，像是为了能让互相有所支撑依靠。房子是全梁木结构，窗户很小，就像船上的船舱。小客厅里嵌着镶板，纺车边坐着母亲和女儿们，一坐就是六个月。屋里有些书，有丹麦文、德文，还有一些弗利斯兰语言的书。她们坐着一边读书一边工作，海水经常涨潮，涨到把房子围了起来，看起来就像是遇难船只的残骸被推到了岸边。有时候夜航的船也会因为被海浪冲上浅滩而出现搁浅。1825 年，发生了一场大洪水，白天黑夜他们都半裸着身姿蜷缩在屋顶上，但还是无济于事，那场洪水卷走了岛上所有的房子和居民。其他地方的人想施以救援都心有余而力不足。教堂的墓地也被冲走了很多，海浪上漂浮着棺材和尸体，情景十分可怕。尽管这样，哈里格斯人还是深爱着他们的这片土地，他们无法忍受在陆地上生活，哪怕在陆地上住了一些日子也要回到小岛上，他们在陆地上日夜思念着家乡。

我和王室成员一起来到小岛上参观。蒸汽船无法把我们送到岸边，所以我们要换乘小船才能上岸。我因为谦让，差点错过了最后一条船。我在厄兰岛遇到了正在往回走的国王，国王问我："你才来吗？别急，慢慢看，我让船等着，这上面的古老教堂和墓地是必看的。再去那里的人家看看，有一位漂亮女子在那里。"

岛上的男居民有去格陵兰出海的，有去荷兰出海的，家中只有他们的妻儿来接我们。岛上唯一一个男人因为大病初愈，所以留在了岛上。他刚起床。他们用在费尔来来的鲜花在教堂前做了一个荣誉花门，不过因为太小，我们都只能绕过花环走进去。居民们的心意我们明白，他们把岛上唯一的一棵树和玫瑰丛都砍了，把泥地填平，为了方便王后能通过。这样的举动深深打动了善良的王后。姑娘们穿着带有东方情调的衣服，很漂亮，她们用面纱遮住一半脸，觉得自己有希腊的血统。面纱下是一色的希腊式红色非斯帽，头发编成了辫子盘绕在帽子上。

我去教堂墓地看了，也见到了漂亮女子，等我回到蒸汽船上时，已经到了吃完饭的时候了。我们行驶在一片有众多岛屿的海面上。美丽的落日余晖洒满了甲板，所有人都跳起了舞蹈，仆人们小心地在舞者中穿梭着，为我们送上点心。水手们划桨的声音一阵阵传入耳内。单调的号子千篇一律地重复着。又大又圆的月亮在天空中升起，依稀可以看到阿姆罗姆的沙山，在皎洁的月光下看起来就像被白雪覆盖的阿尔卑斯山脉一样连绵不绝。

我后来到了人迹罕至的沙丘。国王去打猎了。当年载着亚当、夏娃之家的诺亚方舟来到这里，只有两只兔子跑了出来。几年之后，兔子就成群结队了，估计岛上有数千只兔子甚至更多。除了我之外，还有诺尔王子没有去打猎，于是我俩在沙丘山上散步，感觉像是走在维苏威火山的火山灰上，每走一步都会陷下去一块。

沙土表层特别松软，无法抓住坚韧的草根。白沙被太阳烤得炙热，像走在非洲沙漠的感觉。在沙丘间的沙谷里，有野玫瑰生长，其他地方就看不到星点植被。海浪在沙丘上留下了拍打的痕迹，海潮退去，沙丘上留下了谁也看不懂的奇怪文字，那是大海留下的。

海潮退去了，我和王子坐在最高的一处沙丘上，远眺北海。由于退潮，海水退后了一里多。沙地上搁浅着一条条死鱼一样的船只，只有等到海潮再次到来，才能出海。远处有几个移动的小黑点，那是几个水手在沙滩上漫步。大海轻柔地拍打着白沙，可以看到一条很明显的长沙岸。我描写过这里的景致，收录在《丹麦的领港员》里。梁木上面修建了一些高塔，是为了保护沉船的水手的。高塔上准备了一桶淡水、一篮面包和一瓶白兰地，足以让他在海浪翻卷的波涛中支撑几天，等到施救人员的出现。阿姆罗姆和费尔之间的沙地是可以供人行走的，这里的沙子是坚实的。从这里可以走到另外一个岛上去。我们看到了两次像是一队马车的影子，但又像是从空气中滑走了一样，顺着白沙就这样消失在了蓝色地平线中。沙滩退潮以后，就像一张大网，还有海水残留在缝隙中，海水和沙滩像是相互属于对方一样。

这些情景都极富童话色彩，它们与王室晚宴、美妙的宫廷音乐会，还有沙龙里的小型舞会都形成了一种奇妙的对比。月光下的海滨大道上有很多游客在漫步，就像一条不宽阔的林荫大道一般。

我在前面有提到过，9月16日对于我来说是非常重要的一天，兰佐·布雷登堡也知道这一天非常有意义。二十五年前的今天，是我第一次到达哥本哈根的日子，所以成了一个纪念日。我坐在皇家晚宴的桌子前回忆着一幕幕过往的沧桑岁月，脑海中历历在目，就像才发生过一样。我强忍着不让泪水流下来。每当我们要感谢上帝的时候，多希望自己与上帝的心能贴在一起。我能体会到，与上帝相比，自己是那样的渺小，我所拥有的一切都是来自上帝的恩赐，所获得的一切也都属于他。

国王和王后在晚餐后向我表示了祝贺，我找不到其他更为谦卑的词来使用了。我能看出国王与王后非常兴奋。国王对我所取得的成功和获得的成就表示庆贺。他问我是否还记得出版第一本书时的情况。我向国王讲述了当时的一些经历。他问我每年是否有固定的收入，我回答道，我每年能从国王的名下领取四十镑作为固定收入。

国王惊讶地说："只有这么一些吗？"

我回答："四十镑对于我来说已经足够了，我写书也是可以挣得稿费的，所以我不需要在国王这里领取更多的钱财。"

国王还问到了很多关于我的生活以及社会活动的情况，他对我说："你应该过一种更为悠闲的生活，如果你的文学创作需要什么帮助的话，请随时来找我，我会尽全力支持你的。"

在晚上的宫廷宴会上，国王再次提到了白天跟我说到的话题，这样的关怀让我内心深受感动。

后来，有几个在现场听到了国王与我的对话的人说我不够聪明，错过了国王给予恩赐这么千载难逢的好机会。他们都觉得我应该要说需要多一些的生活费。"国王也很直接地说你应该过更好的生活，你为何不提出这样正常的要求呢。"

我反驳他们："我怎么能这样做呢？国王与王后把我当做客人对待，他们已经非常关照我了，说了很多让我感动的话，我不能在这种时候利用这样的机会去索取什么。或许你们认为我很笨，没有抓住这样的机会，但是我无法做到像你们所说的那样。我认为如果国王觉得我需要更多钱的话，他会主动赐予我的。"

9月16日除了是纪念日以外，还是一个非常令人高兴的日子。不管是国王，还是矿泉疗养地的德国客人，都对我非常友好。我与国王同桌共进晚餐，德国客人们共同为我这名丹麦诗人的健康祝酒。他们说在德国都有拜读过我的作品，今日终于得以见到作者本人。我的一位同乡代表我向这些德国友人表达了谢意。荣誉越多，越容易宠坏人，会使他变得虚荣心过强，但是我们没有。在这样的情况下，只会让我们锻造得更加美好、思想更为纯洁。我们认为只有加倍努力才能配得上这份荣誉。

我向王后拜别时，她赐予我一枚戒指，极其珍贵，并以此纪念我们在费尔岛上共度的美好时光。国王再次对我说了很多体己的话语。我恨不得把自己所有的一切献给这两位高尚的人。

在与王室成员们相处的这些日子里，每天我都能见到奥古斯腾堡的公爵夫人，我们经常一块儿聊天。她非常热情地邀请我回去时可以选择经过奥古斯腾堡，在那里留下来住上几日。后来国王与王后也提出了同样的邀请。

接着，我继续向阿尔斯岛出发，这是波罗的海最美丽的岛屿之一。虽然这个岛的面积很小，但它就像一个盛开鲜花的花园。田地里满是玉米和车轴草，周围被榛树和野玫瑰树围满。一大片的苹果园就在农民的房子附近。每隔一段缓坡就有一块林地。我们仿佛在茂密的林海中看到了一个天使，又仿佛感到城堡花园是一直延伸到弯曲峡湾的花园一般。我在这里非常受欢迎，就像回到了自己的家里一样，生活无比快乐开心。这里到处是丹麦人，说的全是丹麦语。我不用再去想过去那些不堪的日子，我在岛上的两个星期里，每天坐车在自然的怀抱中徜徉。《两个男爵夫人》就是我在这里开始创作的。

晚上大部分时间我都是在听音乐，自然舒心。凯尔曼也在岛上待了几天，他时而弹奏轻柔舒缓的幻想曲，时而又是温柔缠绵的浪漫曲，又或者是阿尔卑斯人的旋律。

没想到我还赶上了公爵夫人的生日庆典。人们自发地组织了火把游行，一同为她歌唱。整个城堡就像一个大的舞场，充满了节日庆典的气氛。只要是庆典在奥古斯腾堡举行，都能持续三天。城堡里，镇子里，都是快乐的人们。这节日的壮观程度与荷尔斯坦因的有一拼。公爵在晚宴时站了起来，当谈到当前丹麦文学的重要性时，指出我们也要像德国文学那样铸就辉煌的成就，创建健康的文学氛围。他以此提议为所有在场的丹麦诗人的健康干杯。

在奥古斯腾堡里面，我见到的人们都快乐友好，他们的生活都幸福美满。我觉得这里的一切都已丹麦化，和平使者已经在这座小岛上驻扎。那时候正是 1844 年的秋天。没想到我那时看到的一切没过多久就完全变了样。